KB263462

최고경영자가 적정한 보상을 제시하면 연구개발이 성공한다
VIP PR due R&D reward

연구개발경영의 이론과 실제

최 석 식 지음

지식산업사

연구개발경영의 이론과 실제

초판 1쇄 발행   2002. 3. 25.
초판 5쇄 발행   2010. 8. 31.

지은이   최 석 식
펴낸이   김 경 희
펴낸곳   ㈜지식산업사
주 소   본사 : 경기도 파주시 교하읍 문발리 520-12
             서울사무소 : 서울시 종로구 통의동 35-18
전 화   본사 : (031)955-4226~7 / 서울사무소 : (02)734-1978
팩 스   본사 : (031)955-4228 / 서울사무소 : (02)720-7900
             한글문패   지식산업사
             영문문패   www.jisik.co.kr
             전자우편   jsp@jisik.co.kr
             등록번호   1-363
             등록날짜   1969. 5. 8.

ⓒ 최석식, 2002
ISBN 89-423-3048-7 03320

책값 15,000원

이 책을 읽고 지은이에게 문의하고자 하는 이는
지식산업사 전자우편으로 연락 바랍니다.

 지금 지구촌에는 IT(정보기술)·BT(생명공학)·NT(나노기술)·ET(환경기술)·ST(우주기술)·CT(문화기술)의 열풍이 불고 있다. 이 기술경쟁에서 낙오되는 개인·기업·국가는 슬픈 운명을 맞게 될 것이다. 따라서 우리는 세계를 주도할 수 있는 전략기술을 엄선하여 그 기술의 연구개발에 모든 자원을 집중 투입하는 '선택과 집중의 전략'을 써야 한다. 그러나 그것은 시작에 지나지 않는다. 선택한 목표 기술을 가장 경제적인 방법으로 개발해서 최대한의 이익을 얻는 것이 더 중요하다.

 연구개발의 성공과 연구개발투자의 효율적 사용에 대한 요구는 국제통화기금(IMF) 관리체제를 거치면서 두드러지게 높아졌다. 국민이 쓰지 않고 입지 않고 낸 세금으로 이룬 연구개발예산을 함부로 사용해선 안 된다는 대통령의 말씀, 지금까지 연구개발에 투입한 돈의 액수가 얼마인데 해외에 수출할 일등상품이 아직도 부족하냐는 국민의 질책, 연구소가 무엇을 하기에 회사의 가치를 높이는 상품 하나 개발하지 못하느냐는 최고경영자의 탄식, 연구개발은 '돈 먹는 하마'라는 재무팀장의 비아냥거림이 여기저기서 터져 나온다. 그러나 과학기술자들도 목청을 높인다. 언제 마음 놓고 연구 한번 제대로 해보도록 지원한 적이 있느냐는 불평이다.

 그러면, 누구의 말이 맞을까? 우선 대통령, 국민, 최고경영자, 재무팀장의 질타는 부정할 수 없는 근거가 있다. 2000년에 우리나라의 연구개발비 총액과 연구원 총수는 각각 세계 6위, 국내총생산(GDP)에서 연구개발비가 차지하는 비중은 세계 5위를 기록했지만, 우리 상품의 해외수출은 점점 더 어려워지고 있기 때문이다. 반면에, 과학기술자들의 맞대응도 일리가 있어 보인다. 아직 우리나라에는 연구개발 지원에 대한 합리적인 사고와 합리적인 행동이 충분한 상태로 성숙되어 있지 않기 때문이다. 그렇다면, 어떻게 해야 할까? 양쪽이 서로 상대방의 요구를 정확하게 이해하고 성실하게 해결해 주어야 한다. 그러나 문제가 그렇게 간단하지 않기 때문에, 그 방법론을 제시하려는 것이 이 책을 집필하게 된 근본 동기이다. 기술이 왜 중요한지에 관한 원론적 설명에서 몇 걸음 더 들어가, 어떻게 하면 연구개발투자의 효율성을 높일 수 있고, 어떻게 하면 이익을 많이 얻을 수 있는가에 관한 전략과 전술을 보여주려는 것이다.

사실 이 책은 저자가 1995년에 독자들에게 선보였던 《우리의 과학기술, 어떻게 높일 것인가》(지식산업사)의 연구개발경영부문에 대한 각론적 성격을 띤다. 저자는 《우리의 과학기술, 어떻게 높일 것인가》에서 한국이 지속적으로 번영하기 위해 필요한 과학기술혁신의 세계화 전략을 총체적으로 제시했다. 그 책에서는 우리나라가 과학기술혁신을 추진하지 않으면 안 되는 당위성 측면을 앞세웠는데, 이 책에서는 연구개발생산성을 향상시키는 데 필요한 실용적인 방법에 중점을 두었다.

이 책의 주된 독자는 기업과 연구소의 최고경영자(CEO)·최고기술관리자(CTO) 및 중간관리자, 정부와 사회 각계의 지도층 인사, 그리고 연구개발관리론을 공부하는 학생들이다.

이 책은 독자들의 이해를 돕기 위해서 이론과 사례를 병행하여 소개했다. 사례는 국내외의 선진기업과 연구소들이 채택하여 성공한 것이기 때문에, 독자들의 벤치마킹을 위한 단초가 될 수 있을 것이다.

이 책을 관통하는 기본정신은 연구개발 프로젝트의 목표 중심적, 성과 중심적 관리이다. 이것은 저자의 경험에 바탕을 두고 있다. 저자는 1999년

6월부터 2000년 10월 마지막 날까지 과학기술부 연구개발국장으로 재직한 적이 있다. 그 기간 중 명함 뒷면에 '연구개발 Project! 언제 무엇이 나옵니까? 어디에 쓰여집니까? 무엇으로 평가받고 싶습니까?'라는 글귀를 새겨서 만나는 연구자들에게 건네 주었다. 사무실의 벽면에도 그런 글귀를 붙여 놓았다. 그러자, 그것을 접하는 사람들의 인식과 태도가 바뀌기 시작했다. 연구개발계획서를 작성하는 연구자들의 주안점이 달라졌고, 그것을 검토하는 관계자들의 착안점이 달라졌다. 그 체험을 통해서 연구개발성과는 경영자의 목표 중심적·성과 중심적 추진 의지에 따라 크게 달라진다는 것을 몸소 느꼈다.

그렇지만 연구개발활동 그 자체에서는 연구자들에 대한 자율성 보장만이 최상의 성과를 보장할 수 있다는 것이 이 책의 또 다른 결론이다. 경영자의 의지는 연구개발팀에 대한 기본적인 지침일 뿐이다. 그 지침을 받아 연구개발활동을 수행하는 과정에서는 연구자들의 자율이 최대한 존중되어야 한다. 공자는 "사람들이 그의 존재를 전혀 모르는 지도자가 최상의 지도자고, 사람들이 그의 명령에 복종하고 칭송하는 지도자는 차상의 지도자며, 사람들이 경멸하는 지도자는 최악의 지도자다. 그러나 진정한 지도자는 말수가 적고, 일이 완성되고 목표가 달성되었을 때 사람들이 모두 '우리 스스로 그것을 해냈다'라는 말을 하게 하는 지도자다"라고 가르친 바 있다.

이 책의 전개순서는 연구개발 프로젝트의 합리적이고 체계적인 진행순서에 따랐다. 연구개발 프로젝트를 효율적으로 추진하려면 다음과 같은 일곱 단계의 과정을 폭과 깊이에 따라 신속하게 거쳐야 한다. 첫째, 연구자의 가치관과 조직의 문화를 하나로 묶는 연구개발비전과 전략계획을 세워야 한다(R&D Vision & Strategic Plan). 둘째, 비전과 계획을 실현할 수 있는 연구개발 프로젝트를 선정해야 한다(R&D Project Selection). 셋째, 연구개발 프로젝트를 수행하는 데 필요한 인적·물적자원을 동원해야 한다(Mobilizing Human & Material Resources). 넷째, 연구개발활동을 성공적으로 수행해야 한다(Doing R&D Activities). 다섯째, 연구개발결과를 효율적으로 활용해야 한다(Using R&D Results). 여섯째, 연구개발결과와 그것의 활용성과를 객관적으로 평가해야 한다(Evaluation of R&D Performance). 마지막으로 성공한 연구자를 포상하고 실패한 연구자를 위로해야 한다 (R&D Reward). 이 일곱 과정의 핵심 문자들을 연결하면, 'VIP PR due R&D reward'가 된다. 곧 '최고경영자가 적정한 연구개발 보상을 널리 알린다'라고 해석된다. 최고경영자가 연구개발 성공에 대한 보상을 약속하고 지키면, 연구자들의 동기가 유발되어 연구개발활동에 전념하게 될 것이라는 의미를 담고 있다.

따라서, 이 책의 요약적인 결론은 목표 중심적, 성과 중심적 의지를 가진 최고경영자가 연구개발 프로젝트의 성공에 대한 적정한 보상을 연구자들에게 제시하고, 연구자들에게 연구개발 수행의 자율성을 최대한 보장해 주면, 연구개발이 성공한다는 것이다.

이 책은 지식산업사 김경희 사장님의 배려가 없었다면 세상에 나올 수 없었을 것이다. 연구개발의 생산성이 향상되지 않으면 과학기술입국을 향한 우리의 노력이 결실을 맺지 못할 것이며, 국가의 밝은 미래가 보장될 수 없을 것이라는 그 분의 걱정이 저자에게 용기를 주었다. 또한, 성균관대학교 행정학과의 김현구교수님께 깊이 감사드린다. 김교수님께서는 저자의 박사학위 논문 작성을 지도하는 과정에서 연구개발생산성 향상에 대한 전략적 접근의 기본 틀을 마련해 주셨다.

저자는 이 한 권의 책을 통해 이제껏 가족들에게 진 빚을 조금이라도 갚고 싶은 심정이다. 며칠 걸려 단 한 시간 동안 함께 걷기만 해도 행복에 흠뻑 젖는 아내 김영주씨, 학교 기숙사에서 떨어져 지내면서 학업에 여념이 없는 큰 딸 최형은, 자전거 타는 방법을 가르쳐주지 않는다며 '나쁜 아빠'라고 칭얼대던 작은 딸 최지은, 이렇게 세 여자에게 기쁨을 줄 수 있으면 좋겠다.

아직 더 큰 소원이 남아 있다. 이 책이 연구개발 프로젝트의 성공률과 생산성을 높여서 대한민국의 국가경쟁력을 세계 정상으로 우뚝 끌어올리는 데 도움을 줄 수 있으면 좋겠다.

2002년 과학의 달을 맞이하여

최 석 식 올림

차 례

머 리 말 / 3

제1장 연구개발 기초이론의 개관 ▮ 15

제1절 과학기술과 연구개발의 의의 ▮ 15
1. 과학기술의 의의 / 15   2. 연구개발의 의의 / 17

제2절 연구개발의 과정에 관한 이론 ▮ 20
1. 기술주도가설과 수요견인가설 / 21
2. 생멸주기론 / 23   3. 패러다임론 / 25
4. 기술진화론 / 26

제3절 연구개발의 성공요인에 관한 이론 ▮ 27
1. 맨체스터대학교의 실증연구 / 27
2. SAPPHO 프로젝트 / 28   3. SINPRO / 30

제4절 연구개발생산성 영향요인에 관한 이론 ▮ 31
1. 연구개발생산성의 개념 / 31
2. 연구개발생산성에 대한 영향요인 / 33

제5절 연구개발경영모형의 설정 ▮ 50

제6절 VIP PR Due R&D Reward ▮ 53

제2장 연구개발비전과 전략계획 ‖ 55

제1절 연구개발비전의 설정 ▮ 55
1. 연구개발비전의 바람직한 성격 / 56
2. 연구개발비전의 설정과정 / 58
3. 연구개발비전과 조직문화 / 59
4. 연구개발비전의 운용 / 60

제2절 연구개발전략계획의 수립 ▮ 62
1. 연구개발전략계획의 의의 / 62
2. 연구개발전략계획의 내용 / 66
3. 연구개발전략계획의 종류 / 67
4. 연구개발전략계획의 수립절차 / 68

제3절 연구개발평가계획의 수립 ▮ 69
1. 연구개발평가의 의의 / 70
2. 연구개발평가의 종류 / 70
3. 연구개발평가의 성공요인 / 72
4. 연구개발평가계획의 주요내용 / 74

제3장 연구개발 프로젝트의 선정 ‖ 77

제1절 유망기술의 선별 ▮ 78
1. 유망기술의 유형 / 78
2. 유망기술의 선별전략 / 79

제2절 연구개발 아이디어의 발굴 ▮ 82
1. 연구자가 고집하는 아이디어 / 84
2. 연구개발 아이디어 제안제도 / 87

3. 연구개발 아이디어 브레인스토밍 / 90

4. 연구개발 아이디어 창안팀의 운영 / 92

5. 고객과 시장의 수요조사 / 93

제3절 연구개발 프로젝트의 선정 메카니즘 ▮ 97

1. 기술 지도의 작성과 분석 / 98

2. 연구개발 프로젝트의 선정평가 / 99

3. CEO의 결단 / 107

4. 이단 프로젝트의 처리 / 109

제4절 기술의 외부조달 ▮ 110

1. 기술 외부조달의 의의 / 111

2. 외부조달의 대상기술 / 112

3. 기술 외부조달의 대상기관 / 113

4. 기술 외부조달의 방법 / 114

5. 기술 외부조달의 성공요소 / 115

제4장 연구개발 인적자원의 관리 ‖ 119

제1절 연구자의 특성과 조건 ▮ 120

1. 연구자의 일반적 특성 / 120

2. 우수 연구자의 조건 / 126

제2절 연구자의 모집과 채용 ▮ 137

1. 모집계획의 수립 / 138

2. 연구자의 자격검토 / 139

3. 연구자의 전형과 채용방법 / 150

4. 연구자의 외부조달 / 153

제3절 연구자의 교육 · 훈련 ▮ 155

1. 교육 · 훈련의 중요성 / 155

2. 교육 · 훈련의 분야 / 157

3. 교육 · 훈련의 방법 / 166

제4절 연구개발팀의 구성 ▮ 168

1. 연구개발팀의 참여요원 / 169

2. 연구개발팀의 규모 / 170

3. 연구개발팀의 구성방법 / 172

제5절 연구자의 관리 ▮ 174

1. 연구자의 사기관리 / 175

2. 연구자의 창의력 관리 / 179

3. 연구자의 인사관리 / 183

4. 연구자의 평정관리 / 187

5. 연구자의 보수관리 / 195

6. 연구자의 퇴직관리 / 203

제6절 CEO와 CTO의 기술능력 ▮ 207

1. CEO의 기술자격 / 208

2. CTO의 역할과 자격 / 211

제5장 연구개발 물적자원의 관리 ‖ 217

제1절 연구소의 입지와 구조 ▮ 217

1. 연구소의 입지조건 / 217

2. 연구소의 건물구조와 배치 / 223

제2절 연구개발비의 지원체제 ▮ 225

1. 연구개발비 규모의 결정 / 226

2. 연구개발비의 청구와 지급방식 / 227

제3절 연구개발기자재의 지원체제 ▌229

제4절 연구개발정보의 지원체제 ▌230

  1. 연구개발정보의 수집체제 / 231

  2. 연구개발정보의 활용체제 / 232

제5절 연구개발 복지시설 ▌234

  1. 연구자의 휴식과 문화공간 / 234

  2. 연구자 가족의 편의시설 / 236

제6장 연구개발활동의 수행 ‖ 239

제1절 연구개발활동의 자율성 ▌239

  1. 권위에서 벗어난 자유 / 241

  2. 비밀연구활동의 자유 / 243

  3. 연구수행방식의 자유 / 245

제2절 연구개발활동의 협동과 경쟁 ▌250

  1. 연구개발의 협동적 수행 / 252

  2. 연구개발의 경쟁적 수행 / 268

제3절 연구개발활동의 모니터링 ▌270

  1. 연구개발 모니터링의 주체 / 271

  2. 연구개발 모니터링의 시기 / 271

  3. 연구개발 모니터링의 방법 / 272

  4. 연구개발 모니터링 결과의 처리 / 274

제7장 연구개발성과의 관리 ‖ 277

제1절 연구개발성과의 형태 ▌278

  1. 연구개발성과의 이론적 형태 / 278
  2. 연구개발성과의 제도적 형태 / 279
제2절 연구개발성과의 활용 ▌283
  1. 기술의 이전 / 284
  2. 상품과 서비스의 제조·판매 / 288
  3. 벤처기술창업 / 288
제3절 연구개발성과의 발표 ▌294
  1. 학술발표 / 295
  2. 홍보 / 296
제4절 연구개발성과의 보호 ▌297

제8장 연구개발성과의 평가관리 ‖ 301

제1절 연구개발성과의 평가방법 ▌302
  1. 연구개발성과의 평가척도 / 302
  2. 연구개발성과의 평가자 / 308
  3. 연구개발성과 평가의 한계 / 310
  4. 연구개발성과 평가의 개선방안 / 312
제2절 연구개발성과 평가결과의 처리 ▌312

제9장 연구개발 성공과 실패관리 ‖ 315

제1절 연구개발성공의 관리 ▌315
  1. 연구개발 성공관리의 본질 / 315
  2. 연구개발포상의 조건과 형태 / 317
제2절 연구개발실패의 관리 ▌323

1. 연구개발실패에 대한 인식의 재정립 / 323

2. 연구개발실패의 공개 / 325

3. 실패한 연구개발 프로젝트에 대한 재도전 / 326

4. 실패한 연구개발결과의 다른 용도 활용 / 328

참고문헌 / 331

제1장 연구개발 기초이론의 개관

제1절 과학기술과 연구개발의 의의

1. 과학기술의 의의

과학은 자연세계에서 발견된 보편적 진리나 법칙의 체계적 지식이다. 과학의 특징은 처음부터 끝까지 발견의 과정이다. 과학적 이론을 일단 만들어서 발표하면 다른 어느 누구도 똑같은 사실을 다시 발견할 필요가 없다. 크건 작건 과학적 발견은 발견자의 이름과 함께 영원하기 때문이다. 이것이 과학자들의 연구동기를 무한하게 유발한다(Boer, 1999 : 3).

기술은 유용한 목적에 대한 지식의 응용이다. 제품, 공정이나 운영 시스템의 개념화·개발 또는 적용에 대한 과학적·공학적 지식의 실용적인 응용이다(Floyd, 1997 : 1).

과학과 기술은 상호 유기적인 연관성이 있다. 최근의 지배적인 추세는 과학에서 기술로 빠르게 연결되는 것이다. 페니실린의 발견이 항생물질기술을 낳았고, 상대성이론이 원자탄과 원자력 발전으로 이어졌으며, DNA 속성의 발견은 생명공학 신약의 생산에 길을 터 주었다. 이와 반대로, 과학의 진보가 기술의 진보에 의존하는 경우도 있다. 우주의 과학적 발견이 렌즈 제작기술에 따라 이끌어지는 사례가 그것이다.

한편, 과학 이론은 항상 변하지 않는 데 견주어, 기술은 끊임없이 다른 기술로 대체되는 차이점이 있다. 또한 과학은 과학적 훈련을 받지 않은 사람에게는 별로 유용하지 않은 데 견주어, 기술은 그 기술을 모르는 사람들한테도 널리 유용하게 쓰인다(Boer, 1999 : 4~5).

다음에는 기술의 유형과 경제적 유용성에 대하여 살펴보기로 한다. 기술은 속성상 핵심기술(core technology)과 지원기술(supportive technology)로 나누어진다. 핵심기술은 그 산업의 제품·공정·서비스에만 유일하게 필요한 기술로서, 제품의 차별화와 제품 가격의 인하 기회를 제공하여 사업간 경쟁력의 차이를 유발한다. 반면에 지원기술은 다른 기술로 대체될 수 있는 부차적인 기술로서, 핵심기술과 견주어 가치가 적은 것이 보통이다.

기술은 기반기술·핵심기술·개발도상기술과 신생기술로 나누어지기도 한다. 기반기술(base technology)은 모두가 함께 보유하고 있는 기술로서, 특허성이 없어 누구라도 이용할 수 있는 기술이다. 핵심기술(key technology)은 경쟁상태를 변화시킬 만한 위력을 가진 기술로서, 미래사업의 핵심 축이 되는 기술이다. 개발도상기술(pacing technology)은 기술발전의 전개방향이 거의 결정되어 있고 장래성도 있는 기술이다. 신생기술(emerging technology)은 가능성은 높지만 아직 그 방향이나 정도가 분명하지 않은 기술이다.

기술의 경제·사회적 잠재가치는 여러 학자들이 규명하였는데, 바로 그런 이점 때문에 기술혁신이 촉발된다. 배츠(Betz, 1987 : 126)는 품질·가치·가격·기회·이익의 5가지 관점에서 평가했다. 그에 따르면, 품질은 제품의 탁월성을 통해서, 가치는 정확한 시장 집중력을 통해서, 가격은 효율적인 생산을 통해서, 기회는 혁신의 타이밍을 통해서, 이익산출 가능성은 투자 회수를 통해서 평가된다.

라스토지(Rastogi, 1995 : 39~40)는 과학기술이 기업에 가져다 주는 이점을 23가지로 구분하여 제시했다. 그것들은 ① 좋은 품질의 제품, ② 제품개발 비용의 최소화, ③ 현저하게 절감된 생산비, ④ 낭비의 방지, ⑤ 설계에서 생산에 이르는 시간의 단축, ⑥ 변화하는 시장 조건에 반응하는 높은 탄력성, ⑦ 규모의 경제와 범위의 경제, ⑧ 제조부문이 요구하는 기계장비 숫자의 절감, ⑨ 작업장 면적의 절감, ⑩ 노동 소요 시간의 감축, ⑪ 기계 가동률의 향상, ⑫ 작업공정과 최종제품을 구성하는 부품의 축소, ⑬ 원재료를 최종제품으로 전환하는 데 걸리는 시간의 단축, ⑭ 생산작업 일정의 단순화와 원활한 작업 흐름, ⑮ 연계시간의 단축을 통한 제조 능력의 증대, ⑯ 컴퓨터장비의 이용에 따른 개인의 생산성 증대, ⑰ 디자인과 제조 데이터의 공동 이용, ⑱ 디자인과 제조작업의 신축성, ⑲ 새로운 제품과 변화를 제조분야에 빠르게 도입하고 새로운 시장에 재빨리 진입할 수 있는 능력, ⑳ 경영통제력의 향상, ㉑ 배달시간의 단축, ㉒ 재료 조작 시간의 단축, ㉓ 안전의 향상이다.

따라서 지구에서 혁신적인 기업으로 성공하기 위하여 갖추어야 할 요소는 ① 강력하고 전문적인 자체 연구개발체제, ② 기초연구를 성취하거나 이러한 연구를 수행하는 기관과의 긴밀한 연계, ③ 경쟁자로부터 보호하고 경쟁자와 협상하기 위한 특허의 사용, ④ 장기간에 걸쳐 막대한 연구개발비를 지원할 수 있는 능력, ⑤ 경쟁자보다 짧은 준비시간(lead time), ⑥ 높은 위험을 감당할 수 있는 준비성, ⑦ 폭넓은 잠재 시장의 빠른 규명, ⑧ 잠재시장에 대한 세심한 관심과 사용자에 대한 참여·교육, ⑨ 연구개발·생산·마케팅을 효과적으로 조정할 수 있는 강력한 기업가 정신, ⑩ 고객뿐만 아니라 외부 과학기술계와의 좋은 커뮤니케이션 체제인 것이다(Freeman & Soete, 1997 : 203).

2. 연구개발의 의의

OECD(1981 : 25)는 연구개발(research & development : R&D)을 지식의 양을 늘리기 위해서 체계적인 기반 위에서 이루어지는 창조적인 활동이라고 정의한다. 그리고 연구개발을 기초연구(basic research), 응용연구(applied research), 시험개발(experimental development)의 3가지로 나누어 설명한다.

기초연구는 주로 특별한 응용이나 용도 없이, 어떤 현상과 관찰 가능한 사실을 이루는 토대에 대한 새로운 지식을 얻으려고 한다. 응용연구는 새로운 지식을 얻기 위한 최초의 조사로서, 실질적인 의도나 목적을 지향한다. 시험개발은 연구와 경험에서 얻어진 기존의 지식을 바탕으로 새로운 재료·제품 또는 부품을 생산하거나, 새로운 공정이나 시스템을 설치하여 서비스를 제공하거나, 이미 생산됐거나 설치된 것들을 근원적으로 개선하는 체계적인 활동이다.

미국의 국립과학재단(NSF)에서도 기초연구(basic research), 응용연구(applied research), 개발(development)의 3가지로 구분한다. 기초연구는 '구체적인 응용을 생각하지 않은 채, 연구주제에 대한 보다 완전한 지식이나 이해'를 목적으로 한다. 산업계의 경우는 '현재 또는 잠재적으로 상업적인 관심 영역에 속하더라도, 구체적이고 눈앞의 상업적 목적을 갖지 않은 연구'를 말한다.

응용연구는 '구체적이고 인정된 수요를 충족할 수 있는 수단을 결정할 수 있는 지식이나 이해'를 얻을 목적으로 추진한다. 산업계는 '제품·공정 또는 서비스에 관한 구체적인 상업적 목적을 가진 새로운 과학적 지식을 발견'하기 위한 조사를 포함한다.

개발은 '프로토타입과 공정의 설계와 개발을 포함한 유용한 재료·공구·시스템 또는 방법의 생산을 위하여 연구에서 얻어진 지식이나 이해의 체계적인 사용'을 말한다(Jain & Triandis, 1997 : 7).

러셀, 사드와 애릭슨(Russel, Sard & Erikson, 1991/1994 : 21~25)은 연구(research)와 개발(development)로 구분하여 정의한다. 그들에 따르면, 연구는 새로운 지식을 발견하기 위한 것인데 견주어, 개발은 과학적 지식과 공학적 지식을 적용하고 그 지식을 확장하며 한 분야의 지식을 다른 분야로 연결하기 위하여 추진된다. 또한, 그들은 연구개발을 3가지 유형으로 구분한다.

첫째는 현존하는 지식을 현명하게 적용하려는 점진적 연구개발(in-cremental R&D)로서, 기존의 과학과 공학적 지식을 바탕으로 약간의 기술적 발전을 꾀한다. 둘째는 혁신적 연구개발(radical R&D)로서, 새로운 지식을 발견하여 이를 유용한 방향으로 응용하는 과정이다. 셋째는 기초적 연구개발(fundamental R&D)로서, 아직까지 알려지지 않은 것을 과학적·기술적으로 발견해 나가는 과정이다.

과학기술부와 한국과학기술평가원(1999 : 21)에서는 연구개발을 "과학기술 분야의 지식을 축적하거나 새로운 적용 방법을 찾아내려고 축적된 지식을 활용하는 조직적이고 창조적인 활동으로서, ① 사물·기능·현상 등에 관하여 새로운 지식을 획득하거나 기존 지식을 활용하여 새로운 방법을 찾아내기 위한 창조적인 노력과 탐구, ② 연구개발과정에서 직접 필요한 시험, 측정, 분석, 기계·기구·장치의 구입·설치와 건설, 동식물의 육성, 문헌조사 등의 활동, ③ 연구개발부서의 운영을 직접 지원하기 위한 서무·회계 등의 지원활동"이라고 정의한다.

한편, 연구개발은 발명, 기술개발 또는 기술혁신과 다르다. 발명(invention)은 '새롭거나 향상된 부품·제품·공정 또는 시스템의 모형'을 창안하는 활동이다(Freeman, 1982 : 7). 이 발명은 특허를 얻을 수 있으나 기술혁신으로 연결되지 않는 것도 있다.

기술개발(technology development)은 실험실에서 새로운 기술을 개발하는 단계로서, 생산의 단계까지 이르지 못한 상태이다.

기술혁신(technological innovation)은 개발된 기술로 제품·공정 또는 서비스를 만들어 시장에 진출하는 단계까지를 말한다. '새로운 기술을 발명하고 그 기술에 바탕을 두고 개발하여 제품·공정 또는 서비스 시장에 진입하는 것'(Betz, 1998 : 3), '새로운 제품·공정·시스템 또는 부품의 최초 상업적 거래'(Freeman, 1982 : 7), 또는 '새로운 개념을 경제적 가치와 사회적 의미를 지닌 디자인 · 제품 · 공정 또는 시스템으로 전환하는 의도적인 활동'(President's Commission on Industrial Competitiveness, 1985 : 61) 등으로 정의한다.

위의 정의에서 알 수 있듯이, 기술혁신은 과학이나 기술의 차원에 머무르는 개념이 아니다. 기술혁신의 요체는 상업화와 시장진출로서, 경제적 · 사회적 차원의 용어이다(Edosomwan, 1989 : 3~4). 이 책에서는 연구개발의 의미를 기술혁신의 의미로 확장하여 쓴다.

제2절 연구개발의 과정에 관한 이론

연구개발의 과정은 각 프로젝트의 성격에 따라 가장 적합한 형태로 구획되며, 프로젝트를 수행하거나 관리하는 사람의 능력이나 인식에 따라 다르게 설계된다. 따라서 학자에 따라 정리하는 과정이 다르다.

예를 들면, 보어(Boer, 1999 : 23)는 산업기술의 연구개발을 '아이디어 발굴 → 개념적 연구 → 개발 가능성 연구 → 개발 → 초기 상업화 → 상업화 성공'으로 구획하지만, 맥레오드(McLeod, 1988 : 15~19)는 '기초연구 → 응용연구 → 개발 → 디자인'으로 구획한다.

반면에, 배츠(Betz, 1987)는 '산업기술의 연구개발 전략 → 연구 프로젝트 → 개발 프로젝트 → 파일롯 플랜트 → 시험 → 초기 생산 → 마케팅'으로 구획한다.

사실, 연구개발과정의 구획은 추상적일 뿐이다. 실제로는 전체의 과정이 하나의 흐름으로 이어지는 연속적인 과정이다. 따라서 현장의 경영자는 각 과정을 구분하지 않고 통합적으로 운영해야 하며, 연구 · 개발 및 디자인에 종사하는 요원들도 생산 · 시험 · 검사 · 판매 등의 업무까지 기꺼이 담당해야 한다. 연구개발과정의 속성을 이해하는데 도움이 되는 대표적인 이론들을 살펴보면 다음과 같다.

1. 기술주도가설과 수요견인가설

기술의 선도성을 강조하는 기술주도가설(technology-push hypothesis)을 체계적으로 정리한 대표적인 학자는 슘페터(Schumpeter)이다. 당초에 슘페터의 출발점은 자본주의 경제체제의 진화과정에서 작용하는 기업이익의 역할을 규명하는 것이었다. 그 결과 경기변동이 전쟁, 금광의 발견, 흉작 등과 같은 외생적 사건의 정도에 따라서도 영향을 받지만, 기술혁신의 새로운 파장이 가져오는 효과를 통해서 시작된다는 중요한 결론에 도달했다.

특히, 1820년대의 제1차 콘드라티에프(Kondratiev)호황은 석탄·철광과 같이 산업혁명을 이끌었던 산업의 출현과 연결되었고, 제2차 콘드라티에프 호황은 1850~70년 사이의 철도기술로 일어났으며, 제3차 콘드라티에프 호황은 제1차 세계대전 이전의 20년 동안에 있었던 자동차·전기·라디오·화학공업의 발전에 힘 입었다는 점을 발견했다(N. Clark, 1985 : 145~146). 또 뛰어난 창조적 기업가들이 새로운 상품의 생산을 통해 기존 시장의 구조를 변화하려고 기술혁신을 추진한다고 주장했다.

영국 서섹스대학교 과학정책연구센터(Science Policy Research Unit : SPRU)의 클라크, 프리맨과 쇠테(Clark, Freeman & Soete)도 경제 성장에서의 기술혁신의 역할을 강조했다(J. Clark, et al., 1981 : 320~321).

그들은 슘페터의 아이디어를 채택한 후, 1930년 이후의 특허와 기술혁신에 관한 새로운 증거를 실증적으로 세심하게 고찰했다. 그 결과 혁신적 행동의 무리가 모방과 확산의 과정, 그리고 기술혁신과 발명에서 연유한다는 슘페터의 결론을 확인했으며, 제4차 콘드라티에프 호황은 1950년부터 1970년 사이에 이루어진 화학·의약·전자·항공 우주·원자력 등의 기술로 촉발되었다고 추가하였다(N. Clark, 1985 : 145).

더 나아가 프리맨 등(Freeman, et al., 1982 : 191~195)은 경기하락 기간에 다음의 회복국면을 준비하기 위해서는 기술의 선구자를 적극적으로 육성하는 것이 무엇보다도 시급한 일이라고 제언했다.

한편, 시장수요의 역할을 강조하는 수요견인가설(demand-pull hypothesis)은 쉬무클러(Schmookler, 1966)가 체계적으로 주장하였다. 그는 19세기 전반에서 1950년까지 이루어진 미국의 철도·석유 정제업·농업·제지업 분야에 대한 투자, 주식, 고용, 발명 활동 등을 연구했다. 그는 자본재 투자와 특허의 시계열이 밀접한 관계가 있으며, 자본재 투자가 특허를 앞서서 선도하는 추세가 있다는 것을 발견했다. 특히 그는 경기변동이 일반투자에 따라 상승세로 돌아선다는 점에 주목했다.

이런 현상에 바탕을 두고 쉬무클러는 발명활동보다는 그 밖의 외생적 요인들이 투자의 변동을 더 잘 설명하고, 투자활동의 변동은 수요의 변동에 반응하여 나타난다고 주장하기에 이르렀다. 그는 수요의 압력이 발명이나 혁신활동을 결정하는 유일한 요인이라고 하지는 않았지만, 기술주도가설을 수정하려고 시도한 점 때문에 수요견인가설의 주도자가 되었다(Coombs, Saviotti & Walsh, 1985/1990 : 129).

끝으로 기술혁신은 과학기술과 시장 사이에서 양자의 영향을 역동적으로 받으면서 진행되는 활동이라는 제3의 견해가 있다. 예컨대 프리맨(Freeman, 1982 : 109)은 '기술혁신은 필수적으로 양면적인 또는 상호 결부된 활동'이라고 주장하고 있으며, 로스웰(Rothwell, 1983)은 〈그림 1-1〉과 같은 상호작용모델(Interactive Model of the Innovation Process)을 제시했다.

로스웰에 따르면, 기술혁신은 반드시 연속적이지는 않지만 논리적으로 연속적인 과정으로 보아야 하며, 그 과정은 일련의 상호작용 단계로 나누어질 수 있다. 따라서 기술혁신은 혁신적인 기업활동의 전체적인 테두리 안에서 기술능력과 시장수요가 동태적으로 합류되면서 진행된다고 설명한다.

<그림 1-1> 기술혁신과정의 상호작용모델

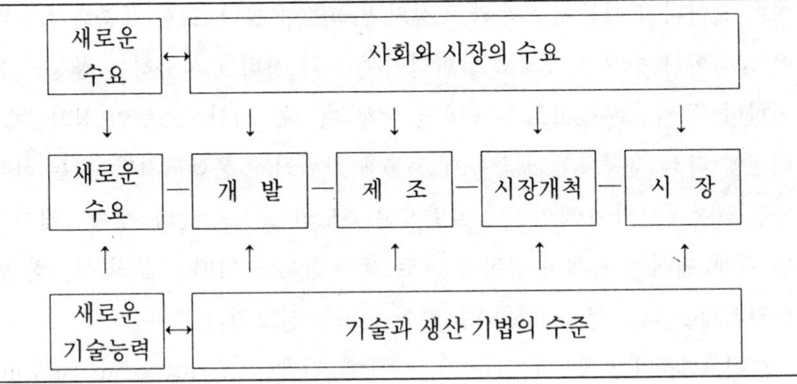

자료 : Rothwell & Zegveld, 1985 : 50.

에도솜완(Edosomwan, 1989 : 138~141)은 12가지 주요 제품의 각각에 대하여 기술주도 요인으로 발전되는 부분과 시장견인 요인으로 발전되는 부분을 제시했다. 그에 따르면, 초고집적 반도체의 설계와 성형은 기술주도 요인으로 주도되지만, 전자제품 · 컴퓨터 · 가전제품 · 산업현장 통제 · 커뮤니케이션 · 항공기 · 미사일 · 자동차와 교통에 이용되는 칩의 설계는 시장견인 요인으로 주도된다. 로봇의 조작 · 통제 · 감각(시각 · 촉각) 등은 기술주도 요인으로 주도되지만, 로봇의 기능이 사용되는 자동차 · 항공기 · 국방 · 전자제품 등의 시장견인 요인에 의해서도 발전한다.

2. 생멸주기론

어터백과 에버네치(Utterback & Abernathy, 1975 : 424~441)는 기술혁신의 과정을 공정개발과 제품개발의 두 가지로 나누어 접근했다. 먼저, 공정개발은 ① 조정되지 않은 단계(uncoordinated stage), ② 부분으로 나누어진 단계(segmental stage), ③ 체계화된 단계(systematic stage)의 순서로 진행된다고 설명한다. 첫째, '조정되지 않은 단계'는 공정과 제품발전의 초기 단계다. 이 단계에서는 시장이 넓어지고 재조정되어 경쟁력의 잦은 향상이 일어나기 때문에 제품과 공정의 변화율이 높다. 또한 표준화되지 않은 공정이나 수작업 그리고 일반적인 용도의 장비를 사용하는 공정을 유지한다. 둘째, '부분으로 나누어진 단계'에서는 생산시스템이 점차 정교해짐에 따라 자동화와 공정통제를 통해 강력하게 통합되지만, 다른 하위 공정들은 여전히 수작업이나 일반적인 용도의 장비를 쓴다. 셋째, '체계화된 단계'에서는 전체의 공정이 서로 잘 통합되어 어떤 부분의 사소한 변화일지라도 다른 부분에 영향을 주어 변화를 일으킨다.

한편, 제품개발에서도 ① 성능 극대화 단계(performance maximizing stage), ② 판매 극대화 단계(sales maximizing stage), ③ 비용 극소화 단계(cost minimizing stage)의 3단계를 거친다고 설명한다.

먼저 제품주기의 초기단계에서는 제품의 변화율이 빠르고 이익이 커서, 독특한 제품과 그 제품의 성능에 중점을 둔다. 이 단계의 기업들은 새로운 성능으로 새로운 시장수요를 개척하도록 자극 받는다.

그 다음의 단계에서는 부분적으로 다른 설계를 가진 제품의 차별화에 바탕을 둔 치열한 경쟁을 전개한다. 특히 고객들에 대한 가시성을 높이려는 노력이 많이 일어나서 제품의 다양화나 새로운 부품의 사용을 시도한다. 동시에 제품 변화율을 줄이려는 압력이 거세져서 혁신이 성숙단계로 진입하기 시작한다.

마지막 단계는 제품의 주기가 진화되어 다양성이 줄고 표준화되기 시작하는 단계이다. 이 때에는 경쟁의 기반이 제품가격으로 이동하여 이익이 감소되며, 산업은 과점상태로 바뀐다. 또 생산에서의 효율성과 규모의 경제가 강조되어 제조공정이 더 자본 집약화되고, 낮은 요소 투입비용을 실현하기 위하여 제조공정이 재배치되며, 경우에 따라서는 해외로 이전한다. 이 단계에서는 제품 변화와 공정 변화가 상호 의존적으로 이루어지고, 제품이나 제조기술의 내용을 쉽게 분석할 수 있어서 장비 공급자에 의한 혁신도 이루어진다.

프랭클(Frankel, 1990 : 175~177)은 어터백과 에버네치의 논리에 바탕을 두고 제품의 일생을 8단계로 나누어 구체화했다. ① 초기개발 단계 : 기초연구와 발견을 뒤따르는 기술의 개념과 아이디어를 인지하는 단계, ② 제품기술 전시단계 : 제품기술의 기술적 · 운용적 가능성을 검증 · 시현하는 단계, ③ 제품기술 발전단계 : 효율적인 생산이 정점에 이르는 단계, ④ 시장개척과 시장진입 단계 : 시험적 시장개척이 본격적인 시장 확장과 확산으로 이어지는 단계, ⑤ 시장개발 단계 : 제품기술의 확산이 비약적으로 이루어져 높은 수익을 얻는 단계, ⑥ 제품기술 이용단계 : 기술을 더욱더 널리 수용하고 확산되는 단계, ⑦ 제품기술 성숙단계 : 제품기술의 발전이 정지되고, 대체나 경쟁기술이 개발 · 도입되는 단계, ⑧ 제품노후 단계 : 다른 대체기술이나 경쟁기술이 압도하고 시장을 상실하는 단계다.

3. 패러다임론

도시(Dosi, 1988 : 1127)는 기술패러다임(technological paradigm)이라는 개념을 제시했다. 그것은 기술이나 경제적 문제를 해결하는 방식으로, 자연과학에서 얻어진 고도로 선택된 원리에 바탕을 두고 있으며, 새로운 지식을 얻고 지키려는 구체적인 규범과 관련이 있다. 일단 하나의 기술패러다임과 하나의 지배적인 디자인에 따라 기술혁신이 일어나면, 그 이후에 일어나는 혁신은 진화의 경향을 보인다는 것이 도시(Dosi)의 핵심적인 주장이다.

곧 이 때부터는 다른 질문을 던져 근본적으로 다른 디자인을 추구하기보다는, 기존의 패러다임으로 형성된 질문에 더 좋은 답변을 주어 그 지배적인 디자인을 단계적으로 변화시키려는 경향이 강화된다. 그런 형태를 가리켜, 하나의 기술궤도(technological trajectory)를 따라 기술이 진화한다고 설명한다. 그 기술궤도는 하나의 패러다임에 따라 정의된 경제적 · 기술적 교환조건에 맞춰 진행되는 기술진보활동으로 풀이된다. 따라서 기술궤도의 개념은 우리가 개개의 연구개발 프로젝트나 기술혁신 활동의 본질을 파악할 수 있게 해준다.

사할(Sahal, 1985 : 71)은 혁신가도(innovation avenue)라는 개념으로 기술진보의 과정을 설명한다. 만약 기술진보를 여러 성과변수들 사이의 고정된 수학적 관계로 특징 짓는다면, 기술의 발전은 하나의 내부논리(inner logic)나 자체 법칙에 따라 지배된다는 것이다.

4. 기술진화론

넬슨과 윈터(Nelson & Winter)는 기술혁신을 더 깊이 이해하고 그것에 영향을 미치기 위해서는, 기술혁신의 과정은 물론 이러한 과정을 지원하고 형성하는 조직 내의 움직임을 구체적이고 실증적으로 연구하는 것이 필요하다고 주장한다(Nelson, Winter & Schuette, 1976 : 90~116).

그들은 어떤 주어진 시간에 기업이 취하는 행동은 현존하는 의사결정법칙(current decision rules)에 따라 지배되며, 그 의사결정법칙은 환경에서 나오는 다양한 자극과 연결되어 있다고 주장한다. 그들은 자신들의 연구결과를 1977년에 〈유용한 기술혁신이론의 탐색〉(In Search of Useful Theory of Innovation)이라는 논문으로 발표하였으며, 1982년에는《경제변화의 진화론》(*An Evolutionary Theory of Economic Change*)이라는 책으로 출간했다.

그들이 주장하는 이론의 중요한 요소들은 다음과 같다. 첫째, 기술혁신은 기술체제(technological regime)라는 자체의 내부 논리가 있다(Nelson & Winter, 1982 : 258~259). 이것은 기술혁신의 경계일 뿐만 아니라 그 경계를 따라 이루어지는 기술혁신의 방향을 결정짓는다. 그 경계는 무엇이 가능하고 최소한 무엇이 시도할 만한 가치를 가졌는지에 대한 기술자들의 믿음에 따라 결정되는데, 후속의 설계 방향에 영향을 미친다.

둘째, 선택환경(selection environment)은 어떤 주어진 기술혁신에 따라 촉진될 수 있는 생산성 향상의 길을 결정하며, 수익성이 높은 연구개발 분야에 영향을 미친다. 선택환경의 개념은 우리에게 기술혁신에서 왜 특정한 방법을 선호하는가를 이해할 수 있게 해준다. 다시 말하면, 기업은 그들 자신의 환경에 적응하려고 연구개발을 수행하며, 기술혁신은 주로 고객, 원료와 중간재의 공급자, 경쟁자의 행동 등 시장환경은 물론, 정부의 정치적·재정적 여건이나 규제 등의 비시장환경에 각각 종속되어 나타난다고 설명한다.

여기서 기술변화의 진화론이라는 말은 바로 생물학적인 의미를 함축하고 있다. 엘스터(Elster, 1983 : 138~150)에 따르면, 넬슨(Nelson)과 특히 윈터(Winter)는 자주 기술변화에 대한 자신들의 이론이 생물학적 진화론과 맺는 연관성에 관하여 토론했다고 한다. 생물학적 진화론과 기술진화론은 일련의 결정론적 선택이라는 점에서는 비슷하지만, 넬슨(Nelson) 등의 기술진화론이 균형개념을 받아들이지 않는다는 점에서 다르다.

제3절 연구개발의 성공요인에 관한 이론

연구개발의 성공요인에 대해서는 많은 연구가 이루어졌다. 이 성공요인들은 이론적인 연구단계를 거쳐 현장에서 사례분석을 통해 보완·강화하는 방식으로 체계화되었다. 그 가운데서도 가장 대표적인 연구는 영국 맨체스터대학교의 실증연구, 영국 서섹스대학교의 SAPPHO, 그리고 미국 스텐포드대학교의 SINPRO이다.

1. 맨체스터대학교의 실증연구

연구개발과 기술혁신의 성공요인에 대한 초창기 실증연구의 하나는 영국 맨체스터대학교 과학기술정책학과의 랑그리쉬, 기본스, 에반스와 제본스(Langrish, Gibbons, Evans & Jebons)가 하였으며, 1972년에 《지식으로부터의 부》(*Wealth from Knowledge*)라는 책으로 출간되었다. 이 연구의 목적은 기술혁신이 창출되는 환경과 개발과정을 둘러싼 기술적·상업적·경쟁적 조건들을 평가하려는 것이었다.

그 연구팀은 1966년과 1967년에 '기술혁신여왕상'(Queen's Award for Technological Innovation)을 수상한 84개의 기술혁신사례를 대상으로 당시의 환경요인을 조사하고, 각 개발팀의 기술자와 경영인을 면담하는 일련의 사례를 연구하였다. 그들은 그 사례연구를 통하여 기술혁신을 촉진시킨 요인과 기술혁신을 지연시킨 요인을 도출하였다(Langrish, et al., 1972 : 66~72).

그들이 찾아낸 기술혁신 촉진요인은 ① 관리자·경영책임자·기술책임자·사장 등의 권위 있는 지위에 탁월한 인재 임명, ② 탁월한 기술자의 보유, ③ 외부 요인의 명확한 파악, ④ 잠재적 유용성의 실현, ⑤ 기업 내·외의 양호한 협력, ⑥ 인력·자금 등 자원의 획득 용이성, ⑦ 정부의 지원이었다. 반면에 기술혁신을 지연시켰던 요인은 ① 관련 기술의 불충분한 개발, ② 시장수요의 부재, ③ 기술적 가능성과 잠재적 활용 가능성 등의 불명확한 파악, ④ 새로운 아이디어에 대한 저항이나 기존 아이디어에 대한 집착, ⑤ 인력·자금 등 자원의 부족, ⑥ 좋지 못한 협력이나 원활하지 못한 커뮤니케이션이었다.

2. SAPPHO 프로젝트

SAPPHO(Scientific Activity Predictor from Patterns with Heuristic Origins) 프로젝트는 영국 서섹스대학교의 과학정책연구센터(SPRU)가 수행했던 기술혁신에 관한 연구다. 그 프로젝트의 기본적인 아이디어는 성공한 기술혁신과 실패한 기술혁신의 짝(pair)들을 체계적으로 비교하여 기술혁신에 관한 일반적인 생각을 실체화하려는 것이었다.

SAPPHO의 첫째 단계에서는 화학과 과학장비 분야에서 시도했던 58개의 기술혁신사례를 연구했다. 그리고 둘째 단계에서는 첫째 단계와 똑같은 분야에 대한 추가적인 작업과 더불어, 기계와 엔지니어링 산업부문의 짝들을 비교했다.

이러한 두 차례의 연구를 통하여 24개의 중심변수를 도출하고, 실패에서 성공을 판별하는 가장 중요한 5개 항목을 제시하였다(Rothwell, et al., 1974 : 258~291). ① 성공적인 기술혁신자는 수요자의 요구를 훨씬 더 잘 이해하고 있는 것으로 보였다. ② 성공적인 기술혁신자는 시장화와 대중화에 더 많은 주의를 기울였다. ③ 성공적인 기술혁신자는 실패자보다 더 효율적으로 개발사업을 성취했다. ④ 성공적인 기술혁신자는 외부의 기술과 과학적 자문을 더 많이 이용했다. ⑤ 성공적인 기술혁신의 배후에 있는 책임 있는 개인들은 실패한 기술혁신의 배후에 있는 사람들보다 더 고참이었고 더 많은 권위가 있었다.

한편, 로스웰(Rothwell)은 1980년대에 이루어진 여러 가지의 실증적 연구결과들을 종합하고, SAPPHO 프로젝트에서 발견된 사항들을 다른 기업과 다른 산업에서 확인하는 과정을 거쳐 기술혁신 성공요인을 다음과 같이 제시했다(Freeman & Soete, 1977 : 222~223).

첫째, 프로젝트 집행 요소 가운데 ① 내·외부와의 원활한 커뮤니케이션 : 외부 노하우에 대한 접근, ② 혁신을 기업 전체 차원의 업무로 취급 : 기능 사이의 효과적인 조정, 기능 사이의 양호한 균형, ③ 기획과 프로젝트 통제절차를 신중하게 시행 : 질 높은 선행 분석, ④ 개발작업의 효율과 질 높은 생산, ⑤ 강력한 시장개척 지향성 : 사용자 요구의 만족, 사용자의 가치창조에 중점, ⑥ 고객에 대한 양호한 기술서비스의 제공 : 효과적인 사용자 교육, ⑦ 효과적인 제품 챔피언과 기술 문지기, ⑧ 고품질의 개방형 경영 : 인적자원 개발에 대한 약속, ⑨ 프로젝트 사이의 시너지 효과와 상호학습 확보를 중요한 요소로 파악했다.

둘째, 기업 차원의 요소 가운데 ① 혁신에 대한 최고경영자의 의지 표현과 가시적인 지원, ② 관련 기술전략을 가진 기업의 장기 전략, ③ 주요 프로젝트에 대한 장기적인 지원의지 표현, ④ 변화에 대한 기업의 신축성과 민감성, ⑤ 최고경영자의 위험 감수성, ⑥ 문화를 받아들이는 혁신과 문화에 부응하는 기업가 정신이 기술혁신에 많은 영향을 미친다고 주장했다.

3. SINPRO

메디크와 지거(Maidique & Zirger, 1985 : 299~313)는 미국 스탠포드대학교 산업공학과 공학경영학과의 자금을 지원받아 전자산업 분야의 158개 제품을 성공과 실패로 절반씩 섞어서 신제품 성공의 주요 결정요인을 조사했다.

그 프로젝트의 명칭은 사용 연구비의 출처를 따서 스텐포드 혁신 프로젝트(The Stanford Innovation Project : SINPRO)라고 정해졌으며, 통계적으로 의미 있는 순서대로 8가지 성공요인을 제시했다. ① 개발 조직은 고객과 시장을 깊이 이해한 후 비용에 대한 성과의 비율이 높은 제품을 도입한다. ② 창조하고 만들고 시장을 개척하는 기능이 잘 조정되고 연결된다. ③ 성공한 제품은 기업에게 많은 이득을 가져다 준다. ④ 새로운 제품은 성장하는 사업단위에 이미 있던 기술능력과 시장능력에서 크게 혜택을 본다. ⑤ 성장하는 조직은 시장개척에 숙달되어 있으며 상당한 규모의 자원을 성공한 제품의 판매와 판촉에 배정한다. ⑥ 연구개발의 절차를 잘 계획하고 조정한다. ⑦ 성공한 제품은 개념화 단계부터 시장진입에 이르기까지 고위 경영층의 지원을 받는다. ⑧ 성공한 제품은 시장의 초기 진입자다.

제4절 연구개발생산성 영향요인에 관한 이론

1. 연구개발생산성의 개념

생산성(productivity)이라는 용어는 18세기 산업혁명기에 프랑스의 정치경제학자 케네(Quesnay)가 처음 사용한 것으로, 생산된 산출량과 그것의 생산과정에 사용된 투입량의 관계를 나타낸다. 로젠(Rosen, 1993 : 8182)은 생산성을 능률성(또는 효율성)(efficiency)이나 효과성(effectiveness)과 구분한다. 그에 따르면, 능률성(또는 효율성)은 양적 생산성과 같은 의미를 가진 양적 산출/투입이고, 효과성은 양적 산출×질적 산출로 도출된다. 이와 견주어 생산성은 산출의 능률성과 질을 모두 고려하는 개념으로, (양적 산출×질적 산출)/투입이다. 따라서 같거나 더 적은 투입으로 더 많거나 더 좋은(또는 더 많고 더 좋은) 산출이 이루어질 때 생산성이 늘어난다고 풀이한다.

연구개발생산성은 연구개발을 위하여 투입한 자원에 대한 산출의 양적·질적 정도를 의미한다. 이것은 시각에 따라 다양한 유형으로 나눌 수 있다. 첫째는 능률성, 효과성 또는 적합성(appropriateness)의 구분이다. 연구개발능률성은 주어진 투입자원으로 얼마나 많은 연구개발성과물을 창출했는지 혹은 설정한 목표의 달성을 위해 투입자원을 얼마나 많이 절약했는지를 측정한다. 연구개발효과성은 투입자원보다는 실제 연구개발성과가 처음에 설정된 목표를 충분히 달성했는지를 측정한다. 그리고 연구개발적합성은 연구개발성과가 정부의 과학기술정책 우선 순위 또는 시장이나 사회의 요구에 적합한지를 측정하는 지표이다(이정원, 2001 : 3).

둘째, 연구개발활동에 대한 기대의 측면에서는 〈표 1-1〉에서와 같이 효과성, 혁신성·고객만족도·시의성·미래잠재력 등으로 나눈다(Werner & Souder, 1997 : 34~42). 연구개발효과성은 일정 기간에 투입한 총연구개발비에 대한 수입의 비율을 말한다. 연구개발혁신성은 일정 기간에 도입된 제품이나 서비스에서 나온 수입이 그 기간의 총수입에서 차지하는 비율이다. 연구개발 고객만족도는 일정기간에 접수된 고객의 요구 가운데서 충족된 고객 요구의 비율이다. 연구개발시의성은 일정기간 동안에 착수한 프로젝트 가운데 시간에 맞추어 완성한 프로젝트의 수를 말한다. 연구개발 미래잠재력은 어떤 기술의 개발에 투입되는 모든 비용의 현재가치와 그 기술의 미래수입 현재가치의 비율이다.

<표 1-1> 연구개발생산성의 종류

$$\text{o 연구개발효과성} = \frac{\text{일정기간에 도입한 제품에서 나온 수입의 현재 가치}}{\text{일정기간에 지출한 연구개발비의 현재가치 총액}}$$

$$\text{o 연구개발혁신성} = \frac{\text{일정기간에 도입한 제품에서 나온 수입}}{\text{일정기간의 총수입}}$$

$$\text{o 연구개발 고객만족도} = \frac{\text{고객 요구를 위해 생산한 제품과 서비스의 수}}{\text{고객 요구의 수}}$$

$$\text{o 연구개발시의성} = \frac{\text{일정기간에 시간에 맞춰 완성한 프로젝트의 수}}{\text{일정기간에 착수한 프로젝트의 수}}$$

$$\text{o 연구개발 미래잠재력} = \frac{\text{개발중인 기술에서 기대되는 미래수입의 현재가치}}{\text{그 기술 개발에 투입하는 모든 비용의 현재가치}}$$

자료 : Werner & Souder, 1997 : 36, 40.

셋째, 연구개발생산성은 그것을 산출하는 조직의 단위에 따라 회사 전체 차원, 프로그램 차원, 프로젝트 차원으로 구분한다(Griffin & Page, 1993 : 291~308). 첫째, 회사 전체 차원에서는 ① 신제품의 매출이 전체 매출에서 차지하는 비율, ② 전체 사업에 대한 전략적인 적응, ③ 미래 기회의 개막, ④ 신제품의 이익이 전체 이익에서 차지하는 비율 등의 개념을 포함한다. 둘째, 프로그램 차원에서는 ① 신제품 목표의 달성도, ② 회사의 성과에 대한 신제품 프로그램의 영향 등을 고려한다. 셋째, 프로젝트 차원에서는 ①

개발 측면 : 개발비의 규모, 판매개시를 위한 일정계획의 충족도, 제품 성과의 수준, 품질 목표의 달성도, 시장 진입의 속도, 혁신성의 정도, 기술적 성공도 등, ② 재정 측면 : 손익분기 시점, 판매 수익목표의 달성도, 이익목표 달성도, IRR/ROI[1] 등, ③ 고객 측면 : 고객의 수용도, 고객 만족도, 수입목표의 달성도, 수입 성장도, 시장점유율 목표의 달성도, 세트 단위 판매목표의 달성도, 고객의 숫자, 고객에 대한 가치 대 가격 등이 있다.

한편, 연구개발생산성을 측정하기 위한 대표적인 기준은 ① 산출의 양 : 보고서·출판물·신제품의 수, ② 작업의 질 : 획득한 특허의 수, 다른 논문에 인용된 횟수, ③ 조직 규모의 증가 : 더 많은 연구개발비의 확보, ④ 인원 축소, ⑤ 스트레스의 수준, ⑥ 만족의 수준, ⑦ 조직의 자부심, ⑧ 개인 목표와 조직 목표의 일치성, ⑨ 이익 등이다(Jain & Triandis, 1997 : 46).

이 책에 나오는 연구개발생산성의 개념은 연구개발의 효과성, 혁신성, 고객 만족도, 시의성, 미래잠재력 등을 모두 포함하는 포괄적인 범주다.

2. 연구개발생산성에 대한 영향요인

일반적으로 성과는 어떤 사람이 가진 능력과 동기의 함수관계다. 라울러(Lawler, 1973 : 9)는 다음과 같이 정리했다.

성과 = f(능력 × 동기)

여기서,
능력 = f(태도×(훈련+경험))
동기 = f(외면적 보상+내면적 보상)

---

1) IRR은 Internal Rate of Return의 약어로서 내부수익률을 말하며, ROI는 Return on Investment의 약어로서 투자수익률을 의미한다.

한편, 연구개발생산성에 영향을 주는 요인에는 긍정적 요인과 부정적 요인이 있다. 그 각각에 대해서는 학자들마다 주장하는 바가 약간씩 다르다. 그 가운데서 중요한 내용을 살펴보면 다음과 같다.

1) 긍정적 영향요인

(1) 스자코니의 101가지 비결

미국 시카고에 있는 ITT 연구소의 기술관리센터 소장인 스자코니(Szakonyi, 1990a : 31~36, 1990b : 41~46)는 미국에서 유수한 115개 회사의 연구개발관리자와 다른 부서의 관리자 수백 명과 토론을 거쳐 연구개발의 효과성을 높일 수 있는 101가지 비결을 도출했다. 그것은 연구개발 프로젝트의 선정, 자원제약 속에서의 연구개발활동, 연구개발부서에서 사업부서로의 기술이전, 과학자와 엔지니어의 관리, 사기진작과 창의성 제고, 능력개발, 고객과의 상호작용, 프로젝트의 시작·수행·종결 관리, 커뮤니케이션의 향상, 고위 연구개발관리자의 직무, 기술관리의 향상 등 총 11개 부문으로 되어 있다.

스자코니의 101가지 연구개발관리 비결

■ **연구개발 프로젝트의 선정**

1. 연구개발·마케팅·제조 부문 등 여러 기능을 수행하는 대표자들로 구성된 팀에서 연구개발 프로젝트를 선정해야 한다.
2. 기업의 다양한 기능이나 부서들은 연구개발 프로젝트의 성격에 따라 참여하는 비중이 달라야 한다.
3. 연구개발 분야별로 실정에 맞는 다양한 선정 기준을 적용해야 한다.

4. 하나의 팀으로 프로젝트를 선정하더라도 중견 연구개발관리자들이 평가를 해야 한다.

5. 고급 기술자들은 기술 부문 사이의 평가에서 중요한 역할을 수행할 수 있다.

6. 외부의 기술 자문가들도 연구개발 제안서 평가에 좋은 도움을 줄 수 있다.

7. 연구개발 제안서는 기업의 마케팅 전략과 제조 전략에 비추어 검토해야 한다.

8. 기업의 신제품 상태에 관한 2~3년의 기술감사보고서는 과거의 기술전략 · 마케팅전략 · 제조전략을 검토하고 새로운 전략들을 구상하는 데 좋은 착상을 제공해 준다.

9. 기술평가 · 마케팅평가와 제조평가를 약간 엄격하게 실시하는 것이 도움이 될 수 있다.

10. 프로젝트의 선정은 분산되어서는 안 되고 기업의 핵심기술 발전과 가장 유망한 신기술의 탐색에 집중되어야 한다.

11. 연구개발 프로젝트는 막연한 가능성이 아닌 분명한 이유로 선정해야 한다.

12. 기업의 광범한 수요를 충족시키려는 연구개발제안서에 대하여 우선 순위를 높게 평가해서는 안 된다.

13. 기술이 급속하게 변할 수 있는 상황이기 때문에 연구개발 프로젝트의 선정에는 항상 예리한 관심을 집중해야 한다.

14. 최상의 연구개발 프로젝트를 선정하는 단순한 공식은 없기 때문에 항상 명확하게 생각해야 한다.

15. 연구개발 프로젝트의 선정은 자원과 가치를 여러 집단 사이에 배분하는 활동을 포함하기 때문에, 그 선정자들이 항상 명확하게 생각하는 것을 원하지 않는다는 점을 명심해야 한다.

■ 자원제약 속에서의 연구개발활동 수행

16. 제한된 자원을 더 효과적으로 사용할 수 있는 하나의 방법은 연구개발 자원에서 눈을 떼지 않는 일정관리시스템을 설정하는 것이다.

17. 연구개발 자원은 신제품 개발의 후반 과정, 제품 제조의 공정설계, 또는 연구개발을 생산으로 전환하는 과정을 위해서도 적정하게 배분해야 한다.

18. 생산적인 연구개발 프로젝트에 예산을 정확하게 배분하고 거품을 제거할 수 있는 빈틈없는 사람이 있어야 한다.

19. 연구개발 프로젝트의 부족한 예산을 증액하려면 최고경영자가 나서야 한다.

20. 연구개발 부서와 사업부서 사이의 예산분담 방식은 제약된 연구개발 예산부족을 채우는 방법이 된다.

■ 기술이전

21. 연구자들은 연구개발 제안서를 작성하는 동안에 사업부서의 수요를 철저하게 조사해야 한다.

22. 기술이전 과정에서는 핵심적인 몇 사람들의 1 : 1 상호작용이 대단히 중요하다.

23. 핵심적인 사람을 통한 기술이전의 탁월한 방법의 하나는 연구자를 그 기술과 함께 이동하거나 사업부서의 사람을 연구실에 배치했다가 연구가 끝난 후에 복귀시키는 것이다.

24. 기술은 이전될 수 있도록 준비해야 한다.

25. 기술이 이전될 수 있도록 준비하는 방법 가운데 하나는 개발 또는 시장 지향적인 연구자를 선발하거나 그렇게 되도록 교육하는 것이다.

26. 기술이전은 연구자가 홀로 성공시킬 수 없으며, 제조부문과

마케팅부문, 기타 부서의 사람들이 이전받을 준비를 미리 갖춰야 한다.

27. 형식적인 제도가 기술이전을 부분적으로 촉진시켜 줄 수도 있다.

28. 기술이전을 향상하기 위한 하나의 방법은 연구개발 부문과 제조부문의 중간 또는 연구개발과 마케팅부문의 중간에 제3의 부서를 별도로 만드는 것이다. 이것은 비용이 많이 들지만, 때로는 필요한 조치다.

29. 기술이전을 위한 장기적인 대책의 하나는 많은 사람들을 경력발전 과정의 일환으로 여러 부서로 이동시키는 것이다.

■ 연구자와 엔지니어들의 관리

30. 일부 연구자들은 아직도 분명한 목표와 추진일정 그리고 합리적인 추정예산으로 구성되는 제안서의 작성을 반대하기 때문에, 연구개발관리자의 첫째 임무는 연구자들의 그런 저항을 없애고 연구자들에게 보고방법을 가르치는 것이다.

31. 연구개발 프로젝트의 목표는 회사의 영업목표 관점에서 분명하게 정의해야 한다.

32. 많은 연구개발 프로젝트가 참여 연구자들과 다른 부서 사람 사이의 대화 부족, 심지어는 다른 연구자들과 대화가 부족하여 실패하기 때문에, 연구자들이 커뮤니케이션을 잘 할 수 있도록 해야 한다.

33. 연구개발에 내포된 불확실성이 클수록 그 프로젝트에 대한 통제는 느슨해져야 하지만, 무한정으로 느슨해져서는 안 된다. 그 한계는 연구개발관리자가 정해야 한다.

34. 연구개발관리자가 된다는 것은 관리업무에 대부분의 시간을 쏟고, 연구개발 수행에는 단지 일부의 시간만을 투입하

는 것을 의미한다.

35. 연구개발관리는 처음부터 끝까지 사람에 대한 관리를 의미한다. 대부분의 노련한 연구개발관리자는 그들의 가장 큰 문제가 사람에 있다는 것을 인정하며, 이것을 인정하지 않는 연구개발관리자는 아마 연구개발관리자라고 할 수 없을 것이다.

36. 연구개발관리자는 일반적인 관리자여서는 안 되기 때문에 기술직렬(technical career ladder)에 따라 승진하도록 해야 한다.

37. 연구개발관리자의 업적을 반드시 평가해야 한다.

38. 연구자에 대한 평가시스템은 그들에 대한 보상시스템과 연결되어야 성공할 수 있다.

39. 연구개발성과가 하위 10퍼센트 안에 든다는 것은 그 이유를 막론하고 하나의 경고신호기 때문에, 이들에 대해서는 특별한 노력을 기울여야 한다.

40. 연구개발 분야에 종사하지 않은 사람과 밀접하게 일하는 연구자는 그 분야의 사람에게 평가받아야 한다. 그렇게 되면 연구개발 그룹과 다른 그룹 사이의 커뮤니케이션에도 도움이 된다.

■ 사기와 창의성

41. 단기적인 기술서비스(short-term technical service)에 쫓기는 연구자들의 사기는 낮다.

42. 회사에도 도움이 되지만 자신들에게 도전기회를 주는 전문기술 업무에 참여할 때 연구자들의 사기가 올라간다.

43. 연구개발 부서 사이의 장벽이나 권위적인 연구개발관리자 또는 급여에 대한 불확실성 등은 모두 연구자의 사기를 끌

어내린다.

44. 연구자들을 전문적인 학술회의에 파견하는 것은 그들에게 새로운 기술발전의 풍부한 기회를 제공할 뿐만 아니라, 단기적인 기술개발 압력을 줄여 주는 것이기 때문에 연구자들의 사기를 높인다.

45. 연구자들이 발견한 기술적인 내용을 발표하는 내부의 기술포럼은 연구자들의 사기를 높일 수 있다.

46. 창의성을 높이는 하나의 방법은 대체로 신제품 개발에 관한 느슨한 생각들을 기록하여 모으는 것이다.

47. 창의성을 진작시키는 데 도움이 되는 방안의 하나는 다방면에서 사람들을 모아서 하나의 전담팀을 구성한 뒤에 작업을 하는 것이다.

48. 창의성을 진작시키는 다른 방법은 새로운 기술 아이디어의 탐색을 위한 재원을 한, 두 개 이상 마련해서 연구자들에게 지원하는 것이다.

49. 장기 계획이 연구자들의 창의성을 진작시킬 수 있다.

■ 필요한 능력의 개발

50. 연구개발 부서에게 주어진 업무와 책임을 감당할 수 있는 능력이 어느 정도인지를 정기적으로 평가해야 한다.

51. 현존 제품의 성능을 향상시킬 수 있는 능력을 가진 연구자들이 반드시 미래의 발전을 위한 연구개발 프로젝트를 수행할 능력을 가지고 있다고 볼 수는 없기 때문에, 그런 능력의 격차를 교정해야 한다.

52. 연구자와 제조자의 혼합 형태인 공정기술자(process engineer)의 능력이 신장되어야 한다.

53. 연구소의 능력을 평가할 때에는 제품개발능력과 공정설계

능력을 함께 고려해야 한다. 특히, 공정기술은 범용이 아니라 제품별로 특수하다는 점에 유념해야 한다.

54. 잠재고객들과 많은 시간을 보내는 사람들은 강력한 기술적 배경이 있어야 하는데, 이 부분도 연구개발 부서나 다른 곳에서 채워야 할 또 하나의 격차다.

55. 연구개발 부서의 능력평가는 어느 특정 영역에 필요한 기술의 임계규모 부족현상을 파헤칠 수 있고 그것을 교정하는 데 필요한 정보도 제공해 줄 수 있다.

56. 연구개발 부서는 기술능력을 유지하고 최신의 기술을 따라잡기 위하여 최소한의 수준이라도 끊임없이 새로운 인력을 채용해야 한다.

57. 연구자를 선발하는 사람들은 후보자들의 재능뿐만 아니라 그들이 신제품의 생산을 원하는지에 대해서도 질문해야 한다.

58. 성과가 좋은 기술요원들을 위한 기술경력 직렬을 설치할 뿐만 아니라, 새로운 프로젝트에 도전할 수 있도록 보상해 주는 절차를 마련하여 연구개발 부서 요원들의 창의성을 최대한 진작시켜야 한다.

■ 고객과의 상호작용

59. 연구자들은 그들에게 연구개발비를 제공하는 사업부서를 그들의 우선적인 고객으로 생각하기 때문에, 회사의 제품을 구매하는 사람들이 가장 중요한 고객이라는 사실을 망각하는 경우가 있다. 따라서 연구자들은 그들의 고객이 누구인지, 고객의 우선 순위를 이해하는 것의 중요성이 무엇인지를 알아야 하고, 기술혁신의 변덕에 대한 정신적인 지평을 넓혀야 한다.

60. 연구자들에게 중요한 또 한가지는 고객이 진정으로 원하는 것이 무엇인지에 대하여 아는 것이다.

61. 연구자들이 고객의 요구를 진정으로 이해하고 있을지라도 그 입증된 기술을 다른 고객들에게 적용할 때에는 조심해야 하며, 그 새로운 고객의 요구를 이해해야 한다.

62. 연구자들은 자신의 아이디어를 팔기 위해서가 아니라 그들의 요구를 확인하기 위하여 고객들에게 나가 보아야 한다.

63. 고객이 기업체일 때에는 연구자들이 그 고객회사의 기술요원들을 알아야 한다. 왜냐하면, 그 기술요원들은 그들 회사의 신제품과 신공정 개발에서 중요한 역할을 담당하고 있기 때문이며, 이를 통하여 연구자들의 연구개발 프로젝트 선택과 계획에 큰 도움을 줄 수 있기 때문이다.

64. 연구자들이 고객을 위한 기술 서비스 제공에 참여할 때에는 그 연구자들이 고객의 문제, 즉 새로운 요구를 발견할 수 있도록 요구해야 한다.

65. 모든 회사는 5~10년 안의 고객 요구를 예측해야 한다.

66. 고객의 요구에 대한 상담을 하도록 연구자들을 내보내는 것은 경쟁자에 관한 정보를 발견할 수 있는 기회를 열어줄 수 있다.

67. 외부 전문가는 고객들에게서 경쟁자에 관한 것을 발견하는 노력을 보완해 줄 수 있다. 고객들은 회사의 연구자에게는 누설하지 않는 것들을 전문가들에게는 이야기할 수 있기 때문이다.

■ 프로젝트의 시작 · 수행 · 종결

68. 연구개발 프로젝트가 요구하는 원칙에 따라 시작 · 수행 · 종결되지 않는 것은 자주 사업부서, 특히 마케팅부서에 큰

책임이 있다. 그들은 특정한 연구개발 프로젝트에 대한 약속을 하지 않거나 지나치게 서두르기 때문이다.

69. 연구개발 프로젝트의 수행기관과 규모를 절반으로 줄여서 그 이전에 수행할 수 있었던 것의 절반밖에 수행할 수 없게 되었을 때, 연구개발비를 2배로 늘려주지 않는 사업부서는 그 프로젝트에 진정으로 관심을 갖고 있지 않는 것으로 보아야 한다.

70. 다수의 연구개발 프로젝트에 대한 연구개발비의 일괄계상 (lump sum)은 사업부서의 관리자에게 충분한 예산이라는 인상을 줄 수 있기 때문에 피해야 한다.

71. 연구개발 프로젝트는 너무 서두르지 말고 충분한 검토를 거쳐서 계획해야 한다.

72. 중요하지 않은 프로젝트를 끊는 일은 계속되는 어려움인데, 연구개발 프로젝트를 그 가치에 따라 서열을 매긴 후 마지막 20퍼센트에 대해서 비판적으로 바라보는 것이 하나의 좋은 방법이다.

73. 연구개발 프로젝트를 평가할 때에는 회의를 열어서 그 프로젝트를 계속할 것인지 또는 중단할 것인지를 결정해야 한다.

74. 연구개발 프로젝트를 시간적으로 더 빨리 수행하도록 하는 것도 가치 있는 노력이다.

75. 연구개발 프로젝트는 불확실성의 창조물이지만, 그렇다고 해서 불성실한 연구자들의 방패막이로 이용해선 안 된다.

76. 핵심적인 연구개발관리자는 실패한 연구개발 프로젝트의 사후 분석 등에 너무 치우치지 말고 프로젝트 전체를 보면서 관리해야 한다.

77. 모든 연구개발 프로젝트를 추적하는 시스템을 개발해야 한다.

■ 커뮤니케이션의 향상

78. 연구자와 마케팅부서 사람들을 개별적으로 연계해야 한다.

79. 함께 일해야 할 것으로 생각되는 다양한 기능의 사람들을 한 장소에 모아야 한다.

80. 연구개발 부서와 다른 부서들 사이의 실질적인 접촉을 체계적으로 점검하고, 거기에서 드러난 커뮤니케이션 격차를 메우도록 연구자들에게 특별히 주문해야 한다.

81. 연구자들을 다른 부서에 일, 이 년 동안 이동 근무시킬 때에는 폭넓은 비공식 연결 망을 보유하고 있는 고위직으로 보내는 것이 좋다.

82. 궁극적으로 되돌아 올 연구자를 다른 부서로 이동시킬 때에는 그들의 연구실에 대한 애착의 강도가 일, 이 년 뒤에는 급격히 줄어들기 때문에 너무 길게 떼어놓아선 안 된다.

83. 사업부서와 특정한 연계가 없는 기술에 대한 사업부서 관리자들의 이해를 높이는 방법의 하나는 그 기술의 잠재가치를 탐색하기 위하여 다양한 연구개발부서와 서로 다른 사업부서의 관리자들로 위원회를 구성하는 것이 좋다.

84. 사업부서 관리자들에게 보여줄 제안서를 준비할 때에는 간결하게 작성해야 한다. 대체로 5~10쪽의 분량이 적당한 양이다.

85. 다수의 전략사업단위를 가진 CEO는 3~5년 뒤에 돈을 벌어줄 연구개발에는 관심이 없을 수도 있기 때문에 사업부서의 유능한 사람(right person)과 대화를 갖는 것이 중요하다.

86. 사업부서 관리자가 5년 이후의 사업을 내다보길 원하지 않을 때에는 학문에 가까운 토론을 하고, 구체적인 사업영역에 대한 분석적인 대화를 다양하게 나누어야 한다.

87. 연구개발결과를 생산으로 이전할 때에는 항상 적정한 기술

문서를 제공해야 한다. 흠 있는 기술문서나 일부분의 문서로는 안 된다.

88. 사업부서의 관리자들을 감동시키는 방법의 하나는 연구개발 계획의 실현 가능성이 높다는 것을 확신시키는 것이다.

89. 사업부서와 함께 계획을 수립할 때에는 연구개발 부서나 사업부서 모두가 계획에 관한 가정과 관심을 문서로 명확하게 서술해야 한다.

90. 연구실의 운영이 향상되지 않는다면, 연구개발관리자와 다른 부서의 커뮤니케이션은 아무 것도 성취할 수 없게 된다.

91. 좋은 커뮤니케이션은 궁극적으로 비공식적인 대화를 나누는 2명이나 그 이상인 약간의 사람에게로 귀착된다.

92. 연구개발 부서와 다른 부서 사이의 많은 커뮤니케이션 문제는 각 부서의 책임에 대한 상이한 생각에서 일어나기 때문에, 서로 긴밀하게 협의해서 각 부서의 책임을 분명히 정의해야 한다.

93. 책임에 대한 서로 다른 인식이 분명히 나타나는 징표의 하나는 연구개발 프로젝트의 성공 시점과 다른 부서의 책임이 시작되는 시점에 대한 의견의 불일치이다.

94. 커뮤니케이션을 향상시키려고 할 때에는 연구개발 부서와 다른 부서 사이의 관계에 관한 과거 역사를 미리 검토해야 한다.

95. 다른 부서와의 연구개발 접촉만으로는 연구개발 부서와 다른 부서 사이의 커뮤니케이션 전체를 다룰 수 없다.

■ 고위 연구개발관리자의 직무

96. 고위급 연구개발관리자가 되는 것은 초급이나 중급 연구개발관리자가 되는 것과는 판이하게 다르다. 그의 책임은 회

사 안에서 차지하는 기술의 역할을 규명하고, 기술의 발전을 회사의 장기전략과 어울리게 하고, 다양한 부서의 책임을 정의하도록 돕는 것이다. 따라서 그 이전의 직위에서는 정상적으로 요구되지 않았던 관리역량을 필요로 한다.

97. 고위급 연구개발관리자의 가장 중요한 책무는 기술의 역할에 대하여 회사의 다른 부서를 설득하는 것이다.

98. 고위급 연구개발관리자는 연구개발 부서의 기술개발이 어떻게 회사의 장기 사업전략과 조화되는지를 구체적으로 보여주어야 한다.

99. 고위급 연구개발관리자는 연구자들과 다른 부서 사람들이 함께 일할 수 있는 방법을 다른 부서 관리자들에게 구체적으로 보여주어야 한다.

100. 고위급 연구개발관리자가 자신의 책무를 잘 수행할 수 있는 방법이 두 가지 있는데, 하나는 연구개발이 기업전략의 달성을 촉진시켜 줄 수 있는 방법을 가능한 한 자세하게 진술하는 것이며, 다른 하나는 사업부서 관리자와 연구개발관리자들이 각 영역의 연구개발 프로젝트가 기술적 목표와 추진일정을 얼마나 잘 달성하였고, 연구개발비를 얼마나 잘 사용하였는지에 대하여 평가할 수 있는 보고카드(report card)를 개발하는 것이다.

■ **기술관리의 향상**

101. 기술을 다루는 기존의 방법을 유지하려는 회사의 타성을 타파하는 것이 중요한데, 기술관리자가 앞에서 분석한 사항들을 정면으로 직시할 때에야 비로소 가능하다.

(2) 맥코넬의 인적 · 조직 · 시간 요인

맥코넬(McConnell, 1980 : 5~14)은 미국의 연구개발과 엔지니어링의 생산성을 향상시키는 방안의 도출에 관한 연구를 하는 과정에서 인적 요인, 조직 요인, 시간 요인으로 나누어서 핵심적인 요소들을 제시했다.

그 내용을 살펴보면, ① 인적 요인(personal factor) : 동기 · 헌신 · 창의력 · 숙련도 · 역량 · 훈련 · 분석력 · 호기심 · 작업 습관, ② 조직 요인(corporate and departmental factor) : 연구개발 업무의 특성(도전적인지, 홍미 있는지, 아니면 단조로운지), 물리적 · 자주적 · 동태적 작업 환경, 연구개발 시설과 장비, 연구개발의 자유와 독립성에 대한 태도, 프로젝트의 목표에 대한 만족 · 일정 · 비용 · 품질 등, ③ 시간 요인(time factor) : 시간지체와 적시성(timing)이다.

(3) 굽타와 싱할의 혁신유발요인

미국 오하이오대학의 굽타와 싱할(Gupta & Singhal, 1993 : 41~48)은 기업조직 내에서 혁신과 창의성에 불을 지필 4가지의 전략을 제시했다. 첫째는 효과적인 혁신팀을 만들어 내기 위하여 사람들을 분석하고 결정하는 전략이다. 균형적인 능력을 가진 벤처팀을 만들고, 유능한 사람(right person)을 채용하고, 자발적인 팀을 인정하는 방안을 포함한다.

둘째는 개인의 혁신성과 회사의 이익창출 가능성을 연결하기 위하여 개인과 팀의 성과를 평가하는 전략이다. 여기에서는 위험부담을 장려하고 혁신을 요구하고 새로운 아이디어를 진작하거나 채택하기 위하여 동료평가, 잦은 평가, 혁신과정에 대한 회계 감사를 실시한다.

셋째는 사람들이 조직의 생산목표, 혁신목표, 이익목표를 달성하도록 동기를 부여하기 위하여 보상을 실시하는 전략이다. 여기에서는 연구개발 수행의 자유, 실패할 자유, 연구개발팀 구성의 자유, 사업을 영위할 자유를 각각 부여한다. 그런 다음에는 금전적인 보상과 명예적인 보상의 균형을 유지하고, 금전적인 보상을 파격적으로 실시하며, 이원경력제도를 운영하고, 내부 승진을 우선하고, 상대방의 가치를 인정하는 보상을 실시하고, 팀에 대한 보상과 개인에 대한 보상의 균형을 추구한다.

넷째는 지속적인 교육·훈련을 통하여 개인의 발전목표가 조직의 발전목표와 일치하는 전략이다. 이를 위해서는 사람들에게 권한을 부여하고, 시범을 보여주는 것으로 이끌고, 지속적으로 교육을 실시한다.

(4) 유네스코의 국제비교연구결과

유네스코(UNESCO, 1977)는 1973년부터 1977년까지 연구개발팀의 조직과 성과에 대한 국제비교연구를 실시했다. 대상 국가는 오스트리아·벨기에·핀란드·헝가리·폴란드·스웨덴의 6개국이었고, 조사대상 연구팀은 총 1,200개였다.

그 연구를 통하여 모든 국가에서 공통적으로 발견된 사항을 앤드루스(Andrews, 1979)는 다음과 같이 정리했다. 첫째, 연구개발의 과정은 그 연구개발팀이 속한 국가의 특성과 관계없이 심리적·사회적·조직적·구조적 요인에 따라 비슷한 반응을 보였다.

둘째, 연구개발팀의 생산성(성과와 유효성)은 다차원적 개념이었다.

셋째, 유효성에 영향을 미치는 요소들 가운데는 사회적 특성(예 : 연구개발팀이라는 사회 시스템에서 차지하는 연구자들의 위치), 조직적 특성(예 : 연구개발팀의 크기), 사회 심리적 특성(예 : 연구자들과 연구개발팀 사이의 커뮤니케이션), 심리학적 특성(예 : 연구자들의 사기와 동기)이 중요한 요인으로 되어 있다.

넷째, 경제적·물리적 자원을 나타내는 지표와 연구개발팀의 유효성과는 특기할 만한 관계가 없었다.

다섯째, 연구개발팀의 유효성은 수많은 요인들에 따라 결정되며, 어느 요인의 경우에도 유효성의 대부분을 설명하기가 어려웠다.

2) 부정적 영향요인

일본의 연구개발관리교류회의(1994)는 연구개발 기본방침의 불투명, 연구개발 부문과 다른 부문 사이의 협조 부족, 연구개발성과 평가기준의 부재, 시장진입전략의 부재, 연구개발 지원부서의 취약, 리더십의 부재, 연구개발 자율성의 부족, 인재관리역량의 부족, 기획투자의 미흡 등 33개 요인을 연구개발생산성 저해요인이라고 지적했다(박종오, 1996 : 50~57).

일본 R&D Management의 연구개발생산성 저해요인

1. 연구개발의 기본방침이 확실하지 않다.
2. 연구개발 부문과 마케팅 · 판매 · 관리부문 사이의 벽이 높고, 시너지 효과를 기대할 수 있는 조직체계가 갖춰져 있지 않다.
3. 생산성의 3대 요소인 효과성 · 효율성 · 인간성의 향상에 대한 이해와 시책이 부족하다.
4. 기획부문이 조정과 연구 행정업무에 매달려 있어 고유업무 수행에 어려움을 겪고 있다.
5. 연구개발에 필요한 정보조사(기술과 시장)의 전담자를 두지 않고 있으며 문지기(gate keeper) 조직도 없다.
6. 아이디어에서 생산 · 판매에 이르는 PPP(Phased Project Planning)의 조직체계가 없다.
7. 처음부터 전 부문이 참여하는 럭비식 개발체계가 구축되어 있지 않다.
8. 사내의 기술 씨앗과 기타의 경영자원이 정리되어 있지 않아서 비효율을 초래하고 있다.
9. 연구개발 부분의 성과에 대한 평가기준이 없다.
10. 아이디어의 발상을 개인에게만 의존하고 있으며, 효과적인

아이디어 시너지 효과를 기대할 수 없다.

11. 관리자와 프로젝트 리더의 분명한 역할 분담이 되어 있지 않아 시너지 효과를 기대할 수 없다.

12. 테마에 시장전략의 비전이 없고 상세한 행동 프로그램인 목표지도가 없다.

13. 연구자, 관리자의 부가가치 작업이 왜 적은지 그 실태가 파악되어 있지 않다.

14. 연구개발 지원부문이 빈약해 연구자의 잡다한 일이 너무 많다.

15. 점수주의 때문에, 간부는 부하의 죄를 추궁하는 듯한 자세를 견지하고 있다(점수주의 체질과 인사제도).

16. 필요한 정보의 지속적인 수집과 공유화를 계획하지 않는다.

17. 상품 발상의 기점은 시장이나 소비자보다도 문화의 변화 추세를 읽는 미래예지라는 이해가 부족하다.

18. 히트 상품에는 1,000개 이상의 아이디어가 필요하지만, 그 수집방법이나 수집한 아이디어의 육성방법을 모르고 있다.

19. 목표(기한과 정도)가 분명하지 않은 일이 너무 많다.

20. 전략 연동형의 TQC활동을 하고 있지 않으며, 하는 방법도 모른다.

21. 연구자가 해석력과 문제 처리능력은 있으나, 종합력과 프로젝트 형성력은 약하다(전략발상이 가능하지 않다).

22. 장점을 잘 보는 리더는 적고 단점을 잘 찾아내는 리더가 너무 많다(낙관론이 적다).

23. 연구개발의 진도관리에 관한 납득할 만한 기준이 없다.

24. 창조력을 바탕으로 하는 추진력이 훈련되어 있지 않다.

25. 비밀연구(under the table) 제도가 없거나, 있어도 기능을 충분히 발휘할 수 있는 조직체계가 갖춰져 있지 않다.

26. 씨앗 지향 테마의 선택방식이 미미하고 조기 시장검증 등의 계획도 없다.

27. 소재를 포함한 하드 기술개발을 주도하는 마케팅 능력이 부족하다(단순히 좋고 싸면 팔린다고 생각하고 있다).

28. 기술경쟁시대에서의 차별화는 마케팅에 의한 토탈 프로듀스라는 것을 이해하지 못한다.

29. 연구자의 경력 개발을 위한 이원경력제도가 없다.

30. 불타는 창조집단을 만드는 이벤트와 인센티브 제도가 충분하지 못하다.

31. 인재를 적재적소에 배치하는 경영능력이 충분하지 못하다.

32. 기획단계에 적절한 인력과 자금을 투입하지 않거나 지나치게 적게 투입한다.

33. 시간을 다투는 차별화의 경영기반이 구축되어 있지 못하다.

퀸(Quinn)은 조직 내부의 혁신을 저해하는 요인으로서 ① 최고경영자의 고립, ② 광신자에 대한 냉대, ③ 짧은 시야, ④ 돈으로 계산하는 관행, ⑤ 과도한 합리주의, ⑥ 과도한 관료주의, ⑦ 부적절한 인센티브의 7가지를 제시한 바 있다(Betz, 1987 : 21).

제5절 연구개발경영모형의 설정

제4절에서 살펴본 것처럼, 스자코니(Szakonyi, 1990), 맥코넬(McConnel, 1980), 굽타와 싱할(Gupta & Singhal, 1993), 유네스코(1977)와 일본 연구개발관리교류회의(1994)가 적시한 요소들을 종합하면 ① 연구개발목표, ② 연구자의 채용, ③ 연구자의 교육·훈련, ④ 연구자의 관리, ⑤ 연구개발 여건과 문화, ⑥ 연구개발 시설과 장비, ⑦ 연구개발비, ⑧ 최고경영자의

경영역량, ⑨ 고객 관계, ⑩ 연구개발 프로젝트의 선정, ⑪ 연구개발팀의 구성, ⑫ 연구개발관리, ⑬ 연구자 사이의 의사소통과 협동, ⑭ 연구개발 자율성, ⑮ 기술이전과 시장진출, ⑯ 연구개발성과의 평가, ⑰ 사기진작과 보상, ⑱ 실패의 자유다. 이상의 18개 요소는 대체적인 성격에 따라 연구 개발비전과 전략계획, 연구개발 프로젝트 선정(자체 개발, 외주 개발), 연구개발자원(인적 자원, 물적 자원), 연구개발활동(자율성, 모니터링), 연구 개발성과(산출성과, 활용성과), 연구개발환류(평가관리·성공관리·실패 관리)로 분류한다.

한편, 연구개발경영에 관련된 요소들은 고도의 체계성이 있어야 한다. 각각의 요소들이 다른 요소들과 지속적으로 영향을 주고받으면서 전체 목표의 달성을 위해 움직여야 하기 때문이다. 이러한 차원에서 일반체제모형[2]을 이 책의 논리 전개를 위한 참조모델로 활용한다. 그 판단의 배경은 넬슨과 윈터(Nelson & Winter)의 기술진화론이다.

그들은 기술혁신의 방향과 내용을 결정하는 중요한 요인으로 기술체제(technological regime)와 선택환경(selection environment)이라는 개념을 채택하고, 기술혁신은 기본적으로는 기술체제의 논리에 따라 진행하지만 선택환경에 대한 적응 노력에 영향을 받는다는 점을 강조했기 때문이다. 그들이 말하는 환경은 시장환경과 비시장환경으로 구성된다. 시장환경은 고객, 원료와 중간재의 공급자, 경쟁자의 행동 등이며, 비 시장환경은 정부의 정치적·재정적 입장이나 규제 등이다. 이것은 일반체제모형의 환경과 비

---

2) 이스톤(Easton. 1965 : 17~19)의 체제모형은 투입·산출·환류·권위·제도·가 치의 권위적 배분·정치집단 등의 개념들로 구성되어 있다. 엔글필드와 드래우리 (Englefield & Drewry, 1984 : 55)는 체제 그 자체와 그것의 환경이 구분되는 것으로 추정한다. 환경은 투입의 원천인 동시에, 산출의 종착지다. 산출이 투입의 원천으로 환류되어 체제 그 자체 안에서 변화를 일으킬 때에는 자기 규제가 일어난다. 이것은 환경을 변화시키는 산출에 영향을 미치고, 그런 결과로 인하여 투입에 영향을 미친 다. 이 체제분석은 여러 가지 난점이 있기는 하지만, 여러 가지 변수들의 관련성을 단순화하여 이해하는 데 도움을 주고, 과학적인 분석과 자원의 합리적인 배분을 통해서 목표의 효율적인 달성을 돕는 장점이 있다(박동서, 1997 : 239).

숫한 것으로 이해된다. 연구개발의 과정이 일반체제모형의 흐름에 꼭 맞게 전개되는 것은 아니지만, 연구개발경영의 전체적인 측면을 축약해서 관조할 수 있는 틀이 될 것으로 판단한다.

이러한 관점에서 일반체제모형의 기본논리를 연구개발의 전개과정에 부분적으로 원용하여 〈그림 1-2〉를 구성했다. 〈그림 1-2〉에서 상정하는 체제의 단위는 연구소다. 그것들은 크고 작은 단위 조직(연구실)으로 되며, 그 각각의 단위 조직들은 상호 유기적인 활동을 전개하면서 전체 목표를 추구한다. 각 연구소들은 환경의 요구와 지지를 받는 연구개발비전과 전략계획에 대한 연구개발 프로젝트를 선정하고, 그 연구개발에 필요한 인적자원과 물적자원을 동원하고 공급받아 연구개발활동을 수행한다. 그 연구개발활동의 성과는 시차를 두고 나타난다. 1차 성과는 연구개발 산출물이고, 2차 성과는 연구개발산출물의 활용성과이다. 이러한 성과는 환류를 통하여 다음 단계의 연구개발자원 투입과 연구개발활동에 영향을 미친다.

〈그림 1-2〉 연구개발경영모형

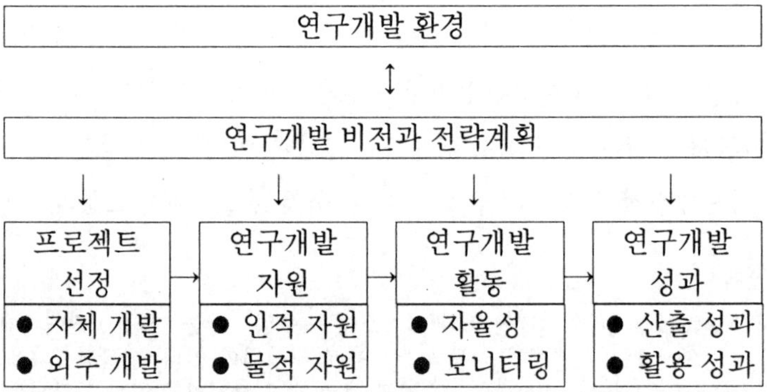

연구개발 환경

연구개발 비전과 전략계획

프로젝트 선정	연구개발 자원	연구개발 활동	연구개발 성과
● 자체 개발 ● 외주 개발	● 인적 자원 ● 물적 자원	● 자율성 ● 모니터링	● 산출 성과 ● 활용 성과

연구개발 환류
● 평가관리 ● 성공관리 ● 실패관리

제6절 VIP PR Due R&D Reward

〈그림 1-2〉의 연구개발경영모형에서 살펴본 바와 같이, 연구개발 프로젝트를 효율적으로 추진하려면 다음의 일곱 단계를 원활하고 신속하게 거쳐야 한다.

첫째, 연구자의 가치관과 조직의 문화를 하나로 묶는 비전과 전략계획을 수립해야 한다(R&D Vision & Strategic Plan).

둘째, 비전과 계획을 실현할 수 있는 연구개발 프로젝트를 선정해야 한다(R&D Project Selection).

셋째, 연구개발 프로젝트의 수행에 필요한 인적·물적자원을 동원해야 한다(Mobilizing Human & Material Resources).

넷째, 연구개발활동을 성공적으로 수행해야 한다(Doing R&D Activities).

다섯째, 연구개발결과를 효율적으로 활용해야 한다(Using R&D Results).

여섯째, 연구개발결과와 그것의 활용성과를 객관적으로 평가해야 한다(Evaluation of R&D Performance).

마지막으로 성공한 연구자를 포상하고 실패한 연구자를 위로해야 한다(R&D Reward).

이 일곱 과정의 핵심 문자들을 연결하면, 'VIP PR due R&D reward'가 된다. '최고경영자가 적정한 연구개발 보상을 널리 알린다'라고 해석할 수 있다. 최고경영자가 연구자에게 연구개발 성공에 대한 보상을 약속하면, 연구자들이 혼과 몸을 바쳐 연구개발을 수행할 것이라는 의미가 담겨 있다.

이것은 동기유발의 균형이론과도 맥을 같이 한다. 왜냐하면 동기유발의 균형이론은 자기가 투입하여 얻는 보상이 기본적으로 많아야 하고, 또한 투입에 대한 보상의 비율이 다른 사람보다 많아야 그 집단에 매력을 느낀다고 설명하고 있기 때문이다. 실제로 김대중 대통령이 강조하는 바와 같이, '내가 왜 이것을 해야 하는가, 내가 여기에서 어떤 중요한 역할을 하고 있는가, 이것이 잘 되었을 때 나에게 무엇이 돌아오는가'가 분명할 때 신명이 난다(국가과학기술자문회의, 2001).

이상과 같은 배경 때문에, 'VIP PR due R&D reward', '최고경영자가 연구자에게 적정한 보상을 제시하면 연구개발이 성공한다'를 이 책을 관통하는 주제로 설정하였다.

제2장 연구개발비전과 전략계획

제1절 연구개발비전의 설정

연구개발에 성공하려면 무엇보다 장래에 대한 분명하고 의미 있는 비전과 목표가 있어야 한다. 연구개발활동이 무엇을 얻기 위해 어디로 가야 되는가를 명확하게 보여 주어야 한다. 그래야만 연구자들의 의지와 에너지가 한 방향으로 응집될 수 있다.

비전이 있다는 말은 부드럽고 느슨한 것을 의미하지 않는다. 자신들이 누구인지, 무슨 일을 하고 있으며, 무엇을 성취하길 원하는지에 대해 선명하게 인식하고 있으며, 그들이 요구하는 바와 별로 맞지 않는 사람들에 대해서는 관대하지 않다(Collins & Porras, 1994/1996 : 164).

연구개발비전은 합리적으로 설정되고 운용되어야 한다. 비전의 합리성은 ① 명확하고 현실적인가? ② 논리적인가? ③ 시기에 적절하며 서로 충돌이 없고 우선 순위가 정해져 있는가? ④ 실현 가능성이 있으며 조직원들이 실현가능성을 믿고 있는가? ⑤ 사정의 변경에 적응할 수 있는 가능성이 있는가? ⑥ 대부분의 조직원들에게 받아들여질 가능성이 있는가? 에 따라 평가할 수 있다(조석준, 1999 : 134). 그렇지 못하면, 연구개발비전의 부작용이 나타날 수 있다.

예를 들면, 연구개발비전의 공유를 지나치게 강조할 경우에는 이에 대한 반발이 일어날 수 있으며, 연구자 각자의 학습과 개선노력이 감퇴될 수 있다.

1. 연구개발비전의 바람직한 성격

연구자들은 꿈이 있는 일과 자랑스런 일을 좋아한다. 그들은 소속기관이 당면한 이해관계를 해결하는 것보다는 인류복지의 증진을 지향하는 비전을 선호한다. 하나의 작은 이익을 위해 자신의 운명을 건다는 생각을 마음속으로 거부하고, 사회의 이익, 국가의 이익, 인류의 이익을 위해 연구한다는 명분에 더 큰 가치를 둔다. 또한, 연구자들은 도달할 수 없을 정도로 높은 목표를 좋아한다. 그런 목표를 제시하면, 연구자들은 새로운 기회를 받은 것으로 생각하며, 자신들이 어떻게 행동해야 할 지에 대한 기본적 가정을 다시 설정하고, 이러한 과정을 거쳐 근본적으로 더 나은 혁신적인 사고와 방식으로 접근하는 경향을 보인다.

또한, 연구개발비전은 고객들에게도 기대와 기쁨을 줄 수 있어야 하기 때문에, 고객들에게 더 큰 기회를 줄 수 있고, 고객들을 더욱더 즐겁게 할 수 있고, 고객들의 눈에 최고로 비추어질 수 있도록 설정해야 한다.

한편, 연구개발비전은 구체성이 강해야 큰 위력을 발휘할 수 있다. 실제적인 행동의 차원에서 구체적으로 정의되고, 우선 순위가 명확하게 설정되어야 한다. 비전의 가치를 연구자는 물론이고 고객과 모든 이해관계자들이 분명하게 이해할 수 있어야 한다. 이렇게도 해석할 수 있고 저렇게도 해석할 수 있으면, 연구자들이 어디로 가야 할 지 몰라서 갈피를 잡지 못하며, 비전 실현의 응집력이 약해진다. 그렇지만, 수치화 경향이 지나치게 심화되면 부작용이 발생한다. 수치로 표현할 수 없는 부분은 망각의 세계에 묻혀버리기 때문이다. 이런 경향이 장기간 계속되면 무형의 목표는 마치 목표가 아닌 것처럼 인식되어 목표의 왜곡현상이 심각한 문제로 대두된다(조석준, 1999 : 105~106).

 **사례**

핸리 포드(Henry Ford)는 포드자동차회사를 설립하여 '말이 없는 마차'(horseless carriage)를 농민들에게 공급하는 비전을 추구했다. 이것은 400달러의 값싼 자동차를 만들려는 꿈으로 구체화되었고, 1908년에 처음 등장한 '모델 T'를 생산하는 기틀이 되었다. 그 자동차는 1928년 생산이 중단될 때까지 총 1,500만 대 이상의 판매기록을 세워 포드자동차회사에 천문학적인 이익을 가져다 주었다(문원택 · 이준호 · 김원석, 1997 : 32~33).

미국의 머크사는 인류의 건강을 지키고 향상시킨다는 비전을 추구하고 있으며, 머크의 모든 활동은 이 목적을 얼마나 달성하였느냐에 따라 평가한다(Collins & Porras, 1994/1996 : 95).

미국의 모토롤라사는 적정한 가격에 최상의 품질을 지닌 제품과 서비스를 공급하여 사회에 명예롭게 봉사하기 위해 회사가 존재한다는 신념을 갖고 있다(Collins & Porras, 1994/1996 : 95).

미국의 제록스사는 1980년에 신제록스 운동을 전개할 때 '품질을 통한 지도력 확보'(Leadership Through Quality)라는 비전을 내세웠다(Kearns & Nadler, 1992/1996 : 207~208).

미국의 듀퐁사는 '더 좋은 생활을 위해서 더 좋은 제품을 만든다'(Better Things for Better Living)는 비전을 내걸고 있다(Miller, 1997 : 68).

일본 소니사의 설립 목적은 ① 기술자들이 기술적 혁신의 기쁨을 찾을 수 있고 사회에 대한 소명을 의식하며 마음껏 일할 수 있는 직장을 만드는 것, ② 일본의 재건과 문화 고양을 위해 생산과 기술에서 역동적인 행동을 추구하는 것, ③ 진보된 기술을 일반인들의 생활에 적용하는 것이다(Collins & Porras, 1994/1996 : 72).

일본의 파낙사가 견지하고 있는 비전은 제일주의와 이익지향주의다. 제일주의는 누구에게도 져서는 안 된다는 뜻이고, 이익지향주의는 외형확대가 아닌 내실에 충실해야 된다는 의지다. 파낙의 색깔은 황제를 상징하는 노란색이다. 세계를 제패하여 황제가 되고자 하는 꿈을 담고 있다. 파낙을 상징하는 나무는 느티나무다. 느티나무처럼 두꺼운 줄기에서 5년 후, 10년 후에 새로운 기술이 잇달아 창출되어 나오길 기원하는 기대와 자부심, 그리고 희망이 담겨 있다(류재헌, 1994 : 166~169).

2. 연구개발비전의 설정과정

연구개발비전을 설정해야 할 책임자는 그 조직의 최고경영자다. 그것은 최고경영자의 당연한 책무인 동시에 가장 중요한 활동이며 고유의 권한이다. 그러나 최고경영자가 단독으로 설정하면 실패하기 쉽다. 가급적이면 많은 연구자와 직원들을 참여시켜야 하며, 주주와 고객도 참여시켜야 한다. 중요한 이해 관계자 집단의 정당한 요구와 주장도 수렴해야 한다. 그런 모든 과정을 깊이 있게 거쳐, 구성원 모두가 자신들의 머리와 가슴으로 만들어 낸 자기들의 비전이라는 생각이 들도록 해 주어야 한다. 그런 노력은 비전에 대한 교육효과와 비전의 성공적 실현을 위한 준비효과까지 가져다준다.

이런 과정은 참여경영의 철학에 입각한 것이다. 예를 들면, 제인과 트리안디스(Jain & Triandis, 1997 : 42)가 강조하는 참여경영의 철학은 ① 사람들은 공정하게 대우받고 존경받아야 한다, ② 사람들은 참여를 원한다, ③ 사람들이 참여할 때에는 변화를 수용한다, ④ 사람들이 참여할 때에는 그 조직에 더 많이 기속된다, ⑤ 사람들은 아이디어와 지식을 갖고 있기 때문에 가치 있는 자원이다, ⑥ 사람들이 의견을 투입할 때에는 더 좋은 해결책이 나온다, ⑦ 조직은 조직의 발전에 도움이 되도록 인재개발에 관한 장기 약속을 해야 한다, ⑧ 사람들은 자신의 업무에 관하여 중요한 결정을 내릴 수 있도록 위임받을 수 있다, ⑨ 사람들은 자신의 업무 관리에 관한 중요한 결정을 내리는 지식을 개발할 수 있다, ⑩ 사람들은 자기 업무의 관리에 관한 결정을 내릴 때 자신에게 대단히 만족스럽고 조직에게도 효과적인 결과를 가져올 수 있다는 것이다.

3. 연구개발비전과 조직문화

조직문화는 조직에서 이루어지는 활동들의 뒤에 언제나 따라 다니는 눈에 보이지 않는 힘이다. 가치 · 신념 · 기대 · 전제 · 인지 · 행동규범 · 행동유형 등을 의미하는 보편화된 생활양식이다. 연구자들의 공통된 경험에 기초를 두고, 서로를 하나의 공동체로 묶어주는 기능을 한다. 조직에 대한 명확한 소속 의식과 강한 사랑을 심어 준다. 이 문화는 한 조직이 대외적인 여건에 적응하고 내부통합을 이루는 과정에서 생기는 문제점들을 극복하기 위해 발명, 발견, 개발된다(조석준, 1999 : 51~52).

기업이 새로운 기술을 획득하여 주주의 가치를 창출하려면 강력한 기업문화를 창조해야 한다. 기업문화에는 다음과 같은 4개의 기본유형이 있다.

첫째는 양성문화다. 양성문화는 통찰력과 인식을 중시하며, 이 문화권에 속해 있는 모든 사람들은 "why?"라는 질문에 중점을 둔다. 이 문화의 리더는 카리스마적이며, 조직의 특성은 비정형적이다. 조직 구성원들은 뛰어난 통찰력으로 역동적인 시장의 변화를 감지하고 이에 적절히 대응한다.

둘째는 경쟁문화다. 경쟁문화는 개인의 성취도를 중시한다. 모든 구성원들은 "how?"라는 질문에 초점을 둔다. 이 문화의 구성원들은 모든 면에서 최상의 효과적인 방법을 추구하기 때문에 리더들은 전문지식과 노하우가 있어야 한다.

셋째는 통제문화다. 통제문화는 계획을 중시한다. 이 문화에서는 "what?"이라는 질문에 중점을 둔다. 이 문화의 리더는 권위를 중시하며, 모든 결정은 상하구조 안에서 이루어진다.

넷째는 협력문화다. 협력문화는 팀워크와 협력관계에 기반을 두고 있다. 모든 사람들은 "who?"라는 질문에 중점을 둔다. 이 문화의 조직원들은 해당 프로젝트에 관련된 사람들과 대부분의 시간을 보내며, 다른 업무를 수행하는 팀의 요구에 맞춰 상황에 따라 유동적이고 유연한 태도를 가지고 있어야 한다(Moore, 2000).

연구개발비전은 조직의 바람직한 문화에 바탕을 두고 설정해야 한다. 조직문화에 뿌리를 둔 비전이어야만 조직원들의 마음에 부드럽게 다가설 수 있으며, 거부감 없이 수용될 수 있다. 특히 연구개발비전의 설정은 기업일체성(Corporate Identity/CI) 제고작업의 중요한 영역으로 실천되어야 한다. CI는 새로운 시대, 새로운 사업, 새로운 감각에 맞는 기업 이미지를 찾는 작업이다. 기업의 이미지를 살리고, 내부 조직원의 결속을 강화시켜 준다. 또 회사 이름이나 심벌 마크를 변경하는 일부터 이미지 창조 작업, 마케팅 표적에 대한 공략 등 시대 변화에 적응하기 위한 기업혁신의 경영전략이다. 그리하여 CI작업에서는 미래의 경영비전 제시가 가장 중요한 역할을 담당한다.

4. 연구개발비전의 운용

연구개발비전과 목표는 최고경영자(Chief Executive Officer ： CEO)부터 신입 연구자까지 공유해야 한다. GE의 잭 웰치 회장이 강조하였듯, 모든 구성원이 함께 공감하고 공유하는 비전은 어두운 밤길을 밝혀주는 조명탄과 같은 역할을 한다(이금룡, 2001. 7. 30).

연구개발비전은 한 번 정해졌다고 해서 영구 불변하는 것으로 고집해서는 안 된다. 연구개발비전은 10년 이상의 미래를 내다보면서 다 함께 성취하기로 결의한 상징이기 때문에, 그 기간이 지나거나 그 비전이 성취되었거나 비전을 둘러싼 환경에 중대한 변화가 생길 때에는 탄력적으로 바꾸어야 한다. 그러나 너무 자주 바꾸어선 안 된다. 기술의 축적과 발전을 어렵게 만들고, 개별 연구자가 심혈을 기울여 온 연구개발 프로젝트를 중단해야 하는 경우도 있기 때문이다.

연구개발비전을 설정하면, 그것의 실현을 위해 모든 조직과 재원을 재편해야 한다. 조직의 에너지를 그 비전을 향해 모아야 한다. 비전과 일상이 따로 존재할 때에는 조직의 힘이 나누어지기 때문이다.

사례

미국 3M사의 비전은 세계에서 가장 혁신적인 기업이 되는 것이다(Coyne, 1997 : 59). 3M은 이 비전을 실현하기 위해 개발투자의 55퍼센트를 기존사업과 무관한 새로운 분야에 배정한다(이순철, 1998 : 415). 그리고 산하의 연구소들에게도 3가지 유형의 임무를 나누어 준다.

첫째, 부서 단위의 연구소(division laboratory)에게는 제품 개발, 제품 통제, 기술 서비스 등과 같이 3년 이내에 결론이 나와야 되는 임무를 준다.

둘째, 분야별 연구소(sector laboratory)에게는 3~10년 동안에 분야별로 중요한 기술을 개발하는 임무를 부여한다.

셋째, 중앙연구소(central laboratory)에게는 10년 이상이 걸리는 신기술의 개발 임무를 준다(Nicholson, 1994 : 23).

미국의 마이크로소프트사는 공략하는 모든 시장을 완전히 장악하는 세계 제패를 기본목표로 삼고 있는데, 모든 직원들은 어떤 일을 하더라도 그 목표의식에 따라 행동한다(Thielen, 1999/1999 : 21~22).

미국 GE사의 잭 웰치 회장은 '성과가 좋더라도 GE의 가치를 지키지 않는 리더나 사원은 필요 없다'라고 강조했다(박재광 · 신현암 · 정권택, 2000 : 4).

우리나라 정부출연연구소는 연구실 단위로 자원을 조달하고 배분하는 형태로 분권화되어 있어, 연구소 차원에서 설정된 장기 비전의 실행기능이 미약하다(이무신 · 김영배, 1993 : 130).

제2절 연구개발전략계획의 수립

1. 연구개발전략계획의 의의

연구개발비전이 현실이 되려면 실천지향적인 전략계획으로 구체화되어야 한다. 연구개발비전이 추상적으로만 존재하면 구체적인 실행력이 떨어지기 때문이다.

연구개발전략계획은 연구개발 담당부서뿐만 아니라, 기획·사업·생산·판매부서 등 기관의 모든 부서에 공통적으로 적용되는 포괄적인 지침이다. 이것은 비전을 더 효율적으로 달성하기 위한 지침의 체계이다. 기업의 연구개발목표와 사업목표를 공통적인 언어로 표현하려는 것이다. 그렇게 하여 연구개발부문과 사업부문이 서로 주고받을 수 있는 정보를 결정하며, 기업내 조직의 확고한 연대를 구축하려는 것이다(丹羽清·山田肇, 1999/2001 : 42).

또한, 연구개발전략계획은 시대 상황에 따른 수요를 미리 예측하고 빠르게 준비하기 위한 방편이다. 연구개발전략계획을 미리 수립하지 않은 채 연구개발 프로그램이나 프로젝트를 시작하는 것은 반대의 경우보다 시행착오를 많이 일으킬 수 있다. 전설적인 하키선수인 웨인 그레츠키는 자신이 훌륭한 선수가 될 수 있었던 이유를 설명할 때, 퍽(하키를 할 때 사용하는 작은 공)을 따라가는 것이 아니라 다음 순간 퍽이 튈 곳을 미리 예측하고 그곳으로 움직이기 때문이라고 말한 바 있다.

사례 ▬▬▬▬▬▬▬▬▬▬▬▬▬▬▬▬

미국의 알코아(Alcoa : Aluminum Company of America)사에서는 이사회 의장 겸 최고경영자로 취임한 오닐이 1987년 11월에 하나의 작업반을 구성하고, 품질관리의 실태를 파헤치고 변화를 위한 구체적인 건의를 하도록 임무를 주었다. 그 작업반은 '품질을 통한 탁월성 추구'(excellence through quality)를 최고의 대안으로 설정하고, 여러 단계의 검토와 의견 수렴과정을 거쳐 알코아의 목표체계를 건의했다. 그들이 건의한 알코아의 목표체계는 비전 · 가치 · 품질정책 · 5개년 계획으로 구성되었으며, 1989년 1월부터 실행에 들어가서 연구자와 직원들의 마음을 성공적으로 결집시켰다(Kolesar, 1997 : 607~630)

미국 알코아사의 비전과 계획[3)]

■ 1. 비전

o 알코아는 품질을 통한 탁월성 추구에 충실한 성장하는 세계적인 기업으로서, 혁신과 기술과 운영 전문성을 통하여 고객과 직원과 주주의 가치를 창조한다.

o 알코아는 세계에서 가장 좋은 알루미늄 회사가 되고, 우리가 경쟁하기 위하여 선택하는 다른 사업분야의 리더가 된다.

■ 2. 가치

o 통합 : 알코아의 기초는 관련된 사람들의 통합이다. 알코아는 고객 · 공급자 · 협력자 · 주주 그리고 알코아가 영향을 주는 지역사회를 대할 때 정직하고 책임 있게 행동한다.

o 안전과 건강 : 알코아는 건강과 개인의 복지를 향상시키는 환경 속에서 안전하게 일한다.

o 품질과 탁월성 : 알코아는 고객의 요구를 충족시키는 제품과 서비스를 제공한다. 알코아는 세계의 표준에 비교되는 막강

---

3) 이 사례는 연구개발에 국한된 것이 아니라 회사 전체에 대한 것이다. 그러나 그 체계의 탁월성에 비추어 볼 때, 연구개발조직의 벤치마킹 유망 사례로 판단되어 인용했다.

한 경쟁 우위를 창조하기 위하여 모든 일에서 지속적인 향상
과 혁신을 가차없이 추구한다.

o 사람 : 사람은 알코아 성공의 핵심이다. 모든 알코아인은 커
뮤니케이션과 참여를 촉진하는 환경 속에서 팀과 개인의 성
취에 대하여 보상과 인정을 부여받는 평등한 기회를 가진다.

o 이익 가능성 : 알코아는 성장을 가능하게 하고 주주의 가치를
신장시킬 수 있는 자산을 늘린다.

o 책임성 : 알코아는 개인적으로나 팀의 차원에서 알코아의 행
동과 결과에 대하여 책임을 진다.

■ 3. 품질정책

알코아는 모든 일에서 품질을 약속한다. 그것은 다음의 사항들
을 위한 알코아의 정책이다. 알코아의 성공은 고객의 만족감에
따라 측정될 것이다.

o 자원의 효율적인 이용을 통하여 외부와 내부 고객의 요구를
계속해서 충족시키거나 초과하는 제품과 서비스의 제공

o 제품, 공정, 서비스 질의 중단 없는 향상에 대한 모든 알코아
인들의 참여

o 품질 노력에 기여하는 데 필요한 훈련과 도구들을 모든 알코
아인들에게 제공

■ 4. 비전 실현을 위한 5개년 계획

고객 약속

o 실증적인 차원에서 지속적으로 향상된 목표에 대한 실질적인
요구와 성과에 바탕을 두고 내 · 외부 고객과 쌍무관계를 설정

지원 참여

o 각 개인과 팀에 대한 책임을 분명하게 정의

o 문제 해결과 지속적인 향상에 팀으로 접근

모든 알코아인들이 자신들의 직무에서 출중할 수 있도록 훈련과 교육을 실시

탁월성

o 알코아가 무재해 작업장의 목표를 향해 나아가면서, 다음 5년에 걸쳐 심각한 부상과 근무일 상실 사고율의 50퍼센트를 축소

o 각 단계의 행동, 기술에 대하여 세계 최고를 향하고, 우위가 달성될 수 있도록 격차를 줄임.

o 핵심적인 과정을 통제하고 가능하도록 지원

재정과 성장

o 주주들의 지분에 대하여 매년 10퍼센트 이상, 평균 15퍼센트를 배당(자산도 똑같이 증가시키고 재투자)

o 자산 이용의 개선과 확장 계획을 통하여 성장목표를 달성하고, 1988년 대비 실질 수입을 20퍼센트 성장시키기 위하여 요구된 대로 추가적인 회사 성장을 추구

■ 5. 가치 실현을 위한 5개년 계획

통합

o 알코아의 행위와 행태를 완전하게 이해하고 약속

안전과 건강

o 근무일 결손과 심각한 재해의 빈도를 50퍼센트 감축

o 스트레스 감소

o 더 좋은 가정 돌보기

o 시간급 직원의 참여 확대

품질

o 더 많은 고객의 요구를 알고 충족

o 절차에 대한 통제를 확대

o 더 많은 벤치마킹을 실시

o 적은 공급자와 더 많은 제휴

o 내부 고객의 요구를 충족

사람

o 경영진에 소수민족과 여성을 더 많이 임용

o 채용 기준의 상향 조정

o 고등학교 단계의 직업훈련에 더 많이 참여

o 부서간의 혼성팀 구성과 참여의 증대

o 도제 훈련과 개발의 확대

탁월성

o 세계의 표준과 격차에 대한 객관적인 이해

o 말콤 발드리지(Malcolm Baldrige) 상의 수상

o 벤치마킹의 대상이 되는 것

2. 연구개발전략계획의 내용

연구개발전략계획에는 기술이 조직에서 차지하는 역할에 대한 명확한 정의가 담겨야 한다. 여기서 '명확하다' 는 것의 의미는 ① 경쟁력의 기초에서 기술이 결정적인 역할을 담당하는지 아니면 여러 가지의 중요한 요

소들 가운데 한 가지일 뿐인지? ② 경쟁력을 갖추기 위해서 통달해야 할 기술이 어떤 기술인지? ③ 이 기술 분야에서 어느 정도로 경쟁력을 갖추어야 하는지? ④ 추구하는 기술전략이 개척자와 추종자와 동반자 가운데 어느 것에 해당하는지? 등을 밝히는 것이다(Fleming, 1991 : 38).

또한, 다음의 질문에 대한 답변을 포함해야 한다. ① 누가 우리의 고객인가? ② 왜 고객이 우리한테서 사 가는가? ③ 연구자들은 왜 우리 기관에서 근무하는가? ④ 어디서 수익을 올리는가? ⑤ 고객은 왜 우리에게서 떠나지 않는가? ⑥ 우리는 부가가치를 높이기 위해서 어떤 일을 하는가? ⑦ 우리의 조직 시스템은 적정한가? ⑧ 우리는 시스템 내부의 정보를 어떻게 관리하는가? 등.

맥레오드(McLeod, 1988 : 9)에 따르면, 전략계획에는 ① 기업이 영위하려고 의도하고 있는 기술의 분야, ② 요구되는 신제품의 유형, ③ 공략해야 하는 새로운 시장, ④ 더는 개발하면 안 되는 제품이나 공정, ⑤ 각 사업 영역의 성장이나 축소의 정도를 핵심적인 내용으로 포함해야 한다.

끝으로, 연구개발전략계획의 내용은 기업 전체의 경영전략계획의 내용과 일체를 이루어야 한다. 연구개발전략은 경영전략계획의 한 부분이기 때문이다. 그러나 연구개발전략계획의 수립과 집행의 전문성과 특수성은 인정해야 한다.

3. 연구개발전략계획의 종류

연구개발전략계획에는 기업 전체 차원에서 세우는 전사적 연구개발전략계획과 사업부나 특정 기술분야별로 수립되는 분야별 연구개발전략계획이 있다. 전사적 연구개발전략계획은 그 의미와 역할, 전략성이 명확해야 하고, 그것을 달성했을 때의 효과가 설득력을 가져야 한다. 또한, 중ㆍ장기적 경영프로젝트와 밀접한 연계성을 지니고 그 프로젝트의 해결을 위해 기술적인 측면에서 중요한 지침을 줄 수 있어야 한다. 특히, 명확한 목표와 그것을 달성하기 위한 지침과 절차를 포함해야 한다.

예를 들면 전사적 차원에서 연구개발이 맺는 경영과의 관계, 중점 연구개발 영역의 지정, 새로운 연구개발 영역의 제안, 중장기 연구개발투자의 규모, 대상이 되는 시장의 규모와 성장성, 사업공헌의 목표, 기초연구와 응용연구의 비중, 사업부 연구소와 중앙연구소의 자원배분 방침, 전사적 연구개발 담당자의 인원계획, 연구개발성과의 수익사업화 시스템 등이다(丹羽淸·山田肇, 1999/2001 : 67~77).

분야별 연구개발전략계획은 전사적 연구개발전략계획을 구체적으로 실행하기 위한 하위적 성격의 계획이다. 따라서 성과의 사업부 이관계획, 단기 실천계획, 연도별 연구개발계획, 연도별 연구개발투자, 연도별 인원계획 등에 중점을 두어야 한다.

서로의 관계는 전사적 연구개발전략계획이 앞서고 분야별 연구개발전략계획이 뒤따라야 한다. 그렇지 않으면, 상위계획과 하위계획이 충돌을 일으켜 혼란이 일어날 수 있기 때문이다(丹羽淸·山田肇, 1999/2001 : 76~78).

4. 연구개발전략계획의 수립절차

기술전략부문의 1차적 작성 임무는 고도의 기술적 능력을 가진 전문가들이 맡아야 하며, 기업 전체 차원의 조정과정을 거쳐야 한다. 특히, 최고기술경영자(Chief Technological Officer : CTO)에 해당하는 연구개발전략 책임자를 임명하여 기술전략의 수립과 집행을 지휘하도록 임무를 주는 것이 좋다. 그 연구개발전략 책임자는 경영전략부문과 긴밀한 연계를 갖고, 경영의 중요한 의사결정에 참여해야 한다.

연구개발전략계획의 최종 수립자는 CEO이다. 연구개발 프로젝트를 선정하고 연구개발팀을 구성하는 등의 전술적인 문제는 하위의 경영자에게 위임할 수 있는 사항이지만, 전략의 제시는 비전의 설정과 더불어 CEO가

수행해야 할 막중한 임무다.

연구개발전략계획을 수립할 때에는 첫째, 환경의 변화를 정확하게 예측해야 한다. 여기에는 거시동향·기술동향·시장동향에 대한 예측을 포함해야 한다. 거시동향에는 국내외의 정치·경제·사회·문화·산업동향 등을 포괄적으로 포함한다. 기술동향에는 핵심기술·주변기술·경합기술·대체기술·관련기술 등을 포함한다. 시장동향에는 수요변화·성장성·안정성·진입장벽 등을 포함한다.

둘째, 환경이 자기 기관에 줄 수 있는 기회와 위협 요인을 분석한다. 이것은 자신의 강점과 약점을 토대로 이루어져야 한다.

셋째, 자기 기관이 중점적으로 도전해야 할 기술영역과 목표를 설정하고, 그 목표를 달성하는데 필요한 전술적인 차원의 방안을 강구해야 한다.

넷째, 연구자들과의 커뮤니케이션을 끊임없이 유지해야 한다. 서로 긴밀하게 커뮤니케이션을 하지 않는다면 좋은 계획의 창출은 불가능하며, 수립한 전략계획을 연구실에서 시행할 수 없기 때문이다.

제3절 연구개발평가계획의 수립

연구개발평가계획은 연구개발전략계획을 구성하는 하나의 핵심적인 요소이다. 평가계획이 결여된 상태의 전략계획은 실천하기 어렵다. 따라서 연구개발전략계획을 세울 때에는 반드시 연구개발평가계획을 함께 수립해야 한다.

연구개발평가계획에는 평가의 목적, 평가의 수행자, 평가의 방법, 평가의 시기, 평가의 지표, 평가결과의 활용, 평가보고서의 작성 등에 관한 사항을 명확하게 설정해야 한다. 그 가운데 평가보고서는 평가의 배경, 평가의 문항, 데이터 수집 및 도구, 발견사항, 결론과 건의를 포함해야 한다.

1. 연구개발평가의 의의

평가는 '사물의 가치나 장점에 대한 체계적인 조사'를 의미한다(Fre-chtling, 1993 : 1). 그 조사를 통해서 발견하고자 하는 것은 ① 증거 : 평가의 과정에서 수집한 데이터, ② 결론 : 분석을 통해 발견한 해석이나 의미로 구성된 데이터와 정보의 결합체, ③ 판단 : 결론에 대한 가치판단(예시 : 좋음 또는 나쁨), ④ 건의 : 증거와 결론에 비추어 이루어져야 될 것으로 제시하는 행동의 충고이다(Owen & Rogers, 1999 : 4).

연구개발평가의 목적은 ① 전략계획 요구의 충족, ② 재원의 산정, ③ 요구 정보의 공급, ④ 가능한 프로젝트의 선택, ⑤ 프로젝트 수행에 필요한 연구자의 지원, ⑥ 프로젝트의 비의도적 효과 확인 등이다(Posavac & Carey, 1992 : 6). 참고로 평가의 일반적인 목적에는 ① 사업의 계속 또는 중단 여부의 결정, ② 행동 원리의 개발, ③ 정당화와 책임추궁의 3가지가 있다(Rossi & Freeman, 1993 : 46~49).

한편, 연구개발평가의 대상은 ① 프로그램, ② 정책, ③ 조직, ④ 산출물, ⑤ 개인이다(Owen & Rogers, 1999 : 24). 모든 형태의 평가는 당해 평가대상에 관한 정보뿐만 아니라, 업무 수행자에 대한 보상이나 문책에 관한 정보를 제공하기 때문에 대단히 중요하다.

2. 연구개발평가의 종류

연구개발평가는 여러 가지로 분류할 수 있다. 첫째, 평가의 대상에 따라 연구자 평가, 프로젝트 평가, 프로그램 평가, 연구기관 평가 등으로 구분한다.

둘째, 연구개발 목적과의 관계는 목표중심평가, 수요중심평가, 목표이탈평가로 나누어진다. 목표중심평가(objectives-based evaluation)는 연구개발계획서에 제시했던 목표의 달성 여부를 점검하는 평가이다. 수요중심평가(needs-based evaluation)는 연구개발계획서와 다르더라도 당해 연구개발 프로젝트의 최종 수요를 어느 정도 충족시켰는지에 중점을 두는 평가이다. 목표이탈평가(goal-free evaluation)는 정해진 목표나 수요에 구애받지 않고 어떤 의미 있는 결과가 나왔는지에 관점을 두고 실시하는 평가다.

셋째, 연구개발평가는 연구개발 프로젝트의 진행단계에 따라 여러 가지의 단계로 나누어진다. 미국국립과학재단에서는 기획평가, 과정평가, 진도평가, 결과평가로 나누어 실시하고 있다. 오웬와 로저스(Owen & Rogers, 1999 : 40~49)는 사전평가, 분류평가, 상호작용평가, 모니터링과 영향평가의 5가지로 분류한다.

사전평가는 프로젝트를 설계하기 이전에 실시하는 평가를 말한다. 분류평가는 프로젝트의 내부구조와 기능의 분류에 중점을 두는 형태의 평가다. 때로는 프로그램의 이론이나 논리를 다루기도 한다. 상호작용평가는 프로젝트의 전달이나 시행에 관한 정보를 제공하기 위해서 실시하며, 평가자는 프로젝트의 개선에 중점을 둔다. 모니터링은 프로젝트를 잘 설계하여 진행중일 때 실시하는 진행평가다. 끝으로 영향평가는 프로젝트가 가져다 줄 영향에 대한 평가이다. 영향평가에는 특정한 목적 달성의 정도와 수준, 단순한 산출지표에 입각한 성취수준의 결정, 또는 의도적·비의도적 결과의 검토 등을 포함한다.

여기에서는 기술영향평가, 평가가능성 평가, 선정평가, 중간평가, 종료평가, 추적평가의 6단계로 나누어 살펴보기로 한다. ① 기술영향평가(technology assessment)는 당해 프로젝트를 수행하여 발생할 수 있는 편익과 부작용을 사전에 평가하는 것이다. 이를 위해서는 당해 프로젝트의 가치, 기술적·경제적 성공가능성, 그리고 예상되는 기술적·환경적·기관운영 차원의 편익과 부작용을 정확하게 평가해야 한다.

② 평가가능성 평가(evaluability assessment)는 목표의 성취가능성, 목표 성취의 평가가능성, 평가 실시의 효용성에 대한 평가다(Smith, 1989 : 11~12). 평가가능성 평가를 할 경우에는 연구개발사업의 성공적 추진을 위한

지원방안을 발견할 수 있고, 의미 있는 평가만을 수행할 수 있는 이점이 있다. 그러나 우리나라에서는 널리 실시하지 않아 앞으로 관심을 기울여야 할 유형의 평가다.

③ 선정평가는 연구개발 프로젝트의 착수 여부를 결정하고, 연구개발 목표와 예산규모를 결정하는 평가다.

④ 중간평가는 연구개발 프로젝트를 진행하는 도중에 그것의 정상적인 진행여부를 점검하기 위한 평가다.

⑤ 종료평가는 연구개발 프로젝트의 종료 직후에 실시하는 평가로, 목표의 달성도를 측정하기 위해서 실시한다.

⑥ 추적평가는 연구개발 프로젝트 수행의 실질적인 효과를 측정하는 평가다.

일반적으로 연구개발 프로젝트가 끝난 때는 그 목표의 최종 실현 여부를 정확하게 확인하기 어려운 경우가 많다. 기술개발에는 성공했더라도 시장에 진입하여 이익을 얻기까지는 엔지니어링 · 생산 · 판매 등의 과정이 남아있기 때문이다. 따라서 연구개발 프로젝트가 끝난 때의 평가에 덧붙여, 시장진입과 판매를 이룬 시점의 성과를 정확하게 평가해야 한다.

3. 연구개발평가의 성공요인

연구개발평가에 성공하려면 극복해야 할 장애요인들이 많다. 그 가운데서도 연구자들의 평가기피현상을 해소하는 것이 선결과제다. 연구자들이 평가를 기피하는 요인에는 ① 무모한 효과의 기대, ② 일부 이해관계자의 부적절한 압력, ③ 프로젝트의 질이 비전문적이라는 걱정, ④ 평가가 혁신을 저해할 것이라는 두려움, ⑤ 프로젝트가 중단될 것이라는 두려움, ⑥ 평가정보가 오용될 것이라는 두려움, ⑦ 프로젝트의 질적 성과를 경시할지도 모른다는 두려움, ⑧ 평가를 통해서 지원을 축소할 것이라는 두려움, ⑨ 사업에 대한 통제력을 상실할 것이라는 두려움, ⑩ 평가가 별로 영향을 주지 못하리라는 두려움 등이 있다(Posavac & Carey, 1992 : 36~40).

평가를 합리적으로 추진하려면 다음과 같은 처방이 필요하다(오석홍, 2000 : 368~370). 첫째는 공식화·표준화로서, 평가의 목표와 내용·방법·절차를 문서로 규정해야 한다. 평가요소의 정의를 표준화하고, 평가시기와 평가절차도 원칙적으로 표준화해야 한다.

둘째는 평가요소의 직무연관성이다. 모든 평가요소는 그가 현재 담당하거나 앞으로 담당할 직무와 관련한 것이어야 한다. 평가대상 집단이 다르고 그 담당 직무가 다르면 직무 관련 평가요소의 구성도 달라야 한다.

셋째는 직무성취도에 대한 기대의 전달로서, 평가 이전에 어떤 직무를 어떻게 해야 하는가에 관한 역할기대를 피평가자들에게 분명히 전달해야 한다. 피평가자들이 모르는 직무수행기준에 따라 그들을 평가하는 것은 온당하지 못하다.

넷째는 신뢰성과 타당성이다. 평가는 신뢰할 수 있고 타당한 것이라야 한다. 평가의 신뢰성은 일관성 있게 측정할 수 있는 능력을 말한다. 평가의 타당성은 측정하려고 하는 것을 정확하게 측정할 수 있는 능력을 말한다.

다섯째, 유능한 평가자가 있어야 한다. 평가능력을 갖춘 사람에게 평가의 책임을 맡겨야 한다.

여섯째는 개방적 의사전달이다. 평가자와 피평가자는 직무수행과 실적평가의 과정에서 의견을 원활하게 교환할 수 있어야 한다.

일곱째는 평가결과에 대한 접근 가능성이다. 평가가 피평가자의 직무수행을 개선하는 데 기여하려면, 평가결과를 당사자에게 알려야 한다. 평가결과에 대한 피평가자의 열람은 평가의 과오를 시정할 수 있는 기회를 주기도 한다. 다만, 피평가자의 권익보호를 위해 제3자에 대한 평가자료의 공개는 자제해야 한다.

여덟째, 평가결과에 대한 법적 이의제기 절차와 재결절차가 정당한 형태로 마련되어야 한다.

아홉째, 참여적 과정을 통해서 평가제도를 입안하고 시행해야 한다. 소수의 전문가와 정책결정자들이 독단해서는 안 된다. 마지막으로 운영의 편의를 도모해야 한다. 평가제도는 시행하기 쉬워야 하며, 비용·시간· 노력을 과다하게 투입하지 않도록 해야 한다.

특히, 연구개발을 수행하는 도중에 평가의 기준이나 방식 등을 변경해선 안 된다. 연구개발평가계획을 임의로 변경하면 평가결과에 승복하는 연구자의 수가 줄어들 것이다.

4. 연구개발평가계획의 주요내용

연구개발 프로젝트 평가계획은 다음의 사항을 포함해야 한다. 첫째, 평가의 목적을 분명히 제시해야 한다. 평가의 목적은 평가의 유형에 따라 각각 다르다. 또한, 각각의 상황에 따라서도 다를 수밖에 없다. 이런 사항들을 연구자들이 분명히 알아야 그들이 받아들인다.

둘째, 평가의 기준을 명확히 제시해야 한다. 객관적인 측정 기준이든 아니든 틀리게 해석되지 않도록 명확히 해야 한다. 평가기준에 대한 해석이 평가자와 피평가자 사이에 다르고, 평가자 사이에 다를 경우에는 실패한다. 평가가 정확하게 이루어질 수 없을 뿐만 아니라, 그 평가결과에 승복하는 사람이 줄게 된다.

셋째, 평가의 방식을 제시해야 한다. 이것은 평가의 목적과 연관되는 것으로서, 절대평가와 상대평가, 분석평가와 종합평가 등이 있다.

넷째, 평가의 시기를 명시해야 한다. 평가의 시기를 결정할 때에는 평가대상의 업적이 축적될 수 있는 충분한 시간적 여유를 주어야 한다.

다섯째, 평가자의 구성에 관한 원칙을 천명해야 한다. 평가자의 명단을 평가계획에 담을 필요까지는 없겠지만, 평가단 구성의 기본원칙에 대한 언급은 있어야 한다.

여섯째, 평가결과의 활용계획을 분명히 명시해야 한다. 평가결과가 우수한 사람은 어떻게 보상하고, 열등한 사람은 어떤 불이익을 줄 것인지를 명쾌하게 공시해야 한다.

끝으로 이상의 사항을 포함한 연구개발평가계획의 내용에 대해서는 연구자의 의사를 사전에 충분히 수렴한 후 결정해야 한다. 그리고 이를 공시해서 연구자에게 널리 알려야 한다.

제3장 연구개발 프로젝트의 선정

연구개발비전을 설정하고 그 비전을 실천하기 위한 전략계획을 세운 다음에는 연구개발활동의 대상인 연구개발 프로젝트를 선정해야 한다. 연구개발 프로젝트의 선정은 연구개발활동의 실질적인 시작이다. 드러커(Drucker, 1990/1995 : 289)도 '우리가 성취하려는 프로젝트는 무엇인가? 그런 프로젝트와 임무를 수행하는 데 필요한 구체적인 주요 활동업무는 무엇인가?' 와 같은 질문으로 일을 시작해야 한다고 강조했다.

연구개발 프로젝트를 선정할 때에는 자체에서 수행할 수 있는 프로젝트와 외부에 발주해야 할 프로젝트를 구분하여 동시에 검토해야 한다. 또 외부에서 이미 개발해 놓은 기술의 구매까지도 다원적으로 검토해야 한다. 이것은 연구개발의 수단성이 요구하는 접근방법이다. 기업은 최종 상품의 제조와 판매를 통한 이익의 극대화를 최종목표로 추구한다. 중요한 것은 기술이 아니라 상품이고, 그것을 통해 창출할 수 있는 이익이다. 따라서 상품 제조에 필요한 기술 가운데 내부에서 개발할 수 있는 기술도 많겠지만, 외부에 연구개발을 의뢰하거나 아예 사다 쓰는 것이 더 유리한 기술도 있다.

연구소도 크게 다르지 않다. 고객이 원하는 기술을 완성된 상태로 제공하려면 일부 기술의 개발을 외부에 위탁하거나 개발된 기술을 구입하여 완성할 필요가 있을 것이다. 추구하는 목표가 기술이 아닌 이익이라면, 당연히 기업이나 연구소는 기술확보전략을 다각적으로 구사해야 한다.

제1절 유망기술의 선별

1. 유망기술의 유형

기술의 유망성은 기술을 필요로 하는 수요자와 기술이 기여해야 하는 기본적인 사명에 따라 평가한다. 미래 유망기술의 대체적인 골격은 다음과 같다.

첫째, 인간의 경제생활을 풍요롭게 만드는 기술에 대한 수요는 지속적으로 늘어날 것이다. 잘 사는 나라의 사람들은 더욱 잘 살기 위해서, 못 사는 나라의 사람들은 인간다운 생활수준으로 올라가는 데 필요한 기술을 요구할 것이다.

둘째, 일상 생활을 편리하게 해주는 기술에 대한 수요가 크게 늘어날 것이다. 가능하면 몸을 쾌적하게 움직이면서 원하는 일을 빨리 처리할 수 있는 기술이다. 인간의 노동 시간을 줄여서 여가를 늘려 주는 기술도 여기에 해당한다.

셋째, 맛있는 음식을 값싸게 제공할 수 있는 식량기술에 대한 수요는 계속 늘어날 것이다. 세계 60억 인구와 앞으로 더 늘어날 인구가 배부르게 먹을 수 있는 품질 좋은 식량자원을 생산하고 그것의 경작 원가를 낮출 수 있는 기술이다.

넷째, 지구의 부존 에너지와 각종 자원을 효율적으로 활용하고 인공적으로 제조할 수 있는 기술에 대한 수요도 많아질 것이다.

다섯째, 각종 질병을 사전에 예방하고 치료할 수 있는 기술에 대한 수요는 인간의 기본적인 욕구다. 암과 에이즈를 원천적으로 예방하거나 완치시키는 기술, 천식과 치매에 대한 확실한 처방, 그리고 겨울철에 우리를 흔히 괴롭히는 독감 바이러스의 정체를 규명하고 치료할 수 있는 기술이 여기에 해당한다. 산업사회가 고도화될수록 새롭게 모습을 드러내는 악성 바이러스의 퇴치기술은 인류의 거듭되는 숙제이다.

여섯째, 지구환경의 오염을 차단하거나 제거하는 기술에 대한 수요는 계속 폭증할 것으로 전망한다. 환경 보전을 위한 국제적인 노력은 경제적인 문제로 이어지는 추세이다. 따라서, 환경기술은 환경 그 자체만을 위해서가 아니라 경제생활의 안전을 위해서도 필수적이다(최석식, 1995 : 83~85).

이상에서 열거한 여섯 가지 말고도 기술의 유망성 여부를 결정짓는 단서는 더 있다. 그러나 어느 경우에도 공통적인 사실이 하나 있다. 유망기술의 단서는 멀리 있는 것이 아니라, 바로 우리의 일상생활 안에 있다는 점이다. 우리의 개인생활 · 가정생활 · 직장생활 · 사회생활 · 국민생활 · 지구촌생활에서 느끼는 불편을 개선하려는 아이디어들이 새로운 유망기술의 씨앗이다.

2. 유망기술의 선별전략

기업과 연구소는 성공가능성이 가장 높은 주력기술을 찾아서 전문화해야 한다. 가장 성공할 수 있는 기술을 중심으로 특화해서 자신의 미래를 개척해야 한다. 이와 관련하여 다음 사항을 고려해야 한다.

첫째, 뿌리기술을 먼저 찾고, 거기에서 줄기기술과 가지기술을 무성하게 키워 하나의 기술나무를 완성하는 것이 중요하다.

둘째, 충분한 성공 경험과 연구개발능력을 밑거름으로 삼아서 창조적인 변화를 계속 추구해야 한다.

셋째, 주력기술은 반드시 당대를 풍미하는 유행성 기술일 필요는 없다. 예를 들면, '종이 없는 사무실'을 지향하는 정보화 사회에서도 종이의 사용이 줄어들지 않았다는 통계에 유념해야 한다. 전자상거래가 종이로 된 화물송장의 수요를 줄이지만, 인터넷을 통해 주문받은 제품을 배송하는 데 이용되는 마분지 상자의 수요를 늘리고 있다는 것이다(한국간행물윤리위원회, 2001 : 12~14).

넷째, 세계의 일류 기업이나 연구소에서 앞만 보고 질주하다가 건너뛰는 틈새기술도 유용하다. 이런 틈새기술을 개발하여 확보하면 주력기술을 가진 일류기업의 맥을 잡을 수 있다.

한편, 유망기술의 선정과 개발에는 적시성이 무엇보다도 중요하다. 20세기의 산업시대에서는 대부분의 변화가 과거의 연속선상에서 이루어졌지만, 21세기 지식 · 정보시대에서는 변화가 광속으로 진행되어 결정의 순간을 놓치면 회복하기 어렵기 때문이다.

사례

미국 GE사의 잭 웰치는 세계 1위나 2위를 달성할 수 없는 사업을 과감히 포기하고, 성장 가능성이 높은 사업에만 집중적으로 투자해서 GE를 다시 세계 정상기업으로 일으켜 세웠다.

미국의 3M사는 6만 종 이상의 제품을 출시했는데, 그것들의 뿌리기술은 도장 · 접착기술이다. 도장 · 접착기술을 바탕으로 창업제품인 샌드 테이프에서 시작해 스카치 테이프 · 셀로판 테이프 · 인화지 · 특수 필름 · 교통표시 테이프 · 농업용 수용성 테이프 등을 개발하는 데 성공하여 세계시장을 석권했다.

일본의 소니사는 자신이 '작은 제품'을 만드는 데 강점을 가지고 있다는 사실을 인지해서 워크맨과 같은 히트상품을 만들 수 있었다(IMD International, 1997/1998 : 118~119).

일본의 혼다사는 엔진생산기술에 대한 기술적 경쟁력을 최대한 활용하여 자동차업계에서 두각을 나타낼 수 있었다(IMD International, 1997/1998 : 119).

미국의 모토롤라사는 1997년까지 이동전화사업에서 세계적인 선도기업이었는데, 디지털 무선기술로 넘어가는 단지 일, 이 년 정도의 시기를 놓쳤다. 바로 이 황금시기에 종전까지 잘 알려지지 않았던 핀란드의 노키아가 세계 1위의 업체로 부상했다.[4] 그 10년 전만 하더라도 노키아는 스노우 타이어와 고무 보트를 만들었던 기업이었으나, 갑자기 유럽에서 가장 빨리 성장하는 첨단기업이 되었던 것이다. 그 결과 모토롤라가 이동통신 분야에서 다시 선두에 복귀하기 위해서는 엄청난 노력이 필요하다는 지적이 있다.

미국의 휴렛 팩커드사는 컴퓨터 프린터 분야에서 시기를 놓치지 않는 연구개발을 거듭해서 계속 성공했다. 휴렛 팩커드가 처음 개발했던 잉크젯프린터는 1977년 연구소의 우연한 발견에서 시작했다.

그 당시 휴렛 팩커드의 연구소들은 반도체 사업을 위해 실리콘 필름에 대한 전기적 시뮬레이션 효과를 탐구하는 각종 실험을 진행하고 있었다. 이 과정에서 필름을 높은 온도로 가열하면 분자들이 표면 아래에서 거품을 내면서 사라진다는 사실을 발견했다. 연구자들은 이 액체의 분사(jetting)를 통제하면 어떻게 되는지를 탐구하는 과정에서 잉크젯프린터를 개발하였으며, 이때 널리 쓰이던 개인용 컴퓨터 시장이 잉크젯프린터의 시장을 활짝 열어 도트식 프린터를 대체했다.

휴렛 팩커드는 그 후에도 시기를 놓치지 않고 계속 노력해서 10년 뒤에는 데스크젯프린터를 도입했고, 1990년에는 저렴한 컬러프린터를 출시하였다(한국산업기술진흥협회, 1997. 6 : 73).

---

4) 2001년 2/4분기의 세계 휴대전화시장의 점유율은 노키아 34.8퍼센트, 모토롤라 14.8퍼센트, 에릭슨 8.3퍼센트, 지멘스 7.9퍼센트, 삼성 6.9퍼센트이다.

제2절 연구개발 아이디어의 발굴

연구개발비전의 실현을 위한 인적자원과 물적자원을 동원·구축한 다음에는 연구개발비전을 실현할 수 있는 아이디어를 발굴해야 한다. 세부적인 아이디어가 부족하거나 알맞지 않으면 연구개발비전을 실현할 수 없을 뿐만 아니라, 고가의 인적·물적자원을 효율적으로 활용할 수 없기 때문이다. 새로운 아이디어의 발굴부터 시작하여 실행 가능한 프로젝트로 다듬는 작업에 전체 연구개발비의 10퍼센트까지 사용해야 한다는 의견도 있다(Boer, 1999 : 27).

좋은 연구개발 아이디어는 최고경영자·연구자·사업부서 요원·판매부서 요원 등 내부인사뿐만 아니라, 외부의 고객과 전문가 등에게서도 얻어질 수 있다. 그런 아이디어를 얻는 방법에는 제안제도, 브레인스토밍, 아이디어 전담팀 운영 등이 있다.

연구개발 아이디어의 발굴과정에서 항상 생각해야 할 사항은 다음과 같다. 첫째, 어느 경우에나 구성원 각자가 제시한 아이디어의 충돌을 통해서 그 어느 구성원도 갖지 못했던 새로운 차원의 아이디어를 만들어야 한다. 구성원 사이의 창조적 마찰은 창의성을 잉태하며, 한 사람 안에 있던 설익은 아이디어를 훨씬 주체적이며 유용한 아이디어로 발전시켜야 한다.

둘째, 내부의 고객을 먼저 만족시켜야 한다. 내부의 고객은 연구자를 비롯해서 사업부서·생산부서·판매부서 요원 등을 포함한다. CEO는 내부고객을 통하지 않고서는 외부 고객을 만족시킬 수 없고, 만족하지 못한 내부 고객이 외부 고객을 만족시키기 어렵다는 점을 깊이 알아야 한다.

셋째, 혁명적인 아이디어가 필요할 때에는 새로운 목소리에 귀를 기울여야 한다. 특히, 신입 연구자의 의견에 귀를 기울이면 좋은 아이디어를 얻을 수 있다. 그들은 아무런 편견이 없는 상태에서 이 생각 저 생각을 하다가 다이아몬드처럼 반짝이는 좋은 아이디어를 내놓을 수 있다. 기존의 체제와 기존의 전략을 고수하려는 사람들은 새로운 아이디어를 내놓기 어려운 반면에, 젊은 사람일수록 현실에 물들지 않은 아이디어를 내놓을 수 있기 때문이다.

넷째, 좋은 아이디어를 발굴하려면 외부에서 유입되는 새로운 아이디어를 배격하는 NIH(Not-Invented-Here) 신드롬에서 벗어나야 한다(Jain & Triandis, 1997 : 36). 또한, 아주 엉뚱한 아이디어에도 주의를 기울여서 바보 같은 질문이 가져다 줄 수 있는 유용한 아이디어를 찾아야 한다.

다섯째, 새로운 연구개발 아이디어를 발굴할 때에는 발상을 전환하는 것이 좋다. 미국의 벨연구소 정문 출입구에는 전화 발명가 알렉산더 그레이엄 벨의 흉상이 서 있는데, 그 아래에는 "가끔 일상적인 궤도를 벗어나 숲속으로 뛰어들라. 그러면 종전에는 전혀 볼 수 없었던 그 무엇인가를 발견할 수 있으리라"라는 문구가 새겨져 있다. 사회적인 규약에 얽매이지 말고 개방적으로 생각하라는 뜻이다.

실제로 발상을 전환해서 개발한 신기술은 너무나 많다. 롤러 블레이드는 발상을 전환해서 개발한 대표적인 사례이다. 1980년에 미국 미네소타의 고등학생이었던 브레인과 올슨 형제는 여름에도 하키 연습을 할 수 있도록 자기 집 지하실에 있던 롤러 스케이트의 한쪽 바퀴를 제거했다. 그랬더니 얼음판을 지치는 스케이트처럼 속도가 빨라졌으며, 방향 전환 등 조종이 자유로운 놀이기구가 되었다. 이 롤러 블레이드는 청소년들에게서 선풍적인 인기를 끌었고, 그것을 발명했던 고등학생 형제는 백만장자가 되었다(《동아일보》, 1996. 5. 26).

여섯째, CEO는 최상의 연구개발 아이디어를 얻기 위해서 창의성 개발에 맞는 조직문화와 뚜렷한 사명을 제시해야 한다. 그리고 구성원들에게 충분한 시간을 갖고 최선의 대안을 찾아낼 수 있는 임무를 주어야 한다.

끝으로 가장 중요한 것은 '기발한 아이디어'에만 의존해선 안 된다는 점이다. 즉각적인 성공을 위해 대기하고 있는 아이디어란 없다. 무수한 시행착오를 거친 끝에 우연히 얻어진 아이디어가 비전을 키워주는 아이디어로 발전한다. 다윈의 진화론적 발전과정이 참신하고 유용한 아이디어를 잉태하는 것이다. 따라서, 황금알을 낳는 거위만을 찾아 헤매다가 우리의 식탁에 누런 달걀을 일상적으로 올려주는 토종닭을 말려 죽여서는 안 된다. 끊임없이 그리고 다원적으로 토종닭도 연구하고 거위도 연구하다보면, 황금 알을 낳는 특수한 거위를 얻는 행운을 누릴 수 있다는 뜻이다.

1. 연구자가 고집하는 아이디어

연구개발 프로젝트를 선정하는 과정에서 유념해야 할 사항은 80 : 20 원칙이다. 가장 탁월한 프로젝트의 80퍼센트는 연구자의 20퍼센트에서 나온다는 경향이다(Boer, 1999 : 25). 따라서 우수한 연구자의 의사를 최대한 존중해야 한다.

연구자가 고집하는 연구개발 프로젝트에 관심을 기울여야 하는 또 다른 이유는 연구자의 일반적인 성향이다. 연구자는 본인이 정말로 좋아하는 프로젝트가 선택되면 신바람이 난다. 그리하여 다른 연구를 하는 경우보다 훨씬 더 잘 할 수 있고, 훨씬 좋은 성과를 낼 수 있다. 특히 연구자들은 자기가 좋아하는 주제를 선정하여 이에 몰두하는 것 자체부터 즐거움을 느끼기 시작한다. 반면에, 연구자들이 원하지 않는 상태에서 이리저리 달래가며 연구개발을 요구할 경우에는 성공확률이 낮아진다. 연구개발은 고도의 정신 활동이라서, 마음이 실리지 않으면 생각이 멈추기 때문이다.

따라서 연구개발 프로젝트의 중요성이나 가치에서 큰 차이가 없을 때에는 연구자가 바라는 프로젝트를 선정하는 것이 최선의 방안이다. 연구자에게 꿈을 줄 수 있는 프로젝트, 연구자가 자랑스럽게 여기는 프로젝트를 선정하는 것이 기관에게도 최상의 이익을 가져다 줄 수 있다. 연구개발 프로젝트가 성공해야 기관의 발전에 기여할 수 있으며, 연구개발 프로젝트의 성공 여부는 그것을 수행하는 연구자의 의욕과 자세에 달려 있기 때문이다.

 **사례**

미국의 휴렛 팩커드사에서 1972년 출시한 16비트 컴퓨터 HP 3000은 회사의 반대를 무릅쓰고 도전하여 성공한 사례이다. 이것은 1968년으로 거슬러 올라간다. 그 해에 휴렛 팩커드는 오메가라는 암호명을 가진 32비트 컴퓨터의 개발작업에 들어갔다. 그런데 작업을 시작하여 견본을 만드는 단계에 접어들었을 때, 이 프로젝트에 대한 최고경영진의 우려가 높아졌다. 돈이 많이 들고 전문성과 개발능력에 한계가 있으며, IBM의 메인 프레임 사업과 직접적인 경쟁관계에 돌입하게 되어 휴렛 팩커드의 기본 경영방침에서 벗어난다는 판단이었다. 그리하여 오메가 프로젝트는 취소되었다.

이에 실망한 연구자들은 대부분 그 사업부를 떠났으며, 얼마 후에는 아예 회사를 그만두는 사람들까지 속출했다. 남아 있던 사람들 가운데 일부는 프로젝트의 취소를 애도하면서 팔에 검은 띠를 두르고 다녔다. 그러나 오메가 프로젝트에 매료되었던 몇 사람은 연구소의 뒷방에서 비밀리에 작업을 계속했다.

시간이 흐르면서 몇 명의 핵심 관리자들이 오메가 프로젝트를 새로운 각도에서 바라보기 시작했다. 그것이 컴퓨터의 구조면에서 몇 가지의 좋은 아이디어를 담고 있으며, 만약 이를 16비트로 축소하고 운영시스템을 단순화한다면 장래성 있는 제품이 될 수도 있을 것이라는 결론을 내렸다. 그런저런 우여곡절을 거쳐 그 사업은 다시 공식적으로 재개되었으며, 알파 프로젝트로 이름이 바뀌었다.

그 결과 세련되고 비용이 적게 들며, 소규모에서 중간 규모까지의 온라인 업무 데이터를 처리할 수 있는 16비트 컴퓨터가 탄생되었다. 이것은 컴퓨터산업에 있어 불후의 성공담으로 기록되고 있다(Packard, 1995/1995 : 130~132).

휴렛 팩커드사의 디스플레이 모니터 개발사업도 유사한 사례이다. 콜로라도의 스프링스연구소에 근무하던 척 하우스라는 연구원은 디스플레이 모니터 개발을 포기하라는 지시를 데이비드 팩커드한테서 받았다. 그렇지만 그는 그 한 마디에 그만두지 않았다.

캘리포니아로 휴가를 떠나는 도중에 이곳 저곳을 들러서 자신이 개발중인 모니터의 견본을 잠재 고객들에게 보여 주었다. 잠재 고객들의 반응은 열광적이었다. 그리하여 그는 몰래 개발을 끝낸 후, 모니터의 생산을 집요하게 요청했다. 그렇게 하여 생산에 들어갔는데, 출시와 동시에 1만 7천개 이상을 팔아서 3천 5백만 달러의 매출을 휴렛 팩커드에 안겨 주었다.

그 후 몇 년이 지났을 때, 당초에 그 디스플레이 모니터의 개발을 포기하도록 종용했던 데이비드 팩커드는 엔지니어의 통상적 의무를 넘어선 비범한 불복종과 반항의 대가로 척 하우스에게 메달을 수여했다(Packard, 1995/1995 : 135~136).

일본전기의 트랜지스터 기술개발도 유사한 사례이다. 1948년경 일본은 경제적으로 대단히 어려운 시기였기에 당장 눈앞에서 돈을 벌 수 있는 프로젝트를 우선했다.

일본전기의 연구원이었던 오사후네가 트랜지스터 개발의 필요성을 역설하자, 진공관의 생산에 매달려 있던 회사에서는 단번에 거절했다. 한, 두 명 정도가 트랜지스터 연구를 시작하면 기존 작업에 방해가 되지 않을 것이라고 제안하는 오사후네를 아예 이단자로 취급해 버렸다.

그럼에도 오사후네가 수그러들지 않자 경영층에서 골머리를 앓기 시작했으며, 급기야는 연구개발비의 지원이 없는 상태에서 트랜지스터를 개발해도 좋다는 허락이 떨어졌다. 이것은 말도 되지 않는 허락이었으나, 혈기왕성한 오사후네는 기꺼이 수락했다. 그렇게 해서 일본전기에서 반도체 사업을 시작했다.

2. 연구개발 아이디어 제안제도

아이디어를 모집하기 위해 가장 널리 이용하는 방법은 제안제도이다. 이것을 시행하는 방식에는 여러 가지가 있다. 우선 구성원 각자가 자유스럽게 언제든지 제출할 수 있는 자유제안제도가 있으며, 이와 반대되는 개념의 의무제안제도가 있다. 의무제안제도에는 전 사원에게 제안을 요구하는 지정제안제도가 있는가 하면, 본인의 생일에 제출하도록 해서 부담을 주는 방식도 있다.

제안의 형태에는 서면으로 하는 형태와 전자우편으로 제안하는 형태가 있다. 또 제안의 주체를 소속 직원뿐만 아니라 가족까지 확대하는 방식도 있는데, 이는 회사와 가족 사이의 일체감 형성과 광역홍보 효과까지 거둘 수 있다.

제안제도가 성공하려면 다음과 같이 추진해야 한다. 첫째, 우수한 제안은 반드시 보상까지 연결해야 한다. 제안한 아이디어의 실시로 생기는 이익이나 절약 금액의 일부를 상금으로 지급하는 방식이 있는가 하면, 특별승진이나 특별승급을 실시하는 방식도 있다. 경제적 포상의 구체적인 방법은 개인별 누적점수가 일정한 한도를 넘으면 일정한 혜택을 주는 제안마일리지제도가 있으며, 일정기간마다 가장 많은 아이디어를 제안한 사람이나 가장 좋은 아이이어를 제안한 사람에게 상금이나 상품을 수여하는 방식도 있다.

둘째, 제안하는 모든 아이디어를 항상 반갑게 접수해야 한다. 백만 원의 포상금을 내걸고 경비 절약을 위한 아이디어를 모집했을 때, 포상금을 십만 원으로 낮추자는 아이디어를 1등으로 선정할 정도의 융통성을 가져야 한다.

🏢 사례

미국의 마이크로소프트사에서는 훌륭한 제안을 내놓아 채택된 사람을 항상 천 명 이상이 모이는 공개 장소에서 발표하고 주식을 추가로 지급한다(Cusumano & Selby, 1995/1997 : 86).

미국의 3M사에서는 신제품 개발 프로젝트를 중단해야 한다고 이의를 제기하는 사람에게 그 반대사유에 대한 입증책임을 부과한다(Davis, 1991 : 145). 또한 발생연구비(genesis grants)제도를 운영하여, 자신의 사업부서에 속하지 않는 아이디어를 가진 기술자가 그 아이디어를 실현하는 데 드는 연구개발비를 회사에 신청할 때에는 소속 부서에 상관없이 연구개발비를 지급한다(Coyne, 1997 : 57).

미국의 실리콘밸리가 성공할 수 있었던 요체의 하나는 아이디어를 위한 시장, 자본을 위한 시장, 인재를 위한 시장을 서로 밀접하게 연결하여 운영하는 체제가 성숙해 있기 때문이다.

일본의 혼다기술연구소에서는 누구라도 연구개발 프로젝트를 제안할 수 있으며, 선정된 프로젝트는 연구자 스스로가 포기하지 않는 한 중단되지 않는다. 처음에는 별다른 효과가 없을 것으로 기대했던 에어백에 관한 연구개발 프로젝트를 10년 넘게 계속해서 성공한 것은 연구개발을 회사의 미래에 대한 보험으로 생각하는 경영자세 덕택이었다(문원택 · 이준호 · 김원석, 1997 : 202~203).

서울대학교 유영재 교수는 1990년에 일본의 대학을 방문했을 때, '연구 아이디어를 어디에서 얻는가? 대학원 학생인가, 교수인가?'라고 질문을 했다. 대답은 뜻 밖에도 '대학교 4학년 학생에게서 아이디어의 반이 나온다'는 것이었다(염영아 외 8인, 1994 : 299).

우리나라의 연구소에서도 제안제도를 활발하게 운영하고 있다. 2000년

7월에 조사한 바에 따르면, 정부출연A연구소에서는 인터넷을 통해서 아이디어를 제안 받아 우수한 제안에 대해서는 연구소장의 표창장을 수여하고 연구개발비를 우대 지원한다.

정부출연B연구소에서는 일반제안·직무제안·특별제안을 연중 수시로 접수하여 창의성·노력도·경제성·난이도·계속성 등의 기준에 따라 심사하고, 우수한 제안에 대해서는 표창장과 상금을 지급한다.

정부출연C연구소에서는 연구원 창안제도를 운영하고 있지만, 표창이나 상금제도는 없다.

정부출연D연구소에서는 제안서를 창의성·경제성·능률성·적용범위·실현성 등의 항목으로 평가하여 60점 이상일 경우에 채택하며, 연구소장의 표창장과 상금을 수여한다.

그리고 정부출연E연구소에서는 전자결재시스템에 건의함을 마련하여 제안을 받고 있으며, 우수한 제안을 표창하고 인사고과에 반영한다.

연구자들의 제안제도는 기업부설연구소에서도 대단히 활발하게 운영하고 있는 것으로 조사되었다. 기업부설A연구소에서는 "나의 제안" 제도를 시행하고 있으며, 우수제안에 대해서는 포상금을 지급한다.

기업부설B연구소에서는 연구소 홈페이지의 "게시판"을 이용하여 제안을 받고 있으며, 우수한 제안에 대해서는 연말에 상금을 수여한다.

기업부설C연구소에서는 우수한 제안을 연구개발 프로젝트로 발전시킨다.

기업부설D연구소에서는 표창장과 포상금(10만 원 ~ 100만 원)을 지급하며, 제안의 효과가 클 때에는 특별포상을 통해 개인당 3억 원까지 지급한다.

기업부설E연구소에서는 사내학술대회, 기술개발경진대회, 개선제안제도 등을 운영하여 포상금을 지급하고 인사고과에 반영한다.

기업부설F연구소에서는 제안심사에서 우수하다고 선정된 사람을 표창한다.

그리고 기업부설G연구소에서는 수시로 아이디어 제안서를 제출받아 프로젝트운영심의위원회에서 채택여부를 결정한다(최석식, 2000 : 123~125).

3. 연구개발 아이디어 브레인스토밍

새로운 아이디어를 체계적으로 도출하는 방법의 하나는 브레인스토밍 방식이다. 이것은 의견을 자유롭게 제시하는 아이디어 발상기법으로, 그 성과는 어떤 방식으로 진행하느냐에 따라 달라진다. 우선 브레인스토밍이 추구하는 목표를 뚜렷하게 설정해야 한다. 브레인스토밍은 가치 있는 아이디어만을 포용하는 그릇이 아니라, 되도록 많은 아이디어의 도출을 목표로 삼아야 한다. 그리고 브레인스토밍에 참가하는 인원은 5~10명 정도가 적당하다.

브레인스토밍을 할 때에는 다음과 같은 4가지의 기본원칙에 충실해야 한다. 첫째, 각각의 아이디어에 대하여 비판하지 말아야 한다. 각각의 아이디어에 대한 분석과 판단은 회의가 끝난 다음에 실시해도 늦지 않다.

둘째, 말하고 싶은 대로 말할 수 있도록 장려해야 한다. 아이디어가 거칠거나 조악할수록 새로운 개념으로 발전할 가능성이 높기 때문이다.

셋째, 아이디어는 많을수록 좋다. 아이디어의 수가 많을수록 가치 있는 아이디어도 늘어날 것이기 때문이다.

넷째, 참가자의 아이디어를 수정하거나 조합하는 일도 중요하다. 다른 참가자가 제시한 아이디어를 촉매로 삼아 제3의 아이디어를 만드는 것이다. 브레인스토밍 방식을 창안했던 오즈본은 "연상의 전원은 교류이다. 토론 참가자 가운데 한 사람이라도 아이디어를 제시하면 자동적으로 다른 아이디어에 대한 상상력을 북돋운다. 그와 동시에 그의 아이디어는 다른 참가자의 연상 전원을 자극한다"라고 말한 바 있다(Carnegie, 1992 : 99~101).

그러나 브레인스토밍은 창의적 행동의 원천인 작업장에서 사람들을 떼어놓아 사람들의 창의성을 실질적으로 제한한다는 주장도 있다(Robinson & Stern, 1998 : 59).

한편 좁은 의미의 브레인스토밍 방식은 아니지만, 연구자와 현장 직원 사이의 미팅도 아이디어의 교환에 매우 좋은 기회를 제공한다. 아이디어 미팅을 통해서 다른 사람이 보유한 유용한 정보를 얻을 수 있고, 다른 사람에게 필요한 정보를 제공해 줄 수 있기 때문이다.

GE의 신화를 창조했다고 칭송받는 잭 웰치 회장도 현장 직원들이 가진 아이디어의 가치를 깊이 인식했다. 그는 1991년 12월《포춘》지에 기고한 〈'92년 미국 기업에 바라는 것〉이란 제목의 글에서 "일반적으로 현장 사람 쪽이 관리하는 입장에 있는 사람보다 훨씬 좋은 아이디어를 가지고 있다. 그 아이디어를 끄집어내는 열쇠는 그들에게 경의를 표하고 자존심을 갖게 하는 것이다. 공정을 설계하는 사람과 3일간 같은 방을 쓰면 머릿속에 아이디어가 떠오른다. 조직 내 사람들에게 경의를 표하라. 그러면 획기적인 진보를 볼 수 있을 것이다. …… 마음을 열고 사람들에게 기회를 주고 업무 과정에 참여시키면 바라는 진보를 틀림없이 이룩할 것이다"라고 강조하였다(Slater, 1993/1995 : 415~416).

사례

미국의 3M사에서는 직원들이 자신들의 아이디어를 내놓고 토론하는 테크포럼을 운영한다. 분야가 다른 연구자들이 한 팀이 되어 다른 사람의 아이디어를 자신의 아이디어로 완성한다.

미국의 휴렛 팩커드사에서는 커피 토크(coffee talk)라는 제도를 운영하고 있다. 그 시간에 직원들이 30분 정도 함께 모여서 회사의 중요 현안과 미래에 대해 이야기를 나눈다.

미국의 GE사에서는 외부작업(work-out)제도를 많이 이용한다. 그 발단은 램프 연구개발팀으로 거슬러 올라간다. 그 팀은 때때로 공장이나 연구실에서 멀리 떨어진 곳에서 모였다. 모임은 사전에 제시된 목적을 가지고 있었다. 참여자들은 자신의 아이디어를 자유롭게 말할 기회를 가졌으며, 나머지 사람들은 그 이야기를 경청했다. 그런 형태의 모임이 실질적으로 도움이 된다는 것을 깨달았으며, 곧 회사 전체로 확산되었다. 지금은 핵심적인 경험과 지식을 가진 사람들을 초빙하여 이야기를 듣는 형태로 발전되었다(Edelheit, 1997 : 103~104).

일본의 소니사에서는 연구개발 프로젝트와 미래의 기술 전개에 대한 대규모 '오픈 하우스 미팅'을 6개월마다 개최한다. 다양한 부서에서 참여한 천여 명의 직원들이 서로 정보를 교환한다(《매일경제신문》, 1997. 10. 14).

4. 연구개발 아이디어 창안팀의 운영

아이디어 창안 전담팀을 구성해서 파격적인 아이디어를 내도록 하는 방법도 많이 쓰고 있다. 대체로 이런 아이디어팀에게는 대폭적인 자율과 특권을 준다. CEO/CTO와 독대할 수 있다든지, 다른 임원들과 업무 상담을 할 수 있도록 허용하는 것이 그 사례이다. 그들만을 위한 사무실을 회사 밖에 별도로 내 주기도 하고, 복장이나 출퇴근 시간의 자율을 허용해 주기도 한다. 일정 한도 안에서는 예산을 마음대로 사용하도록 뒷바라지하며, 가고 싶은 곳이라면 어디라도 갈 수 있도록 배려하기도 한다. 그런 자율과 배려의 대가는 참신한 아이디어로 되돌아오기 때문이다.

 사례 ────────────

삼성전자의 타임 머신팀은 이삼십대의 여성과 남성 15명으로 구성되었는데, 1994년 한해 동안에 무려 450여 건의 아이디어를 회사에 제공했다.

5. 고객과 시장의 수요조사

연구개발에 대한 고객과 시장의 수요는 무엇보다도 중요하다. 종전에는 기업이 시장에 제품을 판매해왔지만, 이제는 고객이 제품과 서비스를 선택하는 시대이기 때문이다. 또 시장에 대한 연구의 기능도 바뀌었다. 전통적인 기업에서는 신제품 개발을 정당화하는 기능을 했으나, 지식집약형 기업에서는 기술혁신에 대한 브레인스토밍의 출발점 역할을 담당한다.

여기서 말하는 고객중심과 시장중심은 엄밀하게는 그 의미가 다르다. 고객중심은 이미 알려져 있는 사람을 대상으로 하는데 견주어, 시장중심은 잠재적이거나 미래 고객의 분명하지 않은 수요를 포함하는 개념이다 (Boutellier, Gassmann & Zedtwitz, 2000 : 116).

고객의 연구개발수요를 효과적으로 파악하기 위해서 유념해야 할 점은 다음과 같다. 첫째, 고객은 세밀하게 분류해야 한다. 모든 사람을 고객으로 설정하는 것보다는 조직에 귀중한 가치를 제공하는 사람들에게 관심을 집중하는 것이 효율적이다. 조직에 이익이 될 수 있는 고객을 잘 선별하고 특정화하여 그 고객들을 만족시키는 연구개발을 해야 한다는 뜻이다.

둘째, 고객이 바라는 만족의 목표나 수준을 명확하게 이해해야 한다. 고객 만족의 일반적인 5가지 형태는 ① 비용 : 가장 저렴한 가격, ② 품질 : 최상의 품질, ③ 속도 : 가장 빠른 배달 속도, ④ 서비스 : 최상의 편의와 접근 용이성, ⑤ 혁신 : 경쟁제품을 뛰어넘는 차별성이다.

셋째, 고객과의 연결방법은 ① 책임자가 고객과 직접적으로 수행하는 상호작용의 방법, ② 고객관리를 잘하는 유능한 인재에게 위임하는 방법, ③ 직원의 보상시스템을 고객에 의한 평가에 연동시키는 방법, ④ 내부의 의사결정 과정에 고객을 참여시키는 방법 등으로 다양하다(Ulrich, Zenger & Smallwood, 1999). 만족시켜야 될 고객을 정의하고 그 고객이 만족할 만한 이익을 정의하고 그 고객과의 연결고리를 선택하는 것은 비즈니스 모델의 큰 틀 안에서 이루어져야 한다.

넷째, 고객의 구매욕구에 관련된 정보를 신속하게 파악하고 급속한 시장변화의 단서를 빠르게 포착하려면 디지털 쌍방향 매체를 활용하는 것이 매우 효과적이다. 이를 위해서는 우선 자신의 인터넷 홈페이지를 만들어서 고객들이 방문하도록 알리고 관심을 끌어야 한다. 이 과정에서 자신의 홈페이지에 대한 광고를 하는 것도 좋다. 그 다음에는 고객들의 참여를 유도하는 단계로 넘어간다. 의견을 제시한 고객에게 특별 사은품을 제공하는 것도 고객들의 고급 정보 제공을 촉진하는 방법일 것이다. 이 특별 사은품이 회사의 제품일 때에는 마케팅 홍보기능까지 겸할 수 있다.

다섯째, 고객의 수요에 관한 정보를 구체화해야 한다. 고객의 막연한 욕구를 분석하여 구체적인 윤곽을 가진 제품 형태로 전환해야 한다. 여기에는 고도의 기법과 신중함을 요구한다. 시장자료를 제품의 개념으로 정확하게 옮겨 놓아야 하며, 제품의 개념을 특정한 기술개발 프로젝트로 정확하게 분해해야 한다.

한편 부텔리어, 개스맨과 제트위츠(Boutellier, Gassmann & Zedtwitz, 2000 : 118~119)는 고객 지향성과 시장 지향성을 확보할 수 있는 수단으로서 ① 지도적 수요자의 개념을 채택하는 방법, ② 연구개발투자를 확정하기 이전에 잠재적 시장에서의 성공가능성을 미리 확인하는 방법, ③ 기존 설계에 대한 고객의 선호도를 고객과 공동으로 평가하는 방법, ④ 품질과 기능을 전시해서 고객과 기술요원 사이의 커뮤니케이션을 개선하는 방법, ⑤ 기술전략과 제품과 시장전략을 통합하는 방법을 제시했다.

반면에, 고객중심의 경영이 지닌 맹점에 대한 비판도 있다. 예를 들면, 프레스터 리서치의 조지 콜로니 사장은 루이스 거스너 IBM 회장의 고객중심 경영전략에 대하여 "'고객이 무엇을 원하는지 알아보자'는 말은 항상 IBM이 빠지는 함정이다. 오히려 고객을 앞서 가야만 했다. 고객들은 자신들이 무엇을 원하는지 알지 못한다. 토마스 왓슨이 시스템360을 내놓을 때, 아무도 그에게 이를 개발하라고 요구하지 않았다. 이는 캐네스 올슨

(디지털 이큅먼트의 전 회장)이 VAX를 개발할 때도 마찬가지였다"라고 비판한 바 있다(김영진, 1994 : 335).

따라서 목표기술의 성격에 따라서 결정해야 한다. 시즈(seeds)형 연구개발과 니즈(needs)형 연구개발에 따라 달라야 한다. 시즈형은 고객의 필요보다는 오히려 기술적인 새로운 아이디어에 따라서 출발하는 방식이다. 새로운 연구개발이 성공하려면 고객의 수요를 무시할 수는 없지만, 고객의 필요가 명확하게 드러나지 않는 상태에서는 시즈형의 방식이 유용하다. 이와 견주어 니즈형은 고객의 필요를 연구개발의 출발점으로 삼고 있는 방식이다. 종합적으로는 시즈형과 니즈형을 결합한 방식이 가장 바람직하다(황명수 · 서문석, 1999 : 77).

사례

미국의 파워소프트사는 고객의 질문사항을 경청하고 곧바로 명료한 조치를 취한다. 그리고 장기기술개발계획에 그 아이디어를 반영한다. 그들은 '고객상담내용 검토회의'를 열어 고객의 질문을 분야별로 나눈 다음, 내용을 분석하고 미래의 혁신에 대한 자료를 관리자와 제품 디자이너에게 제공한다(Kanter, 1995/1998 : 63).

미국의 러버메이드사에서는 소비자들의 생활현장으로 파고 들어가서 고객의 구체적인 문제에 관심을 쏟으면서 연구개발 프로젝트를 찾아내며, 이를 통하여 매년 400여 개의 신제품을 내놓는다(Schmitt, 1997 : 168~169).

미국의 웨스팅하우스사에서는 연구소에 연구개발비의 30퍼센트만을 본사와 사업부서에서 직접 지원하고, 나머지 70퍼센트는 미국의 정부부처(국방부, 에너지부 등)나 전력연구소 등 공공기관과의 계약을 통해 해결하도록 요구하여, 고객지향적 연구개발 능력을 향상시켰다(한국산업기술진흥협회, 1996. 7 : 62).

미국의 바텔기념연구소에서는 기술지향적이고 폐쇄적이었던 종전의 조직문화를 개혁하여 4, 5년 만에 시장지향적인 가치체계를 수립하고, 높은 수요가 예상되는 시장부문에 중점을 두었다. 이와 더불어 장기적이고도 유연한 고객관계를 구축하는 데 주력했다(McKinsey & Company, 1998 : 108).

일본 가오사의 도키와 후미가쓰 사장은 직원들에게 소비자의 얼굴을 바라보라고 요구했다. 직원들은 자신도 모르는 사이에 경쟁기업을 주시하는 데 대부분의 시간을 보내기 때문이었다. 한번은 모니터 요원의 가정을 찾아가 그녀에게 자연스럽게 머리를 감아 보도록 주문했다. 그런데 그 모니터 요원은 머리에 물을 적시고서 샴푸를 찾느라고 헤매는 것이었다. 물이 얼굴로 흘러내리는 상황에서 크기가 똑같은 샴푸와 린스의 용기를 구별하는 데 어려움을 겪고 있었다. 그래서 샴푸와 린스의 용기 크기를 다르게 만들어야 한다는 아이디어를 얻었고, 그 결과 소비자에게서 좋은 반응을 얻었다.

독일의 지멘스사는 1993년에 TOP(Time Optimized Process : 시간효율 극대화 과정)이라는 세계경영전략을 전개했다. 지멘스가 진출한 전세계 189개국 소비자들의 기호를 빠르게 파악해서 제품을 빨리 시장에 내놓자는 것이 그 골자였다.

이는 '시장파악 — 연구개발 — 상품개발 — 상품판매' 등 경영활동의 모든 과정에 쓰이는 시간을 최소화하는 것이었다. 지멘스에서는 이 전략을 시행한 뒤 1996년까지 3년 동안 종전보다 2배 이상 늘어난 5천 3백 건의 신제품을 개발했다. 또 1996년에 판매한 제품 가운데 5년 이내에 개발한 신제품의 비중이 74퍼센트(1985년에는 55퍼센트)로 높아졌고, 10년 이상 된 노후제품의 비중은 7퍼센트(1985년에는 16퍼센트)로 낮아졌다(《한국경제신문》, 1997. 8. 4).

독일 정부는 연구개발비 지원방식을 바꿔 프라운호퍼연구소와 산업계 고객과의 관계를 강화했다. 곧 프라운호퍼연구소가 산업계에서 연구개발비를 많이 유치할수록 연구소가 재량으로 쓸 수 있는 연구개발비를 그만큼 증액하여 지원했다(McKinsey & Company, 1998 : 21).

일본 닌텐도사의 야마우치 사장은 '최소한 1년 이내에는 다른 회사가 절대로 따라 올 수 없는 것을 만들라'고 독려하면서, 신제품을 출하할 때 시장을 조사하지 말라고 지시했다. 독창기술로 만든 제품은 기존 시장을 파고드는 것이 아니라 새로운 시장을 창조한다고 확신했기 때문이다(송희영, 1993 : 118~124).

제3절 연구개발 프로젝트의 선정 메커니즘

연구개발 프로젝트는 기본적으로 다음 4가지의 요건을 충족해야 한다(McLeod, 1988 : 13). 첫째, 연구개발 프로젝트는 기업의 재정정책, 상업화정책 및 운영정책과 밀접하게 연결되어야 한다. 둘째, 연구개발 프로젝트는 기업의 전반적인 이익창출 가능성을 늘리거나 최소한 유지해야 한다. 셋째, 연구개발 프로젝트는 그에 참여하는 사람들의 노력과 야망에 적합한 규모와 범위 안에서 기획해야 한다. 넷째, 연구개발 프로젝트는 이익창출 가능성이 높은 제품을 적시에 생산하도록 기술을 지원해야 한다.

연구개발 프로젝트를 선정할 때에는 항상 반신반의하는 아이디어에 탁월한 프로젝트가 숨겨져 있을 가능성을 항상 생각해야 한다. 새로운 아이디어일수록 실패 가능성이 높아서 CEO에게는 부담스럽지만, 성공할 경우에는 기대 이상의 효과를 가져다 줄 수 있기 때문이다.

연구개발 프로젝트를 선정하기 위해서는 검토대상의 아이디어에 대한 개념적 연구가 먼저 이루어져야 한다. 그 개념적 연구를 하는 과정에서 아이디어의 제안자는 최소한 ① 초기의 목표 시장은 어디인가? ② 누가 그것을 상업화할 것인가? ③ 이 제안서는 다른 경쟁 제안서와 무엇이 다른가? ④ 기술적 이점은 무엇인가? ⑤ 기존 특허에 저촉될 가능성은 없는가? ⑥ 그 기술이 다른 계획의 수립에 도움이 될 수 있는가? 등에 대한 해답을 찾아야 한다(Boer, 1999 : 28~29). 그리고 다음 단계의 연구를 위한 작업계획이나 일정표를 마련해야 한다. 대규모 설비의 설치와 새로운 안전에 대한 처방도 강구해야 한다. 이 개념적 연구에 대한 관리자의 참여는 대단히 중요하다. 장기적으로 전략적 의미가 큰 중요한 결정이 이 단계에서 이루어지기 때문이다.

1. 기술 지도의 작성과 분석

연구개발 프로젝트를 선정할 때에는 전체적인 차원에서 차지하는 위치를 종합적으로 판단해야 한다. 이를 위해서는 그 기술의 지도(technology road map)를 그려서 판단하는 것이 효과적이다.

기술지도는 ① 중장기 핵심제품군을 위한 필요기술과 핵심기술을 명확히 규명하고, ② 제품의 핵심기능이나 성능 파라미터에 필요한 일련의 기술과 기술발전 정도, 보유기술과 핵심 역량을 밝히고, ③ 복잡한 기술변화의 연계성과 기술통합을 가시적이고 실감나게 보여주고, ④ 개발전략과 일정을 정확하게 밝혀주고, ⑤ 불확실성과 위험부담의 정도에 대한 검토를 쉽게 해주고, ⑥ 기술을 모르는 사람들에게 기술을 효과적으로 설명해주는 기능을 한다(U.S. Department of Energy, 1998 : 3).

이처럼 기술지도는 미래로 통하는 길을 제시해주며, 연구개발의 특정수요에 대한 관심을 불러일으키고, 기술예측과 프로그램 형성을 위한 구조를 제공해주며, 기술의 수요와 기대에 대한 최종 수요자와 연구자 사이의 커뮤니케이션을 촉진해주며, 외부의 핵심기술을 모아 축적하는 데 필요한 지침을 제공한다.

 **사례**

미국의 모토롤라사는 각 사업부서 사이의 커뮤니케이션과 업무 조정을 위해 모든 주요 사업에 대한 기술지도를 연 2회씩 검토한다. 이것은 기술적으로 발생가능한 것과 필요한 것에 초점을 두며, 부서장들이 참석한 가운데 이루어진다. 모토롤라가 사용하는 기술지도는 신생기술과 제품기술로 나누어 작성된다. 신생기술(emerging technology)의 지도는 중장기 기술진보를 예측하고 현재의 기술력을 객관적으로 평가하여 현재와 미래의 경쟁사들과 비교한다. 제품기술(product technology)의 지도는 1개 사업부나 그룹차원의 지도로서, 현재와 미래 제품라인에 대한 포괄적인 기술지도이다. 여기에서는 구조화된 도구를 활용하여 현재의 활동과 진척상황을 파악하며, 이를 통하여 개발할 기술과 불명확한 미래시장의 관계를 규명하고 기술개발활동의 지침으로 삼는다(김상길, 2001 : 53).

네델란드의 필립스사는 제품개발 초기단계의 개선활동에 초점을 두고 기술지도를 작성한다. 향후 5년 동안에 걸쳐 출시될 제품과 기술의 관계를 제시하며, 기술지도를 작성하는 과정에서 서로 다른 조직 사이의 팀워크와 참여를 강조한다(김상길, 2001 : 53).

2. 연구개발 프로젝트의 선정평가

연구개발 프로젝트의 선정평가는 매우 엄격하게 실시해야 한다. 연구개발 프로젝트를 일단 선정하여 착수한 다음에는 중단하는 것이 사실상 어려우며, 중단할 때에는 막대한 인적 · 물적 · 시간적 손실을 감내해야 하기 때문이다.

1) 연구개발 프로젝트 선정평가의 기준

연구개발 프로젝트의 선정평가에 적용되는 기준은 연구개발 프로젝트의 기술적·시장적 성공가능성과 이익창출 가능성으로 나누어 면밀하게 설정해야 한다. 성공가능성은 연구개발 프로젝트 선정의 필요조건이며, 이익창출 가능성은 연구개발 프로젝트 선정의 충분조건이다.

(1) 연구개발 프로젝트의 성공가능성 평가

연구개발 프로젝트는 성공가능성을 토대로 선정해야 한다. 아무리 탁월한 기술을 목표로 하는 프로젝트일지라도 성공에 이르지 못하면 일단 쓸모가없다. 이 성공의 관점은 기업이 원하는 때에 원하는 품질의 제품을, 원하는 규모로 생산하여 판매할 수 있는지의 여부에 두어야 한다. 그것은 기술개발의 성공가능성과 시장진입의 성공가능성이다.

첫째, 기술개발의 성공가능성을 판단할 때에는 기술의 축적도, 과거의 개발실적, 연구개발비의 투자능력, 연구자의 확보 능력, 연구개발 시설의 확보능력, 연구개발정보의 확보능력, 현존 가능성과의 부합성, 생산능력이나 판매능력 또는 관련 필수적인 요소들이 갖추어져 있는 때의 연구개발 완료가능성 등이다.

둘째, 기술개발에 성공하더라도 시장진입에 성공하느냐가 대단히 중요하다. 연구개발결과의 시장진입 성공가능성을 판단할 때에는 관련기술의 확보가능성, 원자재의 가격과 확보가능성, 제조인력과 시설의 확보가능성, 생산투자의 조달가능성, 시간일정 계획에 따른 자금의 이용가능성, 제조비용의 경쟁력, 제조의 안정성, 마케팅과 판매능력, 시장 진입시점의 적정성, 손익분기시점의 적정성, 현행 및 예상 규제에 대한 대처 능력을 중점적으로 검토해야 한다.

(2) 연구개발 프로젝트의 이익창출가능성 평가

연구개발 프로젝트를 선정할 때에는 편익/비용분석을 실시하여 이익창출의 가능성을 예측해야 한다. 기술개발의 성공가능성이 있고 시장진입의 가능성이 크더라도 이익이 창출되지 않는 프로젝트는 경제적으로 의미가 없기 때문이다.

편익은 당해 연구개발 프로젝트에서 파생되는 경제적·기술적·명예적 효과를 모두 합산하며, 비용은 그 연구개발 프로젝트를 수행하는데 쓰이는 인적·물적자원을 모두 포괄한다. 따라서, 편익/비용분석을 할 때에는 무형적·유형적 편익과 비용, 경제적·비경제적 편익과 비용을 정확하게 규명하는 일이 가장 중요하다.

먼저, 연구개발 프로젝트의 편익은 여러 가지 관점에서 고려해야 한다. 첫째, 기업의 목적·전략·정책 및 가치기준에는 기관의 현행 전략과 장기계획의 부합성, 현행 전략의 변화가 정당할 수 있는 가능성, 기관 이미지와의 부합성, 위험에 대한 기관의 자세와의 부합성, 혁신에 대한 기관의 자세와의 부합성, 시간 연속에 대한 기관요구의 충족가능성 등이 있다.

둘째, 마케팅 기준에는 예상할 수 있는 전체시장의 규모, 예상할 수 있는 시장 점유율, 예상할 수 있는 제품수명, 추정 매출규모, 현존 제품에 대한 영향, 경쟁상의 지위, 기존 하부구조와의 부합성 등이 있다.

셋째, 연구개발 기준에는 기관의 연구개발전략과의 일관성, 연구개발전략에 대한 변화의 정당화 가능성, 제품의 미래 발전가능성과 창출되는 신기술의 미래 응용가능성, 다른 프로젝트에 대한 영향, 전체적인 운영 시스템과의 부합성을 고려해야 한다.

넷째, 재정기준에는 연간 이익의 가능 규모와 기간, 기대할 수 있는 순이익 등이 있다.

다섯째, 생산기준에는 생산의 부가가치, 재사용 가능성 등이 있다(Twiss, 1992 : 154~155).

다음 연구개발 프로젝트의 비용면에서는 개발의 비용과 시간, 연구개발비의 규모, 제조를 위한 투자, 자금을 필요로 하는 다른 프로젝트에 대한 영향, 제조 비용, 추가 시설의 확보 비용, 제품과 제조 공정의 가능한 재해, 고용에 대한 영향 등을 고려해야 한다(Twiss, 1992 : 154~155).

끝으로 연구개발 프로젝트의 편익과 비용을 측정하고 비교하는 방법에는 순현재가치 방법(net present value : NPV), 편익비용비 방법(benefit cost ratio : B/C ratio), 내부수익률 방법(internal rate of return : IRR) 등이 있다. 각각의 평가기준은 〈표 3-1〉과 같다. 그러나 편익과 비용을 비교하는 데에는 적지 않은 한계가 있다.

첫째, 대체로 장기적인 차원의 비용에는 예민하지 못하다. 둘째, 모든 편익과 비용을 가격으로 환산하는 작업이 대단히 어렵다. 셋째, 복수의 인과관계 문제로서, 당해 연구개발 프로젝트 이외의 요인에 영향받은 편익과 비용을 규명하고 계량하기 어렵다.

〈표 3-1〉 편익/비용의 평가기준

평가기준	계 산 방 법
순현재가치	순현재가치 = (편익의 현재가치) − (비용의 현재가치) 한계순현재가치 = (Δ편익의 현재가치) − (Δ비용의 현재가치)
편익비용비	편익비용비 = $\dfrac{\text{편익의 현재가치}}{\text{비용의 현재가치}}$ 한계편익비용비 = $\dfrac{\Delta\text{편익의 현재가치}}{\Delta\text{비용의 현재가치}}$
내부수익률	내부수익률 : NPV = 0이 되도록 하는 할인율 한계내부수익률 : MNPV = 0이 되도록 하는 할인율 * 여기서 MNPV는 편익의 현재가치의 증가와 비용의 현재가치 증가의 차이임.

자료 : 노화준, 1997 : 228.

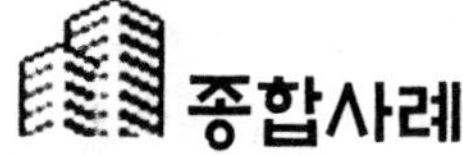

종합사례

　미국의 국립과학재단에서는 연구개발 프로젝트를 선정할 때 ① 이 프로젝트를 왜 개발해야 하는가? 이 프로젝트가 해결하고자 하는 문제나 수요는 무엇인가?

　② 이 프로젝트의 이해관계자는 누구인가? 이 프로젝트에 참여하지 않는 사람 가운데 이 프로젝트에 관심을 갖게 될 사람을 누구인가?

　③ 이해관계자들이 원하는 것은 무엇인가? 어떤 문제가 이해관계자에게 가장 중요한가? 어떤 문제가 이해관계자에게 두 번째로 중요한가? 서로 일치되는 관심영역은 어디이고 서로 모순되는 관심영역은 어디인가?

　④ 그 프로젝트 수행의 참여자는 누구인가?

　⑤ 도출된 문제나 수요에 대처하는 전략과 활동은 무엇인가? 방해하는 요소는 무엇인가? 참여자들이 어떻게 이익을 얻을 수 있나? 기대할 수 있는 결과는 무엇인가?

　⑥ 그 문제는 어디에 있는가?

　⑦ 그 프로젝트가 수행될 기간은 얼마 동안인가? 언제 시작해서 언제 끝날까?

　⑧ 그 프로젝트의 수행에 돈은 얼마나 들고, 어디서 동원되나? 어떤 인적 · 물적 · 제도적 자원이 쓰이나? 평가와 성과 확산을 위해서는 얼마나 많은 돈이 쓰이나?

　⑨ 성취한 결과를 측정할 수 있는 성과는 무엇인가? 단기간 내에 기대되는 영향은 무엇이고, 장기에 걸쳐 나타날 영향은 무엇인가?

　⑩ 자료 수집을 위해 꼭 해야 할 조치는 무엇인가? 등의 항목을 평가한다. 이런 질문들은 프로젝트 선정을 위해 검토해야 할 요소인 동시에, 그 프로젝트의 진행과정과 결과에 대한 평가에 중요한 기준으로 활용할 수 있다(Frechtling, 1993 : 12).

미국의 W.R. 그레이스사에서는 고객에 대한 유용성과 회사의 기술능력을 동시에 고려하는 메트릭스를 사용한다. 먼저 고객에 대한 유용성은 '시장 유용성 명확', '소규모 고객만 존재', '시장 유용성 불명'으로 나누어 점검한다. 회사의 기술능력은 '노하우 확보', '노하우는 확보했으나 높은 개발비용', '노하우 미확보'의 3가지로 나누어 점검한다. 이 변수들을 서로 조합해서 〈표 3-2〉의 9가지로 구분한다(한국산업기술진흥협회, 1997. 2 : 69~71).

<표 3-2〉 W.R. 그레이스의 아이디어 발전과정

시장 유용성 명확	기술창조 (중앙연구소)	기술구축 (중앙연구소)	제품개발
소규모 고객만 존재	실험적 연구 (기술적)	실험적 개발 (다기능 통합)	시장개발
시장 유용성 불명	특수작업팀	실험적 마케팅	시장연구
	특수작업팀	노하우 확보/ 높은 개발비용	시장연구

자료 : 한국산업기술진흥협회, 1997. 2 : 71.

일본의 소니사에서는 '① 새로운 사업영역을 개척할 수 있는가? ② 소니의 어느 사업에 언제 기여할 수 있는가? ③ 어디에 독창성이 있는가? ④ 세계의 최고수준에 있는가? ⑤ 사업부가 빼앗아갈 정도로 매력적인가?'를 기준으로 연구개발 프로젝트의 선정평가를 실시한다(福井 忠興, 1995/2000 : 132~133).

삼성종합화학연구소에서는 기술에 대한 평가와 시장에 대한 평가를 각각 실시한다. 기술에 대한 평가는 독창성, 적용 가능한 기술분야, 기술의 확보가능성 등에 대하여 실시한다. 시장에 대한 평가는 고객(captive user)의 존재여부, 시장 성장률, 기대 매출액 등을 점수로 구분하여 평가한다. 대체로 매년 9월에 다음 연도의 프로젝트를 선정하며, 처음 1/4분기 동안에는 선행연구를 추진하여 기회이익을 극대화한다(강신태, 2000 : 22~23).

2) 연구개발 프로젝트 선정 평가자

연구개발 프로젝트의 선정을 위한 평가에는 가급적 다양한 부류의 인사들이 참여해야 한다. 관리자·현장기술자·마케팅 전문가는 물론, 외부 전문가까지 광범하게 참여하는 것이 좋다. 특히, 고객을 연구개발 프로젝트의 선정평가에 참여하게 하여 고객의 수요에 합당한 연구개발 프로젝트, 팔릴 수 있는 연구개발결과를 기약해야 한다.

연구개발 프로젝트를 선정할 때에는 타협과 설득의 과정을 진지하게 갖는 것이 중요하다. 이 때에는 CEO가 주재하고 연구부서·사업(생산)부서·판매부서·고객대표 등의 이해 당사자들이 참여하는 합동검토회의를 거치는 것이 좋다. 그 자리에서는 연구개발의 목표, 기술의 성숙도, 기술의 경쟁력, 고객의 만족도, 성공확률, 연구개발비의 규모, 완료시기 등에 대한 폭넓고 깊이 있는 검토를 거쳐야 한다. 그런 과정을 거쳐서 연구개발 프로젝트를 선정해야 과정과 결과가 모두 좋아질 수 있다.

 사례 ________________________________

미국의 마이크로소프트사에서는 12명 정도로 된 핵심 두뇌집단이 각 조직에 대한 비공식적 평가와 신제품 개발 및 새로운 아이디어에 대하여 회장에게 조언한다. 구성원 가운데는 광역네트워크에서 일하는 기술전문가

도 있지만, 대부분이 회사의 창립 공신들이다(Cusumano & Selby, 1995/1997 : 86).

일본의 파낙사에서는 연구소의 소장과 부소장들이 한 달에 한 번씩 모이는 합동검토회의에서 연구개발 주제를 토의하여 선정한다. 그리고 공장·판매·재무·자재 등 관련 부문의 대표가 참석하는 개발회의에서 구체적인 연구개발계획을 확정한다(류재헌, 1994 : 157).

3) 연구개발 프로젝트 선정의 포트폴리오

연구개발 프로젝트를 선정할 때에는 포트폴리오 방식에 따라야 한다. 기관이 당면하고 있거나 당면하게 될 기술적 문제들을 정확하고 자세하게 규명한 후, 그 문제들을 가장 효과적으로 해결할 수 있는 연구개발 프로젝트를 도출해야 한다.

여기에서 가장 심혈을 기울여야 할 사항은 다음과 같다. 첫째, 필요한 연구개발 프로젝트가 빠지지 않도록 검토해야 한다. 이 검토작업은 기술의 지도에 따라 추진해야 한다. 둘째, 시간적 개념에 따라서 단기 프로젝트, 중기 프로젝트, 장기 프로젝트로 나누어 철저하게 대비해야 한다. 셋째, 연구개발자원 투입의 강도를 고려해야 한다. 예를 들면, 중점 프로젝트와 그 밖의 프로젝트로 구분하는 방식이다.

사례

미국 IBM사의 연구소에서는 기술혁신프로그램을 시행할 때 한, 두 명의 연구자에게 회사차원에서 크게 지원하지 않는 프로젝트를 수행하도록 자금을 지원한다. 예를 들면 10명의 주류 프로젝트팀을 설치할 때, 2명을 차출하여 장기적 프로젝트팀에 가담시킨다. IBM에서는 그들이 2년 정도만 지나면 회사에 이익을 가져다 줄 것이라고 기대한다(한국산업기술진흥협회, 1997. 9 : 70~75).

3. CEO의 결단

CEO가 내리는 기술의 선택은 매우 중요하다. CEO의 허락이 있어야만 모든 연구개발 프로젝트가 합리적으로 될 수 있으며, CEO의 의지가 있어야만 각종 연구개발자원을 원활하게 지원할 수 있기 때문이다. 따라서 CEO가 분명한 목표를 제시할수록 성공으로 가는 길이 그만큼 밝아진다. 실제로 CEO의 목표제시로 연구개발에 속도가 붙고, 그렇게 성공한 사례가 대단히 많다.

또 한 가지, 중요한 연구개발 프로젝트의 방향 수정이나 중단도 CEO의 몫으로 남는 때가 많다. 이미 거액의 연구개발비를 투입한 프로젝트나 회사의 미래 경영에 중대한 영향을 주는 프로젝트를 CEO가 아닌 다른 사람들이 중단하는 것은 사실상 어렵기 때문이다.

 사례 ________________________________

일본 소니사의 모리타와 이부카는 1948년 쇼클리 등이 트랜지스터를 발명했다는 소식을 전해 듣고 셔츠 주머니에 꼭 들어 갈 수 있을 정도로 작은 라디오의 개발을 목표로 정했다. 그래서 웨스턴 일렉트릭에서 트랜지스터 사용 허가를 받고 신형 트랜지스터를 개발하는 작업에 들어갔다.

가장 어려운 작업은 트랜지스터의 출력을 높이는 일이었다. 일련의 힘든 과정을 거쳐 소니는 1955년에 첫 트랜지스터 라디오를, 1957년에는 포켓용 트랜지스터 라디오를 생산하는 데 성공했다. 그것은 분명히 세계에서 제일 작은 라디오임에 틀림없었으나, 남자들의 표준 셔츠 주머니보다는 약간 커서 '포켓용'이라는 명칭에 문제가 생겼다. 궁리 끝에 하나의 꾀를 생각해 냈다. 세일즈맨들에게 라디오를 집어넣을 수 있는, 보통 셔츠보다 약간 큰 크기의 주머니가 달린 셔츠를 만들어 주었다(Akio, 1986/1986 : 79~91).

소니사의 다른 사례는 워크맨 개발 배경이다. 소니가 개발한 휴대용 스테레오 레코더와 그에 딸린 표준 사이즈 헤드폰에 대한 이부카의 불만에서 개발작업을 시작했다. 이부카는 "나는 음악을 듣고 싶지만 다른 사람을 방해하고 싶지는 않습니다. 또 하루 종일 스테레오 앞에 앉아 있을 수도 없지요. 음악을 가지고 다닐 수 있으면 하는 게 내가 생각하는 해결 방안이지요. 하지만 그렇게 하기에는 너무 무겁군요"라고 말했다(Akio, 1986/1986 : 100).

소니사의 또 하나의 사례는 베타맥스 개발이다. 소니는 1969년에 처음으로 유매틱(U-Matic)을 개발하여 방송기기와 산업기기로 널리 공급하고 있었으나, 가정용으로 사용할 수 없는 것이 안타까웠다. 값이 비싸고 부피가 너무 컸기 때문이다. 하루는 이부카가 미국 여행에서 돌아와 개발부 직원들을 집합시킨 다음, 가정용 비디오의 중요성을 강조했다.

그는 자기 주머니에 손을 넣더니 뉴욕 공항에서 사 온 문고판 책 하나를 꺼내어 탁자 위에 내려놓으면서, "이것이 내가 원하는 카세트의 크기다. 이것은 여러분의 목표이고, 이런 정도의 크기로 된 카세트에 적어도 한 시간 짜리 프로가 들어가야 된다"라고 말했다. 이부카의 이 말이 베타맥스를 낳게 한 원동력이었다(Akio, 1986/1986 : 140~141).

일본 닌텐도사의 야마우찌 사장은 이익의 절대규모를 미리 결정한 후, 연구개발팀에게 시장 출하 가격을 구체적으로 제시하는 것으로 유명하다. 이렇게 되면, 연구개발팀은 그 가격에 팔릴 수 있는 제품을 설계해야 하고, 그에 적합한 제조 시스템까지 강구해야 한다.

일본 파낙사의 경영진은 특정 제품의 제조원가를 연구개발 시점에서 결정한다. 시장이 가격 인하를 요구하면 다시 한번 시장의 요구와 맞는 낮은 가격의 상품을 개발한다. 어떤 가격에서 특정 제품이 이익을 내지 못하게 될 때에 다른 기업에서는 가격을 낮추기 위해 제조과정의 합리화를 추진하는 게 상례지만, 파낙에서는 낮아진 가격에 맞도록 연구개발을 진행하는 방식을 취하는 것이다(류재헌, 1994 : 194~195).

삼성전자가 1996년 6월에 출시한 '명품 플러스 원'은 가로 화면의 폭이 약 1인치 정도 넓어진 컬러 TV인데, "방송국에서 송출하는 화상 신호 가운데 재생하기 어려운 양끝을 잘라 버리고 보여 주는 기존 TV와는 달리 이 부분을 살펴보라"는 이건희 삼성그룹 회장의 지시에 따라 태어난 제품이라고 한다.

4. 이단 프로젝트의 처리

이단의 아이디어에 대한 열린 자세는 새로운 발전의 기틀이 될 수 있으며, 탁월한 아이디어의 발굴에 중대한 영향을 미친다. 전체 또는 부분을 채택하거나 수정하여 수용할 때에는 의외의 결과를 낳을 수 있다. 따라서 아무리 엉뚱한 아이디어라도 단번에 거절하지 말고 경청하는 것이 바람직하다. 연구자의 이단적인 생각을 소속 기관의 필요에 맞추는 노력을 세심하게 기울이는 것이 좋다.

또 수용할 수 없는 이단 프로젝트는 그 제안자를 실망시키지 않는 방식으로 거절하는 것이 대단히 중요하다. 여기에서 실패하면 연구자의 창의력 관리에서 실패하게 된다. 그렇게 되면, 창의적 아이디어의 샘물을 마르게 하고, 발전지향적 분위기에 찬물을 끼얹는 결과를 낳을 것이다.

 **사례**

토마스 에디슨이 교류의 우수성을 부정한 것은 대단히 유명한 일화다. 교류가 직류보다 우수하다는 사실을 수용하면, 자신의 라이벌이었던 웨스팅하우스가 옳다는 것을 의미하는 동시에, 자신의 공장을 폐기해야 했기 때문이다(Davis, 1991 : 143).

미국의 휴렛 팩커드사를 공동으로 창업한 빌 휴렛은 연구자들의 아이디어를 솜씨 있게 처리한 것으로 정평이 나있다. 억제할 수 없을 정도로 열정을 가진 연구자가 새로운 아이디어를 가지고 오면, 휴렛은 그 연구자의 아이디어를 차분하게 경청한다. 적절한 곳에서는 흥분을 표시하기도 하면서 까다롭지 않은 질문을 몇 개씩 부드럽게 던진다.

그는 며칠 뒤에 그 연구자를 다시 부른다. 이번에는 아주 까다로운 질문을 던지고 많은 이야기를 주고 받으면서 그 아이디어에 대해 철저하고 면밀하게 조사하는 시간을 갖는다. 그러나 최종적인 결정은 뒤로 미룬다.

얼마 있다가 빌은 그 연구자를 다시 한 번 만난다. 그 때에야 비로소 합리적이고 명쾌한 논리로 그 아이디어에 대한 자신의 의견을 제시하고 결정을 내린다. 부정적인 결과가 나오더라도, 그런 과정은 그 연구자에게 만족감을 주었고 열의와 창조성을 유지하는 심리적인 바탕을 조성해 준다(Packard, 1995/1995 : 127~128).

제4절 기술의 외부조달

오늘날 필요한 기술 모두를 자체에서 개발하여 사용할 수 있는 기업은 많지 않다. 대부분 연구개발단계에서나 생산단계에서 필요한 기술의 일부를 외부조달(out-sourcing)하여 사용한다.

기술의 외부조달은 '만드는 기술'과 '사용하는 기술'이 가진 각각의 유용성에 입각하여 추진한다. '만드는 기술'은 인간의 창의적인 능력을 형상화하는 기술인 반면에, '사용하는 기술'은 외부에서 개발한 기술을 자기의 것으로 만들고 신체의 일부로 주체화하는 기술이다. 여기서 자기의 것으로 만든다는 것은 마음먹은 대로 할 수 있는 상태, 자유로이 사용할 수 있는 상태로 변화시키는 것을 의미한다. 그리하여 그 기술의 주인이 되는 것을 말한다(최석식, 1995 : 135~136).

1. 기술 외부조달의 의의

기술의 외부조달은 한 기관이 필요로 하는 기술을 외부에서 획득하는 과정으로서, 자체의 연구개발활동을 대체하거나 보완하는 활동이다.

기술의 외부조달은 내부에서 개발하는 것보다 더 많은 가치를 창출할 수 있을 때 실시한다. 구체적으로는 ① 보완적 기술의 획득, ② 제품개발 리드타임의 축소, ③ 연구개발 비용의 절감, ④ 연구개발의 불확실성 축소, ⑤ 최신 정보의 획득, ⑥ 표준과 규제에 대한 대응이 가능할 때 실시한다(한국산업기술진흥협회, 1998. 3 : 70~74).

보어(Boer, 1999 : 324~325)에 따르면, 외부 기술의 이용은 ① 가치 높은 새로운 기회의 가능성을 늘려주고, ② 기업에게 유용한 기술 선택의 범위를 넓혀주며, ③ 더 적은 위험부담으로 더 빨리 시장에 진입할 수 있기 때문에 가치가 크다.

따라서 기술의 자체개발을 보완하는 차원의 외부조달은 대단히 유용하다. 모든 기술을 내부에서 독자적으로 개발해야 한다는 인식은 바뀌어야 한다. 그렇다고 해서 기술의 자체 개발을 소홀하게 취급해도 된다는 뜻은 전혀 아니다. 세계적 수준의 기술에 대한 본적지가 되지 못하면, 그 기술을 보유한 기업이나 연구소의 눈치만 살피다가 경쟁대열에서 밀려나는 신세로 전락할 것이기 때문이다.

한편, 기술의 외부조달을 추진하는 배경은 시대에 따라 변한다. 컴퓨터의 예를 들면, 메인프레임 시대에는 비용을 절감하기 위해서 기술을 외부에서 조달했으나, PC와 클라이언트 / 서버 시대에는 정보기술을 새로운 분야와 새로운 응용영역으로 확장하기 위해서 관련 기술을 외부에서 조달하였다. 그리고 인터넷 시대에는 속도를 개선하기 위해서 외부조달의 방법을 이용한다(IDG News Service, 2001. 6. 14).

2. 외부조달의 대상기술

외부조달의 대상기술에 대한 결정은 기술의 지도 분석단계에서 시작해야 한다. 어떤 제품이나 서비스의 제조에 필요한 전체 기술의 윤곽을 그린 뒤, 어떤 단위기술을 내부에서 개발하고, 어떤 단위기술을 외부에서 동원할 것인지를 결정해야 한다.

외부조달의 대상기술을 선정할 때 고려해야 할 점은 다음과 같다. 첫째, 자신의 차별성을 강력하게 할 수 있는 기술은 자체적으로 개발하는 것이 바람직하다.

둘째, 지금까지의 차별화 요소였던 기술이 차별력을 상실하고 있을 때에는 외부조달로 전환하고 그 연구개발비를 다른 가치 있는 기술의 개발에 투입하는 것이 좋다.

셋째, 다른 기업에 이미 알려져 있는 기술의 외부조달은 그 기술을 다른 기술과 결합하여 가치를 창출할 수 있을 때에만 실시한다. 기술의 통합을 통하여 신제품개발 기회를 더 가질 수 있고, 시장에 빨리 진입할 수 있는 경우이다.

넷째, 개발비용을 공유하는 것이 매력적일 때에는 기술 지배력의 부분적 유지를 위해서 외부조달을 실시한다. 그러나 기술에 대한 완벽한 지배력을 가질 수 있고, 사업의 이익이 자체 개발을 정당화할 수 있을 때에는 외부조달을 실시하지 않는다.

다섯째, 외부의 전문기업에게 얻을 수 있는 기술은 외부조달을 실시한다. 비용과 시간절약, 그리고 최상의 기술에 대한 접근 가능성이 기술지배력보다 더 중요하기 때문이다.

한편, 핵심기술은 경쟁우위의 확보에 결정적이기 때문에 외부조달에 더욱 주의를 기울여야 한다. 더 구체적으로 설명하면 다음과 같다. 첫째, 핵심기술에 대한 내부역량을 가지고 있으며, 이를 계속해서 유지할 수 있을 때에는 자체개발을 선택해야 한다.

둘째, 핵심기술에 대한 내부 역량이 없을 때에는 외부에서 조달해야 한다. 다만, 주어진 기간 안에 적당한 비용으로 내부역량을 갖출 수 있을 때에는 외부조달을 하지 않는 것이 좋다.

셋째, 어떤 핵심기술이 이미 외부에 알려졌다면 외부조달을 고려해야 한다. 그렇지만 자체에서 개발하는 것이 여전히 비용을 절감하는 데 효과적일 때에는 자체개발을 선택할 수 있다(한국산업기술진흥협회, 1998. 5 : 52~57).

3. 기술 외부조달의 대상기관

기술을 외부에서 조달하는 대상기관에는 대학 · 공공연구기관 · 민간계약 연구기관 · 부품공급업체 · 고객기업 및 다른 회사 등이 있다. 대학은 유능한 교수와 학생들이 있고, 도서관 등의 정보 집적체제를 갖추고 있기 때문에 기술을 외부조달하는 대상기관으로서 비교적 유리하다. 공공연구기관에서는 고가의 장비를 사용할 수 있는 이점이 있다. 부품공급업체는 완제품기업과의 관계에서 유리한 점이 많다. 경쟁기업도 기업 고유의 이해관계를 보호할 수만 있다면, 정보전파나 협력적 개발의 유용한 파트너로 활용할 수 있다(〈표 3-3〉 참조).

<표 3-3> 기술 외부조달 대상기관의 적절성

	대학	공공 연구 기관	민간 연구 기관	공급 업체	고객 기업	타 회사
o 제공되는 형태						
- 정보와 노하우	V	V	V		V	V
- 제품 체화 기술			V	V	V	V
o 기술의 특질						
- 차별화 기술			V	V	V	V
- 비차별화 기술			V	V	V	V
- 보완적 기술	V	V	V	V		V
- 신기술	V	V				V
o 관계의 형태						
- 파트너십				V	V	V
- 불연속적 계약	V	V	V	V	V	V

자료 : 한국산업기술진흥협회, 1998. 6 : 68.

4. 기술 외부조달의 방법

기술을 외부조달하는 방법에는 기업인수 · 합작투자 · 기술제휴 · 연구개발 컨소시엄 · 연구개발계약 · 연구개발자금 보조와 라이센싱 등이 있다. 이상의 방법 가운데 각각의 상황에 맞는 방법을 채택해야 한다.

첫째, 협력 일정상 특정 문제의 해결만을 시도해야 할 때에는 연구개발계약을 이용하는 것이 좋다. 그러나 문제의 지속적인 해결을 시도할 때에는 정기적 파트너십을 구축하는 방안이 유리하다.

둘째, 해결책이 이미 존재할 때에는 지적재산권의 라이센싱이나 구매를 고려하고, 해결책이 존재하지 않을 때에는 자체개발을 추진해야 한다.

셋째, 자신이 보유하고 있는 기술이나 노하우를 활용하는 것이 중요할 때에는 컨소시엄을 구성하고, 자신의 기술이나 노하우가 해결책에 도움이 되지 않을 때에는 연구개발계약이나 연구개발비 보조의 방법을 이용해야 한다.

넷째, 얻고자 하는 기술에 대하여 강력한 지위를 구축하고 있는 기업이나 연구소가 있을 때에는 그 기업이나 연구소의 부분이나 전체를 인수하는 것이 효과적이지만, 강력한 지위를 구축하지 못한 때에는 연구개발활동의 협동을 추진해야 한다.

다섯째, 별도의 회사를 만들어서까지 개발해야 할 중요한 기술이 있다면 합작투자를 시도해야 하지만, 그렇지 않다면 제휴나 연구개발비 보조가 적합하다.

5. 기술 외부조달의 성공요소

먼저, 기술이나 연구개발의 외부조달을 막는 요소들을 살펴보면 다음과 같다. 첫째는 이른바 NIH(Not-Invented-Here) 증후군이다. NIH가 유효하게 된 배경에는 ① 개발속도가 그다지 빠르지 않아도 경쟁에서 살아 남았다는 점, ② 투입하는 자금이나 인력면에서 압박감이 적었다는 점, ③ 경쟁이 국제적인 차원에서 전개되지 않았고, 국내의 한정된 기업과의 개발경쟁만을 생각했다는 점이 자리잡고 있다.

둘째 장애요인은 기술전략의 부족이다. 기술전략은 자체 연구개발전략과 외부 기술자원 활용전략으로 되어 있는데, 대부분 기술전략을 자체 연구개발전략과 동일한 개념으로 파악하고 있다. 따라서 자체 기술과 외부 기술이 다른 점을 정확하게 파악하지 못하는 것도 외부기술의 가치에 대한 정확한 인식을 가로막는 요인이다.

셋째, 자체의 연구개발을 통한 연구자의 교육효과를 생각할 때에는 외부조달을 가볍게 처리하기 쉽다. 교육효과도 중요하지만, 경쟁이 치열한 상황에서는 기술확보의 성과를 올리는 것을 우선해야 한다.

넷째, 외부에 의뢰하는 연구개발을 자신의 요구대로 해주지 않을 것이라는 편견이 기술의 외부조달을 가로막는다.

마지막으로는 기업기밀의 유출 가능성 문제이다. 그러나 관련 기술정보를 자신의 허락없이는 외부에 유출할 수 없다는 조항을 계약에 명시할 때에는 위험성이 어느 정도 줄어든다(한국산업기술진흥협회, 1999. 6 : 43~47).

기술을 외부에서 조달하기로 한 다음에는 이를 성공적으로 추진하는 것이 관건이다. 그 성공조건을 파트너십 관계의 설정과 연구개발 위탁계약의 경우로 나누어 살펴보면 다음과 같다.

첫째, 기술의 외부조달을 위해 설정하는 파트너십 관계가 성공하기 위해서는 ① 파트너의 당사자들이 합의하는 전략적·운영적·사업적 목표를 명확하게 규정해야 한다. ② 각 파트너는 자신과 제안된 파트너의 강점과 약점을 정확하게 이해해야 한다. ③ 관계 수립의 과정에 참여한 모든 사람에게 관계의 목표와 장기적·협력적 본질을 철저하게 이해시켜야 한다. ④ 파트너십 관계가 가져다 줄 지적재산권의 귀속문제를 명확하게 설정해야 한다. ⑤ 자산의 소유권 문제와 공동활용을 질서 있게 추진할 수 있는 기획방법에 대하여 서로 합의해야 한다. ⑥ 파트너십은 하나의 사건이 아니라 연속된 과정이라는 사실을 기억해야 한다. ⑦ 처음에 적절한 인력을 선정하고 필요하면 변경하여 양쪽에서 참여하는 관리자들 사이의 개인적 관계를 좋게 유지해야 한다. ⑧ 핵심인물의 변화를 주의 깊게 다루어야 한다. ⑨ 파트너의 운영 스타일에 적응해야 한다. ⑩ 고위 경영자와 모든 유관 부서의 참여를 유도하고 이들에게 인정을 받아야 한다(한국산업기술진흥협회, 1998. 6 : 68~71).

둘째, 연구개발 위탁계약에 성공하려면 ① 연구개발목표와 수요기술을 분명히 설정하고, ② 시장에서의 기회와 위협요인을 잘 이해하고, ③ 경쟁에서의 강점과 약점을 정확하게 파악하고, ④ 개발 과정을 잘 관리하면서 계약 상대방의 말을 경청하고, ⑤ 현실적인 목표와 개발일정을 설정하고 ⑥ 충분한 자원을 제공하고, ⑦ 계약자와 협력팀을 만들어 활동할 줄 알아야 한다. 또한 계약조건에는 비밀유지, 발생하는 지적재산권의 소유, 책임의 소재에 관한 사항을 반드시 명기해야 한다(한국산업기술진흥협회, 1998. 7 : 54~59).

제4장 연구개발 인적자원의 관리

연구개발비전을 설정하고 연구개발전략계획을 수립하고 그에 따라 연구개발 프로젝트를 선정한 다음에는, 그 연구개발 프로젝트를 맡아서 수행할 연구자를 선발해서 연구개발팀을 만들어야 한다. 물론 연구자가 있는 상태에서 연구개발 프로젝트를 선정하는 경우가 대부분이지만, 그렇다고 해서 그 연구자의 수행능력에 맞추어 연구개발 프로젝트를 결정해선 안 된다. 연구자는 기관의 방침에 따라 결정된 연구개발 프로젝트를 수행할 수 있을 때에만 존재할 가치가 있다는 시각에서 접근해야 한다.

그렇지만, 연구자는 사실상 그 이상의 대단한 가치를 지니고 있다. 연구개발의 생산성은 그 연구개발활동과 기술혁신활동을 맡아서 수행하는 인적자원의 생산성이며, 연구개발관리는 연구자 관리와 다름없기 때문이다.

제임스 코넌트(James B. Conant)는 "순수과학의 진보를 돕는 증명된 방법은 단 하나뿐이다. 천재를 발굴하여 충분히 지원하고, 그들이 스스로 연구를 이끌어갈 수 있도록 재량권을 부여하는 것이다"라고 강조한 바 있다(과학기술부·과학기술정책관리연구소, 1998 : 21). 배츠(Betz, 1987 : 184)는 "연구개발 프로젝트와 기술진보는 단지 그 사람들의 아이디어와 기술능력이 좋은 만큼만 좋다"라고 강조했다.

미국 시카고 ITT 연구소 기술관리센터의 로버트 스자코니 소장(Robert

Szakonyi, 1990a : 35)은 "연구개발관리는 처음부터 끝까지 사람 관리다. 이것을 인정하지 않는 연구개발관리자는 아마 연구개발관리자가 되지 말아야 할 것이다"라고 경고한 바 있다.

인적자원은 조직원들의 결합에 대한 노하우이며, 조직 전체의 총체적인 경험뿐만 아니라 그들이 가지고 있는 지적자본 전체까지를 포함하는 개념 (Ulrich, Zenger & Smallwood, 1999)이지만, 이 책에서는 연구개발 인적자원과 연구자를 같은 의미로 쓴다.

제1절 연구자의 특성과 조건

1. 연구자의 일반적 특성

우수한 연구자는 찾지 말고 모여들게 해야 한다. 이를 위해서는 연구자가 좋아하는 여건을 갖추어야 한다. 연구자들의 대체적인 공통성향을 살펴보면 다음과 같다.

1) 연구개발 자유의 중시

연구자는 연구개발의 자유를 가장 으뜸가는 가치로 추구하고 요구한다. 그들은 연구개발의 자유를 보장해 주는 곳을 즐겨 찾으며, 과학자로서의 꿈을 펼칠 수 있는 연구소를 최고로 꼽는다. 따라서 연구개발의 자유를 최대한 주는 연구소만이 우수한 연구자를 영입하고 유지할 수 있다. 연구개발 자유의 구체적인 내용은 제6장 제1절에서 썼다.

 **사례** ─────────────────────────────

미국의 제록스사는 1970년대 초에 켈리포니아 스텐포드 대학 근처의 팔로알토에 '제록스 PARC'라는 연구소를 설립하고, 창조성이 자유롭게 꽃필 수 있는 연구소로 가꾸었다. 컴퓨터에 대한 새로운 접근방법을 개발하는데 필요한 창조력과 상상력을 마음껏 발휘할 수 있도록 연구자들에게 기회를 주었다. 그렇게 하여 재능 있는 연구자를 많이 영입할 수 있었다 (Kearns & Nadler, 1992/1996 : 188).

2) 최고를 실천하는 연구소의 선호

연구자들은 최고를 실천하는 연구소를 대단히 좋아한다. 연구자들은 그런 연구소에서 연구하는 것으로 커다란 긍지를 느낀다. 그런 곳에 근무해야 자기가 최고라고 인정받을 것이며, 최고의 연구소에서 연구개발을 해야 최고의 성과를 낼 수 있다고 믿기 때문이다. 따라서 최고의 연구자를 얻으려면 먼저 연구소를 최고의 연구소로 만들어야 한다.

사례 ─────────────────────────────

미국의 국립보건연구원(NIH)은 초일류의 덕을 톡톡히 보고 있는 대표적인 연구소다. 자기 돈을 들여서라도 이곳에 와서 연구하겠다는 과학자들이 세계 각국에서 몰려든다. NIH는 이들 각국의 우수 인력을 연간 1만~2만 달러의 저렴한 급여로 골라 쓴다. NIH가 강력한 연구개발경쟁력을 유지하는 이유의 하나가 바로 이것이다.

미국의 마이크로소프트사가 인기를 누리고 있는 것은 항상 최고의 기술을 실현하는 곳이며, 창의력과 노력이 있는 한 승리가 보장되는 곳이라는 인식이 연구자들 사이에 짙게 깔려 있기 때문이다. 그곳에서는 직원들의 한 주 평균 근무시간이 72시간 정도나 된다. 최선에 최선을 다하지 않는 사람이 있다면, 그 사람은 마이크로소프트와는 맞지 않는 사람이라고 빌 게이츠는 서슴없이 말한다. 이처럼 경영진의 압력이 거세고 경쟁회사와 견주어 그다지 많지 않은 월급에도, 마이크로소프트의 이직률은 동종 회사의 평균치보다 낮은 약 10퍼센트 수준에 불과하다(Ichbiah, 1991/1993 : 289~291).

3) 신뢰풍토의 선호

연구자는 자신을 믿어주는 연구소를 좋아한다. 자신의 결과를 끈기 있게 기다리면서 자기의 노력을 신뢰하는 최고경영자를 좋아한다. 연구개발은 성공할 가능성이 매우 희박한 것이 특징이며, 수없이 많은 시행착오를 겪는 영역이기 때문이다. 조급하게 결과를 요구한다고 해서 금방 내놓을 수 있는 분야가 결코 아니기 때문이다.

따라서 확실한 목표를 주고 가진 자원을 충분히 지원한 다음에는 약속한 시간까지 믿고 기다려주는 자세가 연구개발의 성공을 위해서 반드시 필요하다. 그런 곳에 우수한 연구자가 모인다.

 사례

일본의 NEC사가 이공계 학생들에게 평판이 좋은 것은 신뢰풍토 때문이라고 한다. 경영진들이 현장의 기술자들을 전폭적으로 신뢰하고 아낌없이 지원해 주기 때문이다.

4) 훌륭한 선배가 많은 연구소의 선호

젊은 연구자는 훌륭한 선배가 많은 연구소를 선호한다. 최고의 인재일수록 최고의 동료를 찾는 습성이 강하고, 훌륭한 선배가 있는 곳으로 가면 최고의 일을 할 수 있을 것으로 기대한다. 그리하여 훌륭한 연구자는 또 다른 훌륭한 연구자를 흡인하는 위력이 있는 것이다. 따라서 우수한 연구자를 많이 모으려면, 세계적으로 그 탁월성을 인정한 연구자 한, 두 명을 초빙하는 것부터 서둘러야 한다. 그리고 그 탁월한 연구자에게 유능한 후배 연구자들을 끌어 모으는 임무를 부여하는 것이 효과적이다.

사례

일본 NEC의 전 부사장 고이케는 신입 사원의 입사식에서 다음과 같은 NEC를 자랑하였다. "회사라는 것은 생활의 양식을 얻는 장소입니다. 그 사회생활의 장소에서 최초로 배치된 직장의 상사, 그 사람의 영향으로 당신 인생의 반은 결정됩니다. 따라서 훌륭한 상사가 많은 회사가 좋은 회사인 것입니다. NEC에는 그런 상사가 많습니다. 그런 의미에서 당신들은 좋은 선택을 했다고 말할 수 있는 것입니다."(나카가와 야스조, 1993 : 331)

5) 칭찬과 격려의 선호

연구자는 작은 성공에 대한 칭찬에도 대단히 고무된다. 칭찬은 무서운 추진력을 붙여준다. 칭찬과 격려가 가지는 마력은 나이의 많고 적음이나 지위의 높고 낮음에 따라 다르지 않다. 따라서 연구자가 연구개발에 빠져들도록 하려면 작은 성공에 대해서도 칭찬과 격려를 아끼지 말아야 한다. 그런 경영자세를 외부에 널리 알려서 우수한 연구자에게 전해지도록 홍보해야 한다.

사례

2001년 한국전자통신연구원장에 취임한 오길록 박사는 "나는 어릴 때부터 부모님에게서 '하지 마', '안돼' 같은 말을 들은 적이 없다. 언제나 '우리 ○○는 잘 하네', '크게 될 아이' 라는 칭찬을 들었다. 물론 내가 하는 일이 꼭 칭찬만 받을 일은 아니었다. 그러나 이러한 칭찬과 격려는 내 잠재의식에 남아 언제나 큰 힘이 되어 주었다"라고 소개한 바 있다(오길록 외 19인, 1994 : 8).

서울대학교 물리학과 김진의 교수는 "중학시절 내 인상에 가장 남는 것은 어느 물상시간의 일이다. 아마 2학년 초였을 것이다. 당시 최명환 선생님께서 원 운동을 가르치며 원의 정설과 반경의 관계를 물었을 때, 내가 옳게 대답하자 칭찬해 주셨던 것이 지금까지도 마음에 깊이 새겨져 있다. 평소 대단히 엄격한 분에게서 들은 칭찬은 어린 마음에 큰 감동을 불러일으키기에 충분했다. 그래서 나는 가끔 학생들을 가르칠 때 적당한 격려가 필요하다는 것을 알게 되었다"라고 밝히고 있다(김진의 외 11인, 1992 : 11).

서울대학교 전자공학과 이충웅 교수는 1969년 일본 동경대학교의 연구생으로 가 있을 때 우쯔노미아 도시오 교수에게서 받은 격려에 대한 이야기를 "그는 늘 나를 특별히 인정해 주었다. 늘 나와 대화를 하면 기발한 아이디어가 많이 쏟아져 나온다고 칭찬해 주셨다. 아무 연고도 없는 타국 땅에서 나를 믿어 주고 북돋아 주는 사람이 있다는 것은 내 인생의 행운이었다"라고 소개하였다(염영하 외 8인, 1994 : 105).

1995년에 한국과학기술원 화학공학과 박사과정에 재학중이던 김희탁 씨는 광주과학고등학교 시절에 받았던 친구들의 격려를 잊지 못한다. "모의고사에서 1등이라는 소식을 들은 날 같은 방을 쓰던 친구와 옆방의 친구들이 조촐한 파티를 열어 주었다. 100원짜리 과자 봉지와 콜라만으로 마련한 자리였지만, FM라디오를 틀어 놓고 즐거운 담소를 나누었다. 두 달

동안 고생하는 나를 지켜보았던 친구들은 나의 작은 성공을 진심으로 축하해 주었다. 누구에게나 부러움도 시기심도 있었을 터이지만 그들은 노력으로 얻은 성취에는 기꺼이 찬사를 보내 주는 순수한 가슴을 가지고 있었다. 자주 만나지는 못하지만 지금도 그 친구들에게는 고마운 마음을 가지고 있다"라고 말한 바 있다(채희준 외 15인, 1995 : 15).

6) 주체적인 입장의 선호

연구자들은 기관의 이익을 위해 자신의 재능이 '이용당한다'는 느낌이 드는 것을 싫어한다. 연구개발 노동력으로 취급당하는 것을 증오한다. 따라서 연구자에게 주체적인 입장에 서도록 하고, 또 그렇게 느끼도록 하는 것이 대단히 중요하다.

그런데 자신의 주체성을 강조하는 연구자들 가운데 괴팍한 성격의 사람들도 많이 끼어 있다. 다른 사람들과 쉽게 어울리지 못하는 성격의 사람들이다. 그렇지만 그 연구자의 괴팍한 성격을 이유삼아 그를 배제해서는 안 된다. 그 연구자의 창의성에 더 큰 가치를 두어야 한다. 그래야만 빼어난 연구개발성과를 얻을 수 있다. 그런 자세를 견지하는 연구소에만 우수한 연구자들이 모여든다.

사례 ━━━━━━━━━━━━━━━━━━

미국 IBM사의 중역이었던 한 기술자는 "나는 내 인생의 13년을 IBM처럼 거대한 공공단체에서 보냈다. 그곳에서 개인이 별 다른 의미를 갖지 못했다. 누군가 그만두면 또 다른 사람으로 그 자리를 메우면 그만이었다. 이일 저일 옮겨 다니는 것도 보통이다. 그곳에서 개인이란 단지 교환 가능한 부품에 불과했다. 그것은 산업사회의 잔재였고 잘못된 것이었다. 나는 그런 생각을 싫어한다"라고 밝혔다(James, 1996/1997 : 106~107).

미국 마이크로소프트사의 빌 게이츠 회장은 깊은 사색에 빠져 오랫동안 자기 방에 꼼짝도 하지 않고 틀어 박혀 있는 등 좀 특별한 성격을 가진 소년이었다(Ichbiah, 1991/1993 : 17).

일본 파낙사의 이나바 사장은 1956년에 후지통신제조주식회사(현재의 후지쓰)의 컨트롤러 개발팀장을 맡은 기계기술자였는데, 자신의 권위를 침해하는 것을 결코 용납하지 않는 일면을 가진 별난 기술자였다. 자기가 옳다고 느끼면 상사 앞에서도 결코 물러서지 않는 고집이 있어 상사들한테는 일종의 문제아로 취급받기도 했다. 그러나 항상 제일을 추구하고 모든 것을 장악하려는 기질이 오늘날 파낙의 제일지향주의에 적지 않게 기여했다. 또 한편으로, 한 번 마음먹으면 어떤 일이든지 직접 실천하는 강력한 추진력은 파낙의 경영이념을 세우는 데 많은 영향을 미쳤다(류재헌, 1994 : 172~173).

2. 우수 연구자의 조건

우수한 연구자의 조건은 대학과 연구소와 기업에 따라 다르고, 전문분야에 따라 다르고, 각 기관의 특성에 따라 다르다. 그렇지만 어느 정도의 공통점이 있다. 예를 들면 ① 나무와 숲을 동시에 볼 수 있는 사람, ② 미친 놈 소리를 들을 수 있는 사람, ③ 벤처정신이 몸에 밴 사람, ④ 자기의 실수에서 배울 수 있는 사람, ⑤ 지금 이 시간을 소중히 여기는 사람이다(박호진, 2000 : 28~30).

한편 기업에서는 ① 창조성과 문제해결능력을 지닌 연구자, ② 전문적 지식과 전문가 정신을 지닌 연구자, ③ 기업가 정신으로 가득찬 연구자, ④ 도전과 패기, 인내력과 조직에 융화할 수 있는 연구자를 원한다(서승모, 2000 : 31~33).

한편, 丹羽 淸·山田 肇(1999/2001 : 129)는 우수 연구자의 능력으로 ① 전문기술능력 : 관련분야의 선진기술동향 파악 능력, 국내외의 대학·연구소 등의 연구개발 수준과 업계의 연구개발 상황에 대한 파악 능력, 업계나 상품의 차세대 및 그 이후의 동향에 대한 인식 능력, ② 시장이나 업계의 상황에 대한 인식 능력 : 시장의 수요에 대한 통찰 능력, 경쟁사의 현재 상품과 차세대 상품의 개발상황에 관한 정보의 수집·해석·추정 능력, ③ 자사 기업전략의 일관성 조정 능력 : 자사의 전략에 대한 인식 능력과 자기가 맡은 책임분야에서 발휘하는 임무 수행 능력, ④ 혁신성을 가미한 창조력 : 돌파(breakthrough)해야 하는 기술적 격차의 인식과 그 격차를 해결하기 위한 혁신적인 아이디어 창출 능력, 아이디어의 기술적 실현 가능성에 대한 검증 능력, ⑤ 구상력 : 이상의 결과를 연구개발 목표로 설정하는 종합적인 구상 능력, ⑥ 커뮤니케이션 능력 : 설정한 기술이나 상품의 개념을 고객에게 제안하여 시장성을 검증하고, 내부의 관계자에게 제안하여 개발자원을 확보할 수 있는 설득력을 제시했다.

이 책에서는 최고 수준의 전문기술(mechanical technology)·문화기술(cultural technology)·사회기술(social technology)을 보유한 연구자를 우수한 연구자로 정의한다. 이상의 세 가지 기술을 지닌 연구자는 ① 전문지식이 확고한 연구자, ② 집념이 강한 연구자, ③ 사실 앞에 정직한 연구자, ④ 마음이 따뜻한 연구자, ⑤ 설득력이 탁월한 연구자다. 보다 상세하게 살펴보면 다음과 같다.

1) 전문지식이 확고한 연구자

우수한 연구자는 무엇보다도 자신의 전공영역에서 세계 최고의 전문지식이 있어야 한다. 다른 모든 조건이 양호하더라도 전문지식에서 앞서지 못하면, 연구자로서 근본적으로 부족하다. 연구자의 전문지식은 다음과 같은 요건을 갖추어야 한다.

첫째, 연구자는 자신의 전공분야에 대한 심오한 지식이 있어야 한다. 그 전공분야에서 세계 최고의 실력을 가진 연구자여야 한다는 뜻이다.

둘째, 연구자의 전문지식은 풍부한 기초지식에 토대를 두어야 한다. 기초에서 흔들리는 연구자는 전문지식 전체가 흔들릴 수 있다. 기초지식이 취약하면 과학기술의 급속한 발전추세를 선도할 수 없음은 물론 따라갈 수도 없으며, 관련 분야에 대한 응용능력도 취약하다.

셋째, 연구자의 전문지식은 인접 학문분야에 대한 폭넓은 식견으로 확대되어야 한다. 폭넓은 지식을 가지고 있어야만, 서로 다른 기술 사이의 융합현상에 빈틈없이 대응할 수 있게 되며, 가치가 점점 더 커지는 복합기술의 확보에 민첩할 수 있게 된다. 특히, 정보기술과 생명공학기술의 기본 원리를 터득하고 이용할 수 있는 능력은 거의 대부분의 연구자에게 절실히 필요한 능력이다.

 **사례** ━━━━━━━━━━━━━━━━━━━━━━━━━━━━━

서울대학교 김진의 교수는 기초지식의 중요성에 대하여, "연구의 중요한 소재는 여러 곳에 숨겨져 있고 그런 것들을 발견하기 위해서는 많은 기초지식이 필요함을 훗날 터득하게 되었다. 나는 가끔 학생들에게 학술논문을 많이 읽으라고 독려한다. 우선은 학계에서 어떤 것들이 논의되고 있는지 알고 있어야 숨겨져 있는 문제에 부딪치더라도 그 보물을 캘 수 있기 때문이다"(김진의 외 11인, 1992 : 110) 라고 강조한 바 있다.

2) 집념이 강한 연구자

연구자가 우수한 성과를 내려면 무엇보다도 집념이 강해야 한다. 집념이 강하다는 것은 연구개발을 좋아하고, 정확하게 관찰하고, 연구개발을 성실하게 수행하고, 실패하더라도 좌절하지 않는다는 것을 의미한다.

첫째, 집념이 강한 연구자는 연구개발을 진정으로 좋아하는 연구자다. 특별히 선택할 직업이 마땅하지 않아서 연구자의 길을 선택한 사람은 연구개발에 인생을 걸지 않는다. 연구개발에 인생을 걸지 않는 연구자는 험난한 연구개발 여정을 견디기 어렵다. 고 이태규 박사는 "내 경우에 비추어 보면 학문은 그 자체가 인간 수양의 길이 되는 것이고, 그렇기 때문에 어려운 여건을 달게 여기며 참고 넘어가야 한다고 생각한다. 여러 가지 욕심을 모두 채우면서 무엇을 연구하고 배운다는 것은 합당하지 못하다. 오히려 욕심이 있다면 연구하고 노력하는 가운데 얻을 수 있는 기쁨을 제일로 앞세워야 한다"라고 말한 바 있다(김용덕, 1990 : 79).

둘째, 집념이 강한 연구자는 현상을 정확하게 파악하는 연구자이다. 관찰하기 어려운 현상에 대해서도 끈기를 갖고 예리하게 관찰해야 한다. 고 이태규 박사는 "항시 소중하게 여기는 것은 매사에 예민한 관찰력을 지녀야 한다. 예민한 관찰력은 과학적인 분야에만 해당되는 것이 아니다. 오히려 일반 사회생활의 모든 분야에서 주목해야 할 일이다. 예리한 관찰은 바꾸어 말해서 정확한 현상 파악을 뜻한다. 모든 사회현상을 올바로 파악할 수 있어야만 그에 대한 대책도 제대로 강구할 수 있는 것이다. 이러한 관점에서 볼 때 정확한 관찰은 모든 창조와 개선의 모태가 되는 것이다. …… 평소에 자신이 관심을 갖고 있는 분야에 대해서 부단히 생각하고 살펴보는 지혜가 있어야만 그 같은 노력의 축적에서 비로소 정확한 관찰력이 나온다"(김용덕, 1990 : 79~80)라고 말했다.

셋째, 집념이 강한 연구자는 연구개발을 성실하게 수행하는 연구자다. '소가 뒷걸음질치다가 쥐를 잡는다'는 속담이 말해주듯, 방대한 양의 연구개발을 열심히 수행할 때에는 그만큼 성공의 가능성이 높아진다. 따라서 수많은 아이디어를 찾고, 그 아이디어에서 독창적이고 새로운 다양성을 시도해야 한다. 그러다가 무언가 흥미로운 것을 발견하면 다른 모든 것을 포기하고 그것에 몰두해야 한다. 따라서 무엇이든지 일단 시도해보는 적극적인 사고방식과 행동을 지닌 연구자가 성공할 수 있다.

넷째, 집념이 강한 연구자는 실패에 굴복하지 않는 연구자다. 일단 시작한 일이면 도중에 나타나는 어떤 장애물에도 꺾이지 않고 끝까지 매달리는 연구자다. 연구개발은 수없이 거듭되는 실패에도 성공을 낳는 특징이 있기 때문에 그런 연구자가 성공을 일군다. 처칠은 '성공이란 실패를 거듭해도 여전히 정열을 잃지 않는 것이다'라고 말한 바 있으며, 인텔의 CEO 앤디 그로브는 '오직 편집광만이 살아 남을 수 있다(Only the paranoid survive)'라고 강조한 바 있다.

사례

미국 플로리다 주립대의 심리학자인 에릭슨 박사는 인간의 집념이 보통 사람을 천재로 둔갑시킬 수 있다는 사실을 입증하기 위해 미국 카네기 멜론대학교 학생들을 대상으로 실험을 실시했다. 1초마다 1개씩 102개의 숫자를 들려준 뒤 정확히 반복하도록 요구하는 훈련이었다. 평범한 학생들을 선발하여 50시간 동안 연습하게 했더니 4명의 학생이 102개의 숫자 가운데 20개를 기억해냈고, 한 학생은 400여 시간 동안 연습하여 102개를 모두 기억해냈다(《중앙일보》, 1994. 10. 20).

토마스 에디슨은 전구에 사용할 필라멘트 재료를 찾기 위해 금속 6천 종, 동물 털 2천 종, 식물섬유 2천 종 등 무려 1만 가지를 수집해서 실험했으나, 적합한 것을 찾지 못했다. 그리하여 350가지를 더 수집해서 실험한 끝에 최적의 필라멘트 재료를 구하는 데 성공했다.

미국 마이크로소프트사의 빌 게이츠 회장은 "가장 어려운 일은 정상을 정복하는 것이 아니고, 정상을 정복하겠다는 마음을 계속 유지하면서 끊임없이 앞으로 나아가는 것이다"라고 말한 바 있다(Ichbiah, 1991/1993 : 15).

미국 GE사의 잭 웰치 회장은 야구에 비유하여, 배트를 많이 휘두를 수 있는 기회를 만들어야 안타가 나온다고 강조했다.

일본 마쓰시다사의 고노스케 회장은 경영자와 사원들에게 능력보다는 열심히 하려는 열의를 더 요구했다. 열의와 능력이 별개로 떨어져 있는 것이 아니라, 열의가 있을 때 능력을 발휘한다고 보았다.

일본의 파낙에서는 공학을 좋아하는 사람과 로봇이나 CNC의 개발에 열의를 가진 사람만을 원한다(류재헌, 1994 : 46).

가톨릭대학교 심봉섭 교수는 자신이 직접 목격한 사례를 설명하면서, "1963년 3월에 록펠러연구소를 방문한 적이 있었는데 그곳에서 한 달에 한 번씩 열리는 록펠러 강연회에 참석하게 되었다. 그 때 강사로 발표한 사람이 에델만(Edelman)이었는데, 에델만은 일요일 아침도 대학 식당에서 먹고 있는 것을 보았다. 매일 밤 새벽 한, 두 시까지 연구하는 것은 물론이거니와 일요일도 없는 것이다. 그렇게 노력한 결과 면역 글로블린 구조의 해명으로 1972년에 급기야는 노벨상을 타게 된 것을 보았다.

또 '1994년에 동경대학의 신약개발교실의 주임교수인 시바자키(Shibazaki) 교수가 서울에 와서 만날 기회가 있어 그의 생활을 물었더니 자기는 도시락을 매일 두 개씩 싸서 가지고 다니는데 하나는 점심이고 다른 하나는 저녁이라는 것이다. 우리나라에 과연 도시락을 한 개라도 싸서 가지고 다니는 교수가 있겠는가? 점심 먹으러 나가는 시간도 아낀다는 말에 일본의 선진화가 이래서 된 것이구나 하는 것을 알게 되었으며, 일본 사람에 대한 인식이 달라졌다"라고 하였다(1997. 5 : 41).

3) 사실 앞에 정직한 연구자

연구자는 정직해야 한다. 과학기술의 연구개발에는 성공의 불확실성과 효능의 불확실성을 안고 있기 때문이다. 자신이 밝히지 않으면 진실이 은폐될 수 있는 영역이기 때문이다.

연구자가 견지해야 할 정직성에는 다음 5가지의 정직성을 반드시 포함해야 한다. 첫째, 연구개발의 성공가능성에 대한 정직성이다. 성공할 가능성이 없는 연구개발 프로젝트를 성공할 수 있다고 주장하는 것은 대단한 위선이다.

둘째, 연구개발비의 적정 규모에 대한 정직성이다. 연구개발비를 필요 이상으로 부풀려 요구하지 말아야 하며, 연구개발비가 부족할 때에는 그에 맞도록 연구개발 프로젝트의 목표와 범위를 축소하는 연구자가 진정으로 정직한 연구자이다. 필요한 수준으로 연구개발비를 늘려주지 않으면 시작할 수 없다고 거부하는 연구자가 참으로 정직한 연구자이다. 그리하여 실패했을 때에는 연구개발비의 부족을 탓하지 않는 연구자만이 정직한 연구자이다.

셋째, 실험결과나 경험에 대한 정직성이다. 정직한 연구자는 자신의 실험 결과를 사실대로 발표하고, 타인의 실험결과에 승복한다.

넷째, 실패에 대한 정직성이다. 정직한 연구자는 무엇을 어디까지 실패했고, 실패의 이유는 무엇인지를 정직하게 밝힌다. 실패를 성공인 것처럼 꾸미는 연구자는 비겁한 연구자이다.

다섯째, 자신이 개발한 기술의 부작용에 대한 정직성이다. 정직한 연구자는 자신이 심혈을 기울여 개발한 기술이 인간에게 해로운 부작용을 수반한다는 사실과 그 부작용의 내용을 상세하게 밝힌다. 이에 대해서는 다음 항목에서 보다 상세하게 살펴본다.

 사례

최초의 플라스틱인 베이클라이트를 개발한 레오 핸드릭 베이클랜드는 "사실 앞에 겸손해야 한다. 비록 자신이 좋아하는 이론에 부합하지 않아도 실험을 통해 관찰된 사실을 존중할 수 있는 사람만이 과학을 할 수 있다. 알려진 이론과 자신의 눈으로 확인된 실험을 엄격히 구분해야 한다"라고 강조한 바 있다(《동아일보》, 1994. 8. 10).

4) 마음이 따뜻한 연구자

모든 과학기술은 양면을 가진 동전에 비유된다. 동전의 한쪽은 인간의 편익을 증대시켜 주는 데 견주어, 다른 쪽은 인간을 불행으로 몰아넣는 부작용을 내포하고 있다.

최근에 각광을 받고 있는 정보기술과 생명공학기술이 대표적인 양면기술이다. 정보기술은 인간의 커뮤니케이션 능력과 업무수행의 능률성을 획기적으로 향상시켜 주고 있지만, 컴퓨터 해킹 등에 따른 개인의 비밀정보가 무단으로 노출될 수 있다. 또한 네트워크 시스템에 문제가 생길 때에는 그 네트워크에 가입한 대규모의 다중이 동시에 피해를 보는 비상사태가 일어날 수 있다.

생명공학기술은 불치병의 예방·치료, 농업 생산성의 획기적 증대, 쾌적한 환경의 조성 등 넓은 분야에 걸쳐 새로운 전기를 열어주고 있지만, 인간복제로 활용한다면 생명의 존엄성과 사회의 질서를 근원적으로 파괴할 수 있다. 특히 유전자 조작은 은밀하고 소규모로 이루어지기 때문에 예방적인 규제가 매우 어렵고, 실험과정에서 실수나 오류가 발생하면 치명적이고 돌이키기 어려운 결과를 일으킬 수 있다.

따라서 과학기술을 인간을 위해 개발하고 인간을 위해 활용하기 위해서는 그것의 편익과 부작용을 미리 정확하게 예측해야 한다. 여기에는 자연과학자뿐만 아니라, 경제학자·사회학자·윤리학자·철학자·종교가 등이 폭넓고 깊이 있게 참여해야 하며, 사회적으로 수용될 수 있는 범위 안에서 개발의 방향과 한계를 설정해야 한다.

그렇지만 과학기술이 가져올 부작용의 정도를 가장 정확하게 알 수 있는 사람은 다름 아닌 당해 연구자이다. 연구개발 프로젝트를 직접 수행하는 연구자보다 그 연구개발의 산출물에 대하여 더 잘 알 수 있는 사람은 없을 것이다. 따라서 자신이 개발한 기술의 부작용을 스스로 밝힐 수 있는 연구자, 그 부작용을 최소한으로 줄일 수 있는 연구자, 그 부작용이 적정

수준으로 줄어들 때까지 연구개발활동을 계속하는 연구자가 소중한 연구자다. 마음속 깊은 곳에 올바른 윤리관과 높은 도덕성을 가진 연구자만이 인류의 행복에 진정으로 기여할 수 있는 연구자이다.

사례

페니실린을 발견한 알렉산더 플래밍은 페니실린을 지나치게 높이 평가하는 것을 경계했다. 신문기자와 인터뷰를 할 때에도 그 약의 효력보다는 한계점을 힘주어 말했다. 페니실린이 만능의 약이 아니라서 페니실린으로 낫지 않는 병이 많고, 페니실린으로 고칠 수 있는 병일지라도 약을 쓰기 전에 충분히 실험하는 것이 중요하다고 강조했다. "한 사람한테 페니실린을 많이 쓰거나 지나치게 오래 계속해서 쓰면 안 됩니다. 세균이 페니실린에 익숙해져서 차차 효력이 없어집니다. 세균은 살아 있는 조직체이므로 환경에 적응해 버립니다"라고 경고했다(김영춘, 1982 : 289).

알프레드 노벨은 자신이 개발한 다이너마이트를 전쟁에 사용하는 것에 매우 실망하고 자신이 번 돈의 이자를 매년 인류를 위해 가장 위대한 공헌을 한 사람에게 상금으로 주도록 유언하여 노벨상을 제정했다. 처음에는 평화상에만 한정할 계획이었으나, "인간과 과학을 따로 따로 떼어서 생각하는 것은 무지의 소치이다"라는 루이 파스퇴르의 말에 깊은 감명을 받고 물리학상 · 화학상 · 생리학과 의학상으로 확대했으며, 자신이 좋아하는 문학분야를 추가했다.

아인슈타인은 독일이 원자폭탄 제조를 서두르고 있다는 소식을 듣고, 자신이 정립한 특수상대성이론(어떤 물질이 다른 물질로 변할 때 엄청난 에너지를 발생시킨다는 이론)을 이용해서 원자폭탄을 만들도록 미국의 루즈벨트 대통령에게 강력하게 건의했다. 루즈벨트 대통령은 아인슈타인의 건의에 따라 맨해튼계획을 세우고 원자폭탄의 제조에 착수하여 1945년 제2차 세계대전을 승리로 이끌었다. 그러나 아인슈타인은 자신의 행동을 후

회했다. 원자폭탄의 위력이 너무 지나쳤기 때문이었다. 그리하여 세상을 떠나기 직전까지도 러셀과 함께 핵전쟁을 막기 위해 노력했다.

사랑의 과학자로 불리는 루이 파스퇴르는 현미경을 통해 미생물 병원균인 박테리아가 음식을 부패시키는 원인이라는 사실을 발견하고, 그 박테리아를 박멸하는 백신을 만들어 낸 과학자이다. 질병에 대한 예방주사를 접종하여 항체를 형성시켜주는 방법을 개척한 과학자이다. 그는 저온살균법을 도입하여 포도주가 시어지는 것을 방지하는 일부터 시작하여 닭 콜레라·탄저병·광견병을 치료하는 백신을 개발하는 데 성공했다. 특히 미친 개에 물린 많은 사람들을 치료해 주어 인류의 은인이라는 칭송까지 받았다. 그러나 그의 연구생활은 대단히 열악했다. 광견병 치료 백신을 개발하기 위하여 미친 개를 집에서 길렀다. 전염병을 일으킬 수 있는 병원균을 계속해서 관찰하고 실험했다.

노벨상을 두 번 수상한 마리 퀴리 부인은 자신이 발견하고 사랑한 라듐의 방사선 때문에 생명을 잃었다. 30년 가까이 라듐을 연구하다가 방사선에 많이 노출된 것이 사망의 원인이었다. 대량의 라듐 방사선이 인체에 해롭다는 사실을 걱정했던 퀴리 부인이었지만, 정작 인류의 건강을 위해 자신의 생명을 헌납했던 것이다. 연구개발의 세계에 빠져 있던 과학자의 전형이었다.

일본의 혼다 소이치로 회장은 "나의 철학은 기술 그 자체보다는 사상이 중요하다는 점에 있다. 사상을 구현하기 위한 수단으로 기술이 있고, 또한 좋은 기술이 없는 곳에서는 좋은 사상도 생겨날 수 없다. 인간의 행복을 기술에 의해 구현하는 기술자의 사명이 나의 철학이며 자랑이다"라고 밝힌 바 있다(기타오카 도시아키, 1992 : 50).

5) 설득력이 탁월한 연구자

새로운 아이디어를 설명하는 능력을 측정할 때 쓰는 방법 가운데에는 엘리베이터 시험이라는 것이 있다. 엘리베이터를 타는 시간인 약 15초 이내에 자신의 아이디어를 설명할 수 있는가를 시험하는 것이다. 이것은 자신의 생각을 정확히 표현하는 것부터 시작한다. 처칠은 '생각한 일을 정확한 양으로 종합해 표현하지 못하는 것은 단지 게으르기 때문이다'라고 말한 바 있다.

탁월한 설득력을 발휘하려면 커뮤니케이션 능력이 출중해야 한다. 이런 연구자는 자신의 우월성에만 도취해 있는 연구자가 아니다. 자신의 연구개발결과를 정확한 용어로 표현하는 연구자, 상대방의 이해에 도움이 될 수 있는 도구를 제작하고 사용하는 연구자, 상대방에게 겸손하게 접근하는 연구자, 상대방의 자존심까지 챙겨 주는 연구자, 상대방과의 약속을 반드시 지키는 연구자이다.

고객을 설득하려면 행동양식의 차이를 제대로 이해하고 그 차이점에 입각해서 연구개발을 추진해야 한다. 행동양식은 나라에 따라 다르고, 같은 나라의 사람들 사이에도 성별이나 사회적 계급, 나이, 종교적 배경, 정치적 견해, 겉모습, 개인능력에 따라 다르기 때문이다.

사례

독일의 자동차 회사인 메르세데스 벤츠사는 미국의 엘라바마에서 승용차 공장을 본격 가동하면서 "난 사람보다 된 사람을 찾습니다"라는 글귀의 구인 광고를 냈다. 나사 하나의 조임새까지도 빈틈이 없는 품질 완벽주의를 추구하는 벤츠사가 그렇게 내걸었다. 완전하게 갖춰진 기술자를 뽑기가 어렵기 때문에, 기술보다는 사람됨을 기준으로 사람을 선발하겠다는 취지였다. 어정쩡한 능력을 보유한 인력보다는 제대로 된 사람들을 골라 뽑아서 회사의 요구에 맞도록 훈련시키려는 구상이었다. 그런데, '사람됨'을 가릴 수 있는 기준이 문제였다. 그리하여 난상토론 끝에, '동료들과 잘 어울리며 회사의 지시를 잘 따르는 인물'로 정했다(《한국경제신문》,

1997. 7. 14).

서울대 이우일 교수는 자신이 해외에서 목격한 일을 "나는 그곳에서 세계적으로 유명한 교수들과 얘기할 기회가 있었는데, 그 때 발표 준비의 중요성을 절실히 깨달았다. 하찮아 보이는 발표 하나에도 그들이 쏟은 정성은 놀라웠다. 발표용 사진 슬라이드를 네 다섯 차례나 바꾸는 것은 물론, 심지어 어떤 사람은 발표를 시작하여 1분 정도 안에 할 말을 토씨까지 전부 외워서 말한다고 했고, 농담까지 그 분위기에 맞추어 미리 준비를 한다고 했다. …… 발표를 잘 하는 사람은 흔히 생각하듯이 말을 잘 해서가 아니라 부단한 노력을 기울이기 때문이다"라고 소개하였다(염영하 외 8인, 1994 : 319).

터보테크사의 장흥순 사장은 기술은 성능이 아니라 신뢰에 있다고 주장한다. 이러한 신뢰는 애프터서비스와 기술지원을 통해서 쌓인다고 강조한다. 실제로 영업사원이 CNC 컨트롤러 1대를 팔 때, 애프터서비스 사원은 3개를 팔 수 있다는 것이다. 터보테크의 애프터서비스 사원은 수요 업체마다 제각각 다른 공장 여건을 기술적으로 만족시키는 동시에, 문제가 생기면 애프터서비스를 철저하게 실시해서 신뢰를 쌓기 때문이라고 한다.

제2절 연구자의 모집과 채용

우수한 연구자를 채용하기 위해서는 모집이라는 개념부터 다시 정의해야 한다. 모집은 적합한 후보자들이 지원하도록 선별하고 유도하는 활동을 뜻한다. 다시 말하면, 모집은 연구자를 채용하기 위하여 능력을 검토하고 후보자로서 경쟁하도록 기회를 부여하는데 그치지 않고, 더 많은 사람이 관심을 갖고 응시하도록 이끄는 적극적인 활동까지 포함한다.

1. 모집계획의 수립

우수한 연구자를 채용하려면 먼저 인적자원계획을 수립하고, 그 계획에 따라 연구소가 필요로 하는 연구자의 동원과 활용을 적정 수준으로 조절해야 한다. 특히 연구개발환경이 격동할 때, 기술의 급속한 변화로 노후인력이 빈번하게 발생할 가능성이 클 때, 유능한 연구자의 공급이 적시성을 잃을 가능성이 높을 때, 그리고 사람들의 가치관과 직업관이 현저하게 다양해질 때에는 반드시 인적자원계획을 세워서 체계적으로 접근해야 한다.

연구자의 모집계획에는 연도별·부서별·전공별 총소요인원, 과부족 예상인원, 채용 예정인원, 신규 채용자의 자격조건, 연구자 채용을 위한 홍보계획 등을 포함해야 한다.

연구자의 모집계획을 수립할 때에는 다음과 같은 점을 유념해야 한다. 첫째, 연구직의 사회적 평가와 신망을 향상시키고 인사제도를 개선해야 한다. 인사제도를 개선하는 데에는 ① 채용과정의 신속한 진행, ② 보수를 포함한 물질적 보상과 경력발전 기회의 적정화, ③ 연구자와 연구개발활동의 적응도 제고 등의 방법이 있다.

둘째, 자기 기관에 취업할 수 있는 기회를 효과적으로 알리고, 연구개발인력시장을 적극적으로 개척해야 한다. 특히 교육기관과 연계를 강화해야 하는데, 여기에는 ① 대학에 교육자료를 제공하고 전문가들이 필요한 특강을 맡아서 교육을 충실히 하는 데 협조하는 방법, ② 학생들에게 장학금을 지급하는 방법, ③ 학생들의 실무수습을 유치하는 방법, ④ 유능한 인재에게 특별 채용기회를 부여하는 방법, ⑤ 현직 연구자를 대학에 위탁교육하는 방법, ⑥ 채용시험에서 대학의 교육내용을 존중하는 방법, ⑦ 채용시험에 출신학교의 성적을 반영하는 방법 등이 있다(오석홍, 2000 : 150~155).

셋째, 연구자의 채용·관리·퇴직 등에 관한 개념이 바뀌어야 한다. 종전에는 기업이나 연구소 차원에서 소요 인원을 한꺼번에 채용한 후 부서를 배정하는 방식이 주류를 이루었다. 이것은 인력의 단순 배치에는 융통성을 부여할 수 있으나, 연구개발 프로젝트의 수행에 꼭 필요한 인재를 정확히 확보하는 데에는 한계가 있다. 따라서 연구개발인력 운용의 기본단위를 프로젝트 중심으로 전환해야 한다. 특정 프로젝트를 성공적으로 수행하기 위해 필요한 연구개발인력을 충원하고, 그 프로젝트가 끝나면 다른 프로젝트로 배치를 바꾸거나 근무계약을 끝내는 등의 방식을 취하는 것이다. 이럴 때에는 우수한 인력을 확보하기 위한 전략도 바뀌어야 한다. 중점 프로젝트와 연구개발조직의 구조를 가급적 상세하게 공개하여, 적합한 인재의 선택기회를 넓혀야 한다.

넷째, 창조적 소수(creative minority)의 이질적인 인재들을 많이 영입해야 한다. 새로운 인재와 기존의 조직문화 사이에 창조적 충돌이 발생하도록 유도하는 인사시스템을 갖추면 연구자의 창의력 진작에 좋은 영향을 줄 수 있다(박재광 · 신현암 · 정권택, 2000 : 8~9).

다섯째, 우수한 과학기술자는 반드시 연구개발부서에만 배치해야 한다는 인식을 버려야 한다. 우수한 과학기술인재는 기획부서에도 마땅히 배치해야 한다. 그래야만 첨단기술에 사활을 건 사업을 기술적으로 타당하게 기획할 수 있으며, 새로운 기술의 도입이나 개발을 적절한 시기에 계획적으로 추진할 수 있다. 마케팅부서에도 탁월한 기술자를 포진해야 한다. 첨단기술제품은 기술자가 기술자에게 판매하는 성격이 있기 때문이며, 구매자에게 기술적인 내용을 알기 쉽게 설명하지 못하는 판매자는 그 제품을 제대로 판매할 수 없을 것이기 때문이다.

2. 연구자의 자격검토

연구자를 채용할 때에는 연구자의 능력 · 학력 · 연령 · 성별 · 국적 · 경력 등을 종합적으로 고려해야 하며, 노동의 분화보다는 팀워크의 강화에 중점을 두어야 한다. 일률적으로 표준화된 인재들보다는 서로 다른 특성을 가진 인재들을 모아서 그들의 강점을 하나로 조합해야 한다. 연구자를 채용할 때 고려해야 할 자격조건은 다음과 같다.

1) 연구자의 능력

신규로 채용하는 연구자는 바람직한 가치관과 탁월한 지식이 있어야 한다. 바람직한 가치관은 성취의욕 · 미래지향성 · 쇄신성 · 신뢰성 등을 말하며, 요구되는 지식과 기술은 각 연구소에서 추진하는 연구개발 프로젝트에 도움을 줄 수 있는 것이어야 한다.

연구자를 뽑을 때에는 그 사람의 재능에 가장 중점을 두어야 한다. 재능이야말로 연구자가 연구개발에 성공할 수 있는 원동력이기 때문이며, 그들의 숨겨진 재능을 발굴하여 활용하는 것이 연구자관리의 핵심이기 때문이다.

사례

미국의 마이크로소프트사에서는 상위 5퍼센트 이내에 속하는 사람만을 가혹한 면접을 통해 뽑는다. 소프트웨어 개발자는 지원자들 가운데 상위 2~3퍼센트에 해당하는 우수한 인재여야 한다. 연구개발비를 늘려야 할 경우에도 상위 5퍼센트가 수행할 수 있는 한도를 넘지 않으며, 상위 5퍼센트 이내에 드는 인재를 확보할 수 없을 때에는 거꾸로 연구개발비를 줄인다 (Thielen, 1999/1999 : 39~40).

또 빌 게이츠 회장은 자신이 필요하다고 판단하는 사람에게는 자신의 전용 비행기까지 동원하여 데려다가 설득하며, 가라데가 취미인 사람에게 개인 사범까지 붙여주면서 끌어들인 적도 있다.

미국의 머크사는 직원의 채용과 능력개발을 위해 과감하게 투자하는 동시에, 우수한 인재의 채용과 유지를 관리자 평가의 중요한 척도로 삼아 왔다. 그렇게 해서 머크는 고급 두뇌를 많이 유치할 수 있었으며, 미국의 의약산업부문에서 가장 낮은 이직률을 유지해 왔다(Collins & Porras, 1994/1996 : 276).

미국의 파워소프트사에서도 회사가 급속히 성장하여 아무리 사람이 부족하더라도 일정수준 이상의 사람만을 채용한다. 최소한 여섯 명이 면접에 나서고 가족 모두 기업을 방문하는 등 엄격한 선발 절차를 거쳐 최고의 인재만을 채용한다(Kanter, 1995/1998 : 63).

미국의 퀄컴사는 CDMA기술 한 가지로 한 해에 30억 달러 이상의 매출을 올리고 있는데, 목표가 뚜렷하고 성취동기가 강한 엔지니어를 뽑는데 가장 역점을 둔다(《조선일보》, 2001. 5. 11).

미국의 실리콘밸리에서는 다면적인 능력의 소유자를 우대한다. 복수의 전문기술과 예술·스포츠 등의 다양한 능력이 있어야 좋은 평가를 받는다. 반면에, 한가지 능력밖에 없으면 치우친 생각을 할 우려가 있다고 여겨서 좋은 평가를 받지 못한다. 다양한 민족들이 같이 살아가는 실리콘밸리에서는 가치관도 다양하기 때문에 다면적인 사고가 필요하다는 판단에 따른 것이다(Naobumi, 1995/1997 : 90).

세종은 장영실과 같은 기술학자를 출신 성분에 관계없이 능력에 따라 등용하였으며, 측우기 제작에는 왕세자를 직접 참여시킬 만큼 열성을 보였다(박영규, 1996 : 70~73). 특히, 과학자들을 아끼는 지도력으로 천문학부터 농학·인쇄술·화기 제작·의학에 이르기까지 다양한 분야에 걸쳐 과학혁명을 일으켰다.

2) 연구자의 학력

새로 채용되는 연구자에게 필요한 학력은 당해 기관이 추구하는 연구개발 프로젝트의 난이도 등에 따라 달라질 수 있다. 세계적 수준의 원천기술을 개발하려는 연구소에서는 박사 학위자 가운데 최고 수준의 연구자를 뽑아야 하지만, 기존 기술의 개량과 도입기술의 이용개발에 역점을 두는 연구소라면 학사학위를 가진 연구자도 필요할 것이다.

여기서 한 가지 유념해야 할 점은 능력주의사회라고 해서 학력이 필요 없는 사회를 의미하는 것은 아니라는 것이다. 미국이나 유럽에서는 중요한 직종에 대해서 대학졸업을 필요조건으로 제시하며, 좋은 대학을 졸업한 사람에게는 처음부터 급여를 높게 책정하는 경우도 있다. 실제로, 미국에서 성공을 거두고 있는 사람들의 대다수는 일류 대학교 졸업자이다(前田良行, 2000). 그러나 학력과 실질적인 문제 해결능력이 동일한 관계에 있는 것은 분명히 아니기 때문에, 학력에만 의존하지 말고 문제 해결능력을 가진 연구자를 선발해야 한다.

 사례 ━━━━━━━━━━━━━━

파이프 오르간 분야에서 살아 있는 전설로 불리는 독일 요하네스 오르겔 바우어사의 한스 게르트 클라이스 회장은 "나는 인생이 시험이나 간판에 의해 좌우되지 않는다는 것을 체험했다. 중요한 건 자신의 실력이다. 누가 나에게 졸업장을 제시하라면 미미하다. 그러나 무엇을 했느냐고 묻는다면 내가 만들어 세계 곳곳에 설치한 많은 파이프 오르간을 보여줄 수 있다"라고 강조하였다(《동아일보》, 1997. 7. 13).

미국의 실리콘밸리에는 학교 졸업증명서를 요구하지 않는 회사가 많다. 학력을 확인하기 위해 대학 등에 조회하는 일도 대부분 생략한다. 일을 할 수 있느냐 없느냐로 실력을 평가하기 때문에 학력을 크게 문제삼지 않는다(Naobumi, 1995/1997 : 88~89).

일본의 혼다사에서는 학력보다 열의를 더 중요하게 생각한다. 설립자인 혼다 소이치로는 고등학교를 중퇴한 사람이었으나, 당대 최고의 기계기술자였다. 그는 고등학교를 중퇴한 이유에 대하여 "나의 성적은 다른 사람들만큼 좋지 않았으며, 최종 시험을 보지 않았다. 교장이 나를 부르더니 학교를 떠나라고 말했다. 나는 그에게 졸업장이 필요 없다고 대답했다. 그것은 극장표보다도 가치가 적다. 극장표는 최소한 극장에 들어가는 것을 보장하지만, 졸업장은 아무 것도 보장해주지 못한다"라고 술회한 적이 있다 (Davis, 1991 : 150).

한국의 (주) 넥스텔의 김성현 사장도 학력보다 열의가 더 중요하다는 것을 경험했다. 인터넷 사업자인 그는 1994년에 회사를 창업하면서 미국으로 건너가서 연봉 4만에서 5만 달러에 아파트까지 제공하면서 하버드 · 예일 · 뉴욕 · 콜롬비아 등 명문대학교 출신 4명을 영입했다. 그러나 그는 곧 실망했다.

그는 그 때의 심정을 "처음엔 명문대 출신만 썼습니다. 그러나 1년 지나면 실력이 바닥나고 노력도 안 해요. 고등학교만 나와도 잘만 가르치면 그들보다 두, 세 배 일을 해내지 뭡니까?"라고 토로했다. 학력이 낮은 기술자들은 자신의 직책에 어울리도록 보답하기 위해 밤잠을 줄여가며 파고들더라는 것이다(《동아일보》, 1997. 6. 23).

3) 연구자의 연령

연구자의 연령에는 제한을 두지 않는 것이 바람직하다. 연구자에게는 '세월의 나이' 보다는 '능력의 나이' 가 더 중요하기 때문이다.

사람의 연령과 능력의 상관관계에 대해서는 많은 연구결과가 나와 있다. 그 가운데 하나가.미국의 조지 비어드(George Beard)의 연구결과다. 그는 인간의 정신능력에 대한 나이의 영향력에 관심을 갖고, 탁월한 1,000명 이상의 자서전을 면밀하게 검토했다. 그리하여 인간의 창의성은 40세 이전에 최고 정점에 달했다가 그 이후 조금씩 저하된다는 결론을 얻었다. 곧 창의적인 산출물의 70퍼센트 가량은 45세 이전의 젊은 사람들이 창출하며, 50퍼센트 가량이 30대에 만든다고 설명했다. 그리고 사업 분야의 창의성은 영감(enthusiasm)과 경험(experience)의 함수로서, 경험은 연령의 증가에 따라 계속해서 증가하는데, 영감은 대체로 30대에 정점에 이르렀다가 점차 감소한다고 주장했다.

하비 레만(Harvey Lehman)은 1953년에 《연령과 성취(*Age and Achievement*)》라는 책에서 비어드(Beard)의 결론에 전반적으로 동의하면서, 분야에 따른 차이를 지적했다. 곧 과학분야에서의 창의적인 성취는 20대 후반에서 30대 초반 사이에 절정에 달하는 반면에, 인문과학에서는 40대에 가깝다는 것이었다(Robinson & Stern, 1998 : 43~45).

허쉬만(Hirshman)은 축적된 경험이 기술의 진보를 지배한다는 이론을 체계화했다. 그에 따르면, 축적된 경험은 여러 가지 방식으로 생산성 향상에 기여한다. 경험은 전통이나 확산에 따른 학습으로 생산성 향상에 기여하고, 새로운 기술역량의 도입, 기존 역량의 이용, 환경요소의 규모와 정도를 결정하는 방법을 통해서도 생산성 향상에 기여한다(Frankel, 1990 : 23).

따라서 연구자의 적정한 연령은 학문분야별로 적절하게 결정해야 한다. 영감이 중시되는 연구개발업무는 젊은 연구자가 맡고, 경험을 중시하는 기술개선 업무와 엔지니어링 업무는 경륜이 많은 연구자가 맡는 역할분담도 좋은 방식이다.

 사례 ______________________________

실리콘밸리에서는 일을 할 수 있으면 그만이지 나이는 그다지 중요하게 생각하지 않는다. 나이가 많은 사람이라도 정력적이고 강인하다고 느껴져서 한밤중까지 일할 수 있다는 판단이 서면 기꺼이 채용한다. 반면에 나이가 젊은 기술자라 하더라도 강인해 보이지 않으면 거부한다(Naobumi, 1995/1997 : 140~141).

4) 연구자의 성별

영국 아동보건연구소의 데이비드 스커스 박사팀은 여성의 선천적인 우월성을 강조하는 보고서를 냈다(Nature, 1997. 6. 12). 여성이 남성보다 더 직관적이고 예민한 시각을 갖고 있는데, 그것은 여성의 성징을 상징하는 X염색체의 유전자 때문이라고 설명한다.

서유헌(2001 : 61)에 따르면, 여성은 좌뇌와 우뇌를 동시에 사용하기 때문에 한쪽 뇌만을 사용하는 남자와 견주어 전체적인 감정 파악능력이 뛰어나고 언어 구사능력과 기억력이 더 뛰어나다. 그리고 판에 박힌 고정관념을 뛰어넘을 수 있는 창의력에서 앞설 수 있다.

이와 같은 여성들의 섬세함과 유연함, 풍부한 감성과 문화적 창의력 등은 지식정보화 시대가 요구하는 품성이다. 여성들의 뛰어난 생활감각과 섬세한 감수성은 신기술의 응용분야를 설계하고 개발하는데 적합하다.

우리나라 여성부가 숙명여자대학교 문형남 교수에게 의뢰하여 2000년 12월 6일부터 12월 27일 사이에 2,000개 기업을 조사한 결과에 따르면, 여성인력 수요가 예상되는 정보화 분야는 업무전산화, 네트워크 구축, 시스템 통합, 전자상거래, e-비즈니스와 인터넷마케팅이었다. 그리고 e-비즈니스를 추진하는 기업이 요구하는 여성의 정보화 능력은 사이트 운영관리, e-비즈니스 기획, 인터넷마케팅, 웹 디자인 등이었다.

우리나라에서 여성인력의 활용을 가로막는 장애요인으로는 ① 성의 역할에 대한 편견을 심는 교육, ② 특정분야에 편중된 인력의 양성, ③ 직장 내 성 차별적인 인사제도와 관행, ④ 미흡한 모성보호제도, ⑤ 보육지원의 부족, ⑥ 비탄력적 근무시간제도, ⑦ 비효율적 재취업 훈련기관, ⑧ 비효율적 직업안정기관, ⑨ 여성노동관계법의 실효성 부족, ⑩ 일반인의 의식 부족을 지적하고 있다.

이에 대한 처방으로 맥킨지가 제안하는 10대 프로젝트는 ① 여성인력 활용을 위한 국가적 장기 마스터플랜 수립과 컨트롤 타워 구축을 통한 체계적 절차 관리, ② 웹사이트를 통한 여성인력 활용 추진 프로젝트의 현황과 성과 공개, ③ 기업별 자발적인 남녀 고용평등 프로그램 개발, ④ 공공부문에 대한 적극적 우대조치 확대, ⑤ 모성보호의 강화, ⑥ 보육지원의 확대, ⑦ 직업훈련에서 취업까지의 원 스톱 시스템의 개발, ⑧ 남녀 고용차별 구제기능의 강화, ⑨ 여성노동관계법에 대한 벌칙과 혜택의 강화, ⑩ 남녀 평등의식의 확산을 위한 지속적 미디어 캠페인이다(매일경제신문사, 2001 : 66과 163).

여성연구자를 늘리려면 연구개발 프로젝트를 주도적으로 추진하는 자리에 여성연구자를 앉히는 노력부터 서둘러야 한다. 여성들은 상호간의 연결을 좋아해서 여성과학자를 중요한 직위에 채용하면 더 많은 여성과학자의 채용으로 확산되는 파급효과를 나타내기 때문이다. 또 채용목표를 할당하는 방식보다는 연구개발 수행능력 중심으로 접근하는 것이 합리적이다. 우수하지 못한 연구자를 여성이라는 이유만으로 채용한다면 연구개발의 성공에 오히려 장애요인으로 작용할 것이고, 그 결과는 여성 모두에 대한 비난으로 비화될 수 있기 때문이다.

한편, 여성들이 노력하는 것도 병행해야 한다. 여성이기 때문에 특혜를 받아야 한다는 생각을 버리고, 남성과 동등한 출발점에 서서 경쟁해야 한다. 정광화(2001 : 30)는 여성연구자가 성공하기 위해 기울여야 할 노력을 다음과 같이 설명하고 있다.

① 일에 대한 확고한 신념과 자기 발전의 비전을 세우고, 자신의 목표를 공동의 목표와 조화하며, 의사표현을 분명히 하고 자신을 적극적으로 알린다. ② 주변 사람들의 도움을 최대한 받고, 식구들의 적극적인 지지와 이해를 확보한다. ③ 회식이나 문상 등의 자리에도 참여하여 동지의식을 심고, 여성 선후배를 적극적으로 지원하여 생애의 동지를 확보한다. ④ 자신을 위하여 돈과 시간을 투자하여 이미지를 세우고, 능력을 개발하여 역량을 키운다. ⑤ 학회 · 세미나 · 모임 · 여성활동 등에 열심히 참여하여 넓은 인맥을 형성해 놓는다. ⑥ 회사에서 제공하는 능력개발기회를 적극적

으로 활용하고, 여성의 능력개발 프로그램이나 제도적 장치를 잘 검토하여 요구한다. ⑦ 남녀 차별이나 성희롱 등에 공동 대응한다.

 사례

　미국의 머크사는 여성과 소수민족 출신을 차별하지 않는 것으로 유명하다. 예컨대 1992년 초에 인재의 조기발굴계획에 따라 7백여 명의 우수 대학생을 선발했는데, 그 가운데 44퍼센트가 여성이었고 21퍼센트는 소수민족 출신이었다.

　이러한 전통에 따라 《일하는 엄마》라는 잡지가 선정한 '직장 여성이 일하기 좋은 10대 회사'로 1991년까지 5년 연속 선정되었다. 주요 공장에 양육센터를 건립하여 여직원들의 자녀양육 부담을 획기적으로 경감시킨 것도 그런 결과에 공헌했다(정진하·박래정·서장원·박팔현, 1993 : 131~132).

　미국 IBM사의 루 거스너 회장은 "IBM에 여성이 많은 것은 누가 시켜서가 아니라 회사를 위해 전략적으로 고용하기 때문이다. 치열한 경쟁에서 살아 남기 위해서는 뛰어난 인재를 확보해야 한다"라고 밝힌 바 있다(매일경제신문사, 2001 : 34).

　미국 코닥사의 회장 겸 CEO를 지낸 조지 피셔는 "코닥의 많은 고객은 여성이다. 여성 고객이 많다면 고객의 눈을 통해 세상을 볼 수 있고 고객집단과 네트워크를 이루는 여성인력을 고용하는 것은 너무나 당연한 일이다"라고 설명했다(매일경제신문사, 2001 : 39).

　1997년 7월 5일 오전 2시 7분(미국 서부시간 7월 4일 오전 10시 7분)에 지구에서 1억 9천만 킬로미터 떨어져 있는 화성에 무사히 안착하는 데 성공한 무인 탐사선 패스 화인더 프로젝트의 총책임자는 경력 30년의 주부 우주과학자였다.

　미국 항공우주국(NASA)산하의 제트추진연구소(JPL)에 소속된 도너 셜

린이 그 주인공이다. 당시 19세의 대학 3학년 딸까지 둔 여성 엔지니어였는데, 패스 화인더에 탑재되어 화성 표면을 탐사한 로봇 소저너를 직접 디자인했다. 종전에는 예외 없이 남자 이름이 붙여져 왔던 탐사장비에 대하여 여자 이름인 소저너라고 명명한 것도 본인이 여자였기 때문이었다.

우리나라는 2000년 5월 31일 현재 산업기술연구회 소속 7개 정부출연연구소가 연구자의 9.1퍼센트만이 여자고, 이와 분야가 유사한 7개 기업부설연소는 여성 연구자의 비율이 10.6퍼센트에 불과했다(최석식, 2000 : 71~72).

5) 연구자의 국적

연구자의 국적 구별은 이제 의미가 없다. 중요한 것은 국적이 아니라 연구개발을 창의적이고 효율적으로 수행할 수 있는 능력이다. 따라서 연구개발 프로젝트의 성공을 위해서라면, 탁월한 연구개발 능력을 보유한 외국인 연구자를 과감하게 채용해야 한다. 내국인보다 높은 급여를 제공하고 주택 임대료와 보험료를 추가적으로 지불해서라도, 연구개발 프로젝트의 성공에 도움이 되는 외국인 연구자의 채용에 주춤거려선 안 된다.

우리나라가 활용해야 할 외국인 과학자에는 두 가지의 집단이 있다. 하나의 집단은 우리나라에서는 발견할 수 없는 세계 정상급의 과학자이다. 우리가 추구하는 과학기술의 개발을 위해서 비싼 대가를 치르면서 활용해야 할 과학자이다.

다른 하나의 집단은 기술수준은 약간 떨어지더라도 싱싱한 창의력과 불타는 열정을 보유한 후발국의 과학자들이다. 그 나라의 중견 과학자뿐만 아니라 박사과정을 마친 연구자(post. Doc.)들도 우리에게는 큰 도움이 될 것이다. 이들은 비교적 값싸게 우리의 공백부분을 채워줄 수 있을 것이다.

한편, 외국인 과학자들을 한반도 안으로 끌어들이는 것만이 능사는 아니다. 그들의 활동무대인 해외 현지에 그대로 두고서 활용하는 것이 더 효율적인 경우도 있다. 국내에 들어오면 언어장벽에 부딪힐 것이고, 국제화되지 않은 국내의 조건들이 그들의 연구생활과 일상생활에 불편을 초래할 수 있기 때문이다.

 **사례**

롯데는 1962년에 초콜릿을 처음 만들 때 스위스 태생의 기술자 막스 브락크를 초빙했다. 그는 유럽 초콜릿 업계에서는 '무슈 브락크'로 알려진 최고 기술자 가운데 한 사람이었는데, 신격호 회장은 그에게 "돈을 아끼지 말고 최고의 품질을 창조하는 데 전념해달라"고 부탁했다. 이에 힘입어서 막스 브라크는 1964년 1월에 첫 작품인 '롯데 가나 밀크 초콜릿'을 완성했다.

그리고 롯데는 1968년에 캔디 제조사업에 뛰어들 때에도 프랑스 캔디의 대명사 '봉봉' 제조의 명인 조르주 보당을 초빙했으며, 1972년에는 영국인 케네스 데이빗을 초빙했다. 그리하여 1975년 말까지 100종의 캔디를 개발할 수 있었다(정순태, 1998 : 161~166).

삼성이 반도체 사업에 뛰어들 무렵에는 이건희 회장이 거의 매주 일본으로 건너가서 반도체 기술자를 만나 그들에게 조금이라도 도움이 될 만한 것을 배우려고 노력했으며, 일본 기술자를 그 회사 몰래 토요일에 한국으로 데려다가 우리 기술자들에게 밤 세워 기술을 가르치게 하고 일요일에 보낸 적도 있었다. 그런 노력 끝에 1981년 초에 TV용 색신호 IC를 개발할 수 있었다고 한다(이건희, 1997 : 16, 48~49).

6) 다른 기관 근무경험

경영 합리화 과정에서 발생하는 조기퇴직 연구자나 명예퇴직 연구자 가운데 탁월한 잠재력을 보유한 사람들이 많다. 경쟁기업의 실력 있는 퇴직 연구자는 효용성이 클 수 있다. 또 일생 동안 전문분야에서 능력을 개발한 은퇴 과학기술자들도 풍부한 경험이 있다.

퇴직 연구자들의 대부분은 이미 많은 연구개발활동과 교육·훈련을 통하여 고도의 지식과 경험을 겸비하고 있기에, 이들을 선별하여 효과적으로 활용할 때에는 비교적 저렴한 조건으로 시행착오를 줄이면서 좋은 결과를 얻을 수 있다. 그러나 어떤 경우에든 다른 기관의 인재나 기술을 불법으로 빼돌렸다는 의혹이나 분쟁에 휘말리지 않도록 주의해야 한다.

 **사례** ━━━━━━━━━━━━━━━━

미국의 휴렛 팩커드사는 영업실적이 40퍼센트나 감소했던 1946년에 재능 있는 기술자들을 채용했다. 전쟁기간 동안 정부지원연구소에 고용되어 있다가 전쟁이 끝나자 실직상태에 처했던 유능한 기술자들이 그 대상이었다. 그런 시기야말로 우수한 기술자를 얻을 수 있는 절호의 기회라고 판단했기 때문이다(James & Porras, 1996/1996 : 254~255).

그 가운데 기계설계의 전문가인 루프 킹먼이 끼어 있었다. 그는 해군의 접시 안테나를 조정하는 자동귀환제어장치에 사용하는 베어링의 오차 허용치를 계산하여 매우 우수한 기어를 설계했다. 그리고 부품을 고정하는 플라스틱 판을 만드는 기계도 고안했다. 그리하여 휴렛 팩커드는 해군으로부터 수주한 자동귀환제어장치를 성공적으로 납품할 수 있었다(Packard, 1995 : 79~80).

3. 연구자의 전형과 채용방법

시험의 종류에는 여러 가지가 있다. 좋은 연구자를 확보하려면 다음 각각의 형태를 적절하게 조합하여 사용해야 한다.

첫째, 형식을 기준으로 할 때에는 필기시험 · 면접시험 · 실기시험 · 서류심사 · 전력조사 · 복합시험 등의 방법이 있다. 연구자를 선별할 때에는 서류심사와 인간적 면접을 함께 하는 것이 좋다. 면접에서는 정확한 답은 없어도 사고방식을 알아볼 수 있는 질문들을 던지고, 그들의 답변과정과 태도를 관찰한다. 또한 정신적 · 물리적 힘을 모아서 험난한 연구개발 여정을 헤쳐 나가기 위해서는 서로 뜻이 맞아야 하기 때문에 이, 삼 일 동안 함께 생활해본 뒤 비로소 채용여부를 결정하는 연구소도 있다. 그런데 면접을 할 때에는 응시자도 기관을 평가하고 있다는 사실을 잊어서는 안 된다. 따라서 응시자에게 자기 기관의 매력을 부각시켜서 이끌어야 한다.

둘째, 측정대상을 기준으로 할 때에는 신체검사 · 적성검사 · 업적심사 · 지능검사 · 흥미검사 · 성격검사 등의 방법이 있다(오석홍, 2000 : 176~193). 연구자를 선발할 때에는 업적심사를 중심으로 해서 향후의 가능성과 성취의욕 등을 심사하는 것이 좋다.

셋째, 모집의 공개성을 기준으로 할 때에는 공개경쟁채용과 특별채용으로 구분한다. 공개경쟁채용이 일반적인 선발방식이지만, 탁월한 연구자는 공개경쟁으로 영입하기 어려운 경우가 많다. 아주 우수한 인재를 초빙해야 할 때에는 특별채용 방식을 적극 사용해야 한다. 특별채용의 요건과 절차를 투명하게 운영하면 대외적인 신뢰성도 확보할 수 있을 것이다.

특별채용의 방법에는 ① 특정한 전공분야에서 일정한 능력을 가진 과학기술자를 일정규모로 공급해 주도록 교육기관에 미리 요청하는 방법, ② 자신의 작업현장에서 사용하는 기계 등을 교육기관에 기증하여 학생들이 익숙하게 운용할 수 있도록 기회를 부여한 다음에 심사하여 채용하는 방법, ③ 관련 연구개발 프로젝트에 참여한 학생을 졸업 후에 채용하는 방법, ④ 인턴사원이나 박사과정을 마친 연수생(post. Doc.)으로 선발하여 일정기간 동안 능력을 검증한 뒤에 정규인력으로 채용하는 방법, ⑤ 고급두뇌소개업체(head hunter)에 의뢰하는 방법 등이 있다.

넷째, 모집 시기를 기준으로 하면 정시모집 · 수시모집 · 상시모집으로 구분한다. 정시모집은 1년에 1, 2회 시기를 미리 정하여 그 시기에만 모집하는 형태인데, 수시모집은 필요한 시기에 기간을 공고하고 모집하는 형태이다. 그리고 상시모집은 1년 내내 문을 열어 놓고 우수한 인재를 받아들이는 형태이다.

사례

1923년에 약관 33세의 나이로 코카콜라사의 사장에 취임하여 '코카콜라를 구한 사나이'로 인정받고 있는 로버트 우드러프는 인물의 됨됨이를 짧은 시간 안에 간파하는 데 능통했다. 그는 평가받는 사람이 자신이 관찰되고 있다는 사실조차 알아차리지 못하는 사이에 상대방에 대한 평가를 마쳤다(Pendergrast, 1993/1995 : 192).

일본의 파낙사에서는 일본의 명문대학 출신자에 대해서는 일반적인 입사시험을 치르지 않고, 한사람 한사람을 사장이 직접 면담하여 선발한다. 선발된 사람들은 정식발령을 받기 전에 6개월 동안 사내연수를 받는다. 교육은 강의와 실습으로 되어 있는데, 이런 과정을 거쳐 각각의 분야에서 프로집단을 형성해간다(류재헌, 1994 : 226).

미국의 컨설팅회사인 매킨지는 한 면접에서 "시카고에는 이발사가 몇 명이나 있을까?"라고 질문한 적이 있다. 황당한 표정으로 면접관을 바라보는 지원자는 그 자리에서 탈락시켰다. 추론과정의 논리성, 해답을 찾아가는 접근방식에 따라 점수를 매겼다고 한다.

미국의 부즈 앨런 & 해밀턴사에서는 "애틀란타 올림픽 수영경기장을 가득 채우려면 골프공이 몇 개나 필요한가?"라든지, "후지산을 해체하면 돌맹이가 트럭 몇 대 분이나 될까?"라고 지원자에게 질문한 적이 있다.

우리나라의 연구소에서는 대부분 연구자를 공개경쟁으로 채용하고 있으며, 2000년 7월 현재 사용하고 있는 전형항목의 비중은 〈표4-1〉과 같다.

<표 4-1> 연구자 채용의 전형항목

연구소별	전형항목의 비중
정부출연A연구소	자격50%, 검정50%
정부출연B연구소	선임급 이상 : 서류심사, 면접, 원급 : 필기, 서류심사, 면접
정부출연C연구소	필기시험 : 공인영어시험, 서류50%, 면접50%
정부출연D연구소	서류50%, 면접50%
정부출연E연구소	서류50%, 면접50%
정부출연F연구소	필기50%, 서류20%, 면접30%
정부출연G연구소	서류50%, 면접50%
기업부설A연구소	서류50%, 면접50%
기업부설B연구소	서류50%, 면접50%
기업부설C연구소	필기30%, 서류30%, 면접40%
기업부설D연구소	필기30%, 서류20%, 면접50%
기업부설E연구소	서류30%, 면접70%
기업부설F연구소	서류50%, 면접50%
기업부설G연구소	서류60%, 면접40%

자료 : 최석식, 2000 : 79.

4. 연구자의 외부조달

최근 초일류 연구소나 기업이 추구하는 인력정책은 핵심인력을 소수·정예화하고, 주변인력은 외부조달(out-sourcing)하는 방향으로 움직이고 있다.

여기에는 계약직 전문가의 활용을 확대하고, 외부기관에 연구개발용역을 의뢰하는 등의 방법을 동원한다. 그 가운데서 연구자의 외부조달은 당해 연구자를 항구적으로 채용할 필요가 없기 때문에, 연구개발인력 운용의 탄력성을 높이고 인건비를 절감하는 장점이 있다.

반면에, 연구자의 외부조달은 내부의 기술기밀이 외부로 새어 나가고 질적 수준을 획기적으로 높일 수 없는 단점도 내포하고 있다(허현회·김용범·이창률, 1999 : 14). 또한 외부조달되는 인력은 항상 고용불안 상태에 있기 때문에 고급인재가 이를 선호하지 않는다는 제약점이 있으며, 주어진 부분에 대해서만 평가를 받기 때문에 포괄적인 책임의식이 취약하다는 한계도 있다.

따라서 각각의 기업이나 연구소에 따라 연구자 외부조달의 장점을 극대화하고 단점을 극소화하는 방식으로 조합하여 활용해야 할 것이다.

 **사례**

미국의 마이크로소프트사에서는 외부조달이 조직의 목표의식을 둔화시킨다고 생각한다. 그 이유는 두 가지이다. 첫째, 외부조달은 최고의 인력을 고용하려는 기본원칙에 위배된다는 것이다. 상위 5퍼센트 이내의 인재를 뽑는 것이 그 회사의 기본원칙인데, 그런 인재라면 파견근무로 일할 리가 없다는 주장이다. 둘째, 외부조달로 이용되는 사람은 직원으로서의 권익을 보장받지 못하고 2류 시민으로 대접받기 때문에, 공동목표를 달성하려는 동기의식이 없어 좋은 결과를 도출하지 못한다는 것이다(Thielen, 1999/1999 : 46~47).

미국의 듀퐁사는 내부의 전문성을 개발하는 대신에 외부의 전문가를 활용하여 엄청난 돈을 절약할 수 있다고 믿는다. 더욱 중요한 혜택은 시간과 에너지와 인력의 절감이라고 믿는다. 그래서 결심만 서면 전세계를 뒤져서라도 올바른 사람을 찾아다니는 것이 듀퐁의 전략이다(Miller, 1997 : 84~85).

우리나라는 정부출연연구소에서는 연구자의 외부조달을 늘리고 있는 것에 견주어, 기업부설연구소는 연구자의 외부조달에 소극적인 것으로 조사되었다. 정부출연연구소에서는 인건비 절감을 통한 구조조정에 역점을 두는 데, 기업부설연구소에서는 기밀의 보호에 더 큰 비중을 두고 있는 것으로 파악되었다(최석식, 2000 : 79~81).

제3절 연구자의 교육·훈련

1. 교육·훈련의 중요성

과학기술의 눈부신 발전은 기존 과학기술 지식의 진부화를 가져와 새로운 지식에 대한 학습의 필요성을 높여준다. 연구자가 전공과 관련 분야의 새로운 지식을 계속해서 충전하지 못하면, 과학기술의 발전추세를 선도할 수 없음은 물론 뒤따라 갈 수도 없게 된다.

과거에는 5~6년 동안의 도제수업만으로도 평생을 권위자로 버틸 수 있는 기술을 모두 배울 수 있었지만, 오늘날에는 근본적으로 달라졌다. 길어도 4~5년마다 자신의 지식체계를 새로운 것으로 완전히 교체하지 않으면 시대를 따라갈 수 없으며, 어떤 분야에서는 1년만 외면해도 외톨이가 되어버린다. 따라서 높은 지식수준이 요구되는 연구자에게는 끊임없는 학습과 재교육의 기회를 주어야 한다. 특히, 모든 연구소와 기업이 학습을 가장 중요한 일상업무로 삼는 학습조직으로 변모해야 한다.

그러나 모든 연구자들이 교육·훈련에 능동적인 것은 아니기 때문에, 훈련에 대한 저항을 극복하는 노력이 먼저 있어야 한다. 이를 위해서는 ① 훈련의 결과를 객관적인 모습으로 보여주고, ② 훈련의 목적과 내용을 결정할 때 피훈련자의 의사를 충분히 반영하여 개인별 수요를 배려하고, ③ 훈련이 개개인의 발전에 도움이 된다는 것을 피훈련자 스스로가 깨닫도록 설득해야 한다(박동서, 1997 : 555~556).

한편, 많은 돈을 들여서 교육·훈련을 해놓으면 다른 곳으로 떠나 버린다는 걱정도 현실적인 장애요인이다. 그러나 교육·훈련 받은 연구자에게 일정기간 동안의 근무의무를 부과하는 등의 조치를 취한다면 상당부분 극복할 수 있을 것이다.

 사례 ─────────────────────────

미국의 모토롤라사에서는 교육·훈련에 투입된 1달러는 3년 후에 30달러가 되어서 되돌아온다는 신념을 갖고 있다. 따라서 회장도 1년에 1주일 이상은 교육·훈련을 받으며, 모든 직원들의 평균 교육시간이 연간 40시간을 상회한다.

미국 GE사의 잭 웰치 회장은 "만약 우리가 전 사원에게 격동 속에서 혼돈하고 있는 세계를 상대로 승자가 될 것을 기대한다면 그 수단을 제공해야 한다"라고 강조하면서, 교육·훈련예산을 파격적으로 증액시킨 적이 있다(Slater, 1993/1995 : 415).

미국 휴렛 팩커드사의 직원들이 받는 연간 훈련시간은 80시간에 달하고, 텍사스 인스트루먼트사와 제록스사는 40시간 수준이다(Kanter, 1995/1998 : 63, 212).

미국의 인텔사 직원들은 근무시간의 2~4퍼센트와 전체 임금의 6퍼센트에 해당하는 금액을 교육프로그램에 투자하고 있으며, 교육을 외부에 의뢰하지 않고 내부에서 실시한다.

싱가포르에서는 훈련을 받은 직원이 일정기간 안에 그 직장을 떠나면 훈련비용을 모두 갚도록 미리 서약하는 제도를 사용하여 우수인력의 이탈을 방지한다(Thurow, 1991/1992 : 321).

2. 교육·훈련의 분야

연구자의 교육·훈련분야는 전문과학기술분야, 생산현장분야, 마케팅과 판매분야, 윤리분야, 연구개발경영분야로 구분할 수 있다. 세계를 주도하는 선진기업에서는 확실한 사업 및 마케팅게임과 실습에 역점을 두는 경향이 강하다.

사업기획·상품기획·사업화와 마케팅에 대한 훈련은 연구자가 입사한 초기부터 시작한다. 그렇게 하여 어떤 프로젝트를 맡아도 상품기획과 제품의 위치를 스스로 관리할 수 있는 능력을 갖추게 한다. 이런 능력을 갖춘 연구자들만이 더 큰 책임과 더 큰 권한을 갖고 기업의 중심 프로젝트에 참여할 수 있으며, 개인의 성공에서도 앞설 수 있다(맹일영, 2001 : 20~21).

1) 전문 과학기술지식 교육

연구자는 입사한 그 날부터 소속기관의 전문 과학기술지식을 확충하기 위하여 다각적인 노력을 기울여야 한다. 우선, 학교에서 교육받은 지식을 연구개발현장에 적용하는 훈련이 필요하고, 일정기간이 지난 뒤에는 지식의 진부화를 보충하기 위한 교육이 필요하다. 특히 학문의 변화속도가 빨라지고 있기 때문에, 교육과 학습을 평생 동안 계속해야만 연구자로서의 본분을 다할 수 있게 된다.

연구자의 전문 과학기술지식 교육에는 다음과 같은 방법들을 많이 활용하고 있다. 첫째는 상급학위를 단기간에 취득시키는 방법이다. 학사학위를 가진 연구자에게는 석사학위와 박사학위과정의 진학을 지원하고, 석사학위 연구자에게는 박사학위과정의 진학을 지원하며, 박사 학위자에게는 박사후 연수과정을 지원하는 것이다. 이 때, 기업의 현장이 가지고 있는 근본문제의 해결방안 탐색을 학위의 주제로 제시하면 이중의 효과를 거둘 수 있다.

둘째는 기관 내 · 외부의 연수 프로그램에 일정기간 동안 파견하여 교육 · 훈련을 실시하는 비학위 단기교육 방법이다. 일정기간마다 부여하는 연구연가와 특별훈련이 여기에 해당한다.

셋째는 연구자들 사이에 갖는 연구회, 강습회 또는 독서회 등의 공식적 · 비공식적 학술모임이다. 이러한 학술모임에 참석할 수 있는 시간을 허락해 주고, 소요 경비를 지원하면 큰 효과를 거둘 수 있다.

 사례

미국의 모토롤라사는 자체의 대학을 통해 연구자들을 교육한다. 모토롤라는 1979년부터 모토롤라기술교육센터를 설립하여 운영하였는데, 1980년대 중반에 이르러 새로운 교육문제에 봉착했다. 종전의 교육과정은 CAD/CAM과 같은 제조기술에 관한 것이었으나, 교육받는 직원들의 대부분이 기초적인 수리나 언어구사 능력을 보유하고 있지 않다는 충격적인 사실을 새로 발견한 것이었다. 그래서 모토롤라기술교육센터는 언어교육을 포함하는 포괄적인 프로그램으로 방향을 전환했다. 수학과 언어에 관련된 교육을 받지 않으려는 직원들의 반발도 있었지만, 해고하겠다고 위협하면서 끌어 나갔다.

이처럼 교육내용을 보편화하면서 모토롤라의 연수과정은 대학교육과 유사해졌다. 이에 따라 외부 교육기관의 도움이 절실해졌으나 모토롤라의 기준을 충족시켜 줄 만한 대학을 찾을 수 없었다. 따라서 모토롤라는 결국 자체의 대학을 설립하게 되었다.

이것은 일종의 연수원이었지만 공식적으로 대학(University)이라는 호칭을 붙였다. 그리고 교육과정을 종업원과 회사의 수요를 철저하게 반영하는 내용으로 재구성했다.

오늘날 모토롤라대학은 가장 성공적인 산학협동 대학으로 꼽는다. 모토롤라가 장비와 자금을 지원하고, 지역사회의 대학이 이론을 교육한다. 실습장은 모토롤라의 사업장이며, 실습 결과는 곧바로 환류되어 기존의 대학 교육에 반영한다. 모토롤라대학의 산학협동 프로그램에 참가하고 있는 대학은 모토롤라대학의 캠퍼스 주변에 위치해 있는 노스웨스턴대학, 일리노이 공과대학, 애리조나주립대학 등이다(정진하·박래정·서장원·박팔현, 1993 : 243~244).

미국의 소프트웨어 회사인 노벨사는 주로 전시회나 세미나를 통해 재교육을 실시한다. 기술담당 직원들을 매년 한 번씩 브레인 셰어라는 세미나에 참석시켜 최신 기술을 배우게 하고 동료들과 정보를 교류하도록 기회를 제공한다(《동아일보》, 1997. 1. 25).

일본의 샤프사는 1997년 8월부터 사내기술전수학교를 운영하고 있다. 이 학교는 샤프의 기술자들이 이미 보유하고 있는 설계·개발·생산 등에 숙련된 기술·지식·노하우를 다른 직원에게 전수하려는 것을 기본 목적으로 설립되었다. 이 학교는 2가지의 기능을 한다.

하나는 기술자들이 가지고 있는 지식이나 노하우를 수치화하고 매뉴얼화해서 데이터베이스를 만드는 일이고, 다른 하나는 숙련 기술자의 직감과 경험이 필요해서 매뉴얼화하기 어려운 부분을 직접 교육·전승하는 일이다.

이 학교의 전임강사는 기술부문의 부장급이며, 기술분야의 우수한 사원을 겸임강사로 위촉한다. 그리고 퇴직한 사원도 강사로 초빙한다(한국산업기술진흥협회, 1997. 9 : 68).

삼성종합화학연구소에서는 총연구자의 5퍼센트 이내에서 학위연수제도를 시행하고 있다. 이것은 석사 이상의 학위를 취득하고자 하는 연구자에게 학업과 회사 근무를 함께 할 수 있도록 허용하는 제도이다. 이와 더불어, 전문가 양성을 위한 청강제도를 적극적으로 시행하고 있다(강신태, 2000 : 25~26).

2) 생산현장 교육

연구자는 생산현장에 대한 종합적이고 정확한 식견이 있어야 한다. 기업의 경우에는 기업현장의 그림이 연구자의 머릿속에 담겨져 감각적으로 느낄 수 있어야 한다. 그래야만, 생산현장의 여건에 적합한 기술을 개발할 수 있다. 이를 위해서는 연구자를 정기적으로 생산현장에 파견하여 근무시키거나, 생산현장의 기술자와 공동으로 연구개발을 수행하도록 요구하는 것이 효과적이다.

한편, 자체의 생산현장이 없는 대학이나 정부출연연구소는 다음과 같은 방법을 통해 소속 연구자에게 생산현장에 대한 교육기회를 줄 수 있다. 첫째는 관련기업과 제휴를 맺어 1년에 1, 2주 동안 기술지도를 하면서 현장을 배우도록 하는 방법이다.

둘째는 연구개발 프로젝트 수행에 연계된 기술습득의 방법이다. 기업이 참여하거나 기업에 연구개발결과를 전수할 때 그 기업에서 1, 2개월 상주하면서 기술도 전수하고 기업현장도 배우게 하는 방법이다. 이 때 쓰이는 연구자의 인건비는 당해 연구개발 프로젝트에서 지원하거나 기업에서 별도로 부담하면 될 것이다.

🏢 사례 ━━━━━━━━━━━━━━━━━━━━━━━━

일본 혼다사의 연구소에서는 1996년부터 생산된 레저용 자동차 오디세이의 개발과정을 통해 연구자의 생산현장 식견의 필요성을 절감했다. 혼다기술연구소가 당초에 설계했던 오디세이는 새로운 생산라인을 깔아야만 생산될 수 있었다. 그러나 그런 형태의 설계에 따라 자동차를 생산하는 데에는 비용이 많이 들었다. 그러자 공장의 기술자들이 보다 경제적인 방법을 고안해냈다.

기존의 생산라인을 약간 개조해서 생산할 수 있도록 당초의 디자인을 수정했던 것이다. 결과적으로 공장 기술자가 설계를 변경하여 수백억 엔이 들어갈 공장 시설비가 70억 엔으로 해결되었다. 이것은 전통적으로 높은 혼다연구소의 자존심에 상처를 주었고, 연구자들의 안목을 생산현장으로 돌리는 계기를 마련해 주었다(《시사저널》, 1997. 8. 7 : 72~73).

일본의 도요타사에서는 신입사원에게 엔진게임이라는 교육과정을 이수시킨다. 입사 뒤 2, 3주 동안의 현장실습기간에 벌이는 이 게임은 신입사원을 몇 개의 팀으로 나누고, 각 팀에게 엔진에 약간의 결함이 있는 자동차 1대씩을 나누어 주는 것으로 시작한다.

자동차에 대한 수리명령이 떨어지면, 각 팀별로 자동차를 직접 분해하면서 결함을 추적한다. 그런데 힘든 추적과정의 끝에 드러나는 대부분의 결함은 겨우 몇 개의 볼트와 너트가 빠진 경우이다. 도요타는 이 엔진게임을 통해서 부품 한, 두 개의 소중함을 직원들이 몸소 체험하도록 한다(정진하·박재정·서장원·박팔현, 1993 : 99).

일본 대부분의 기업들은 모든 신입사원을 6개월에서 1년까지 생산현장에 투입하여 생산활동에 근무시킨다. 그 기간이 지나야 연구소, 기획부서 또는 판매부서에 배치한다.

우리나라에서는 2000년 7월 현재 연구자의 생산현장교육을 기업부설연구소에서만 실시할 뿐, 산업기술 분야의 정부출연연구소에서는 전혀 실시하지 않고 있었다(최석식, 2000 : 83~84).

3) 마케팅교육

연구자의 기본적인 임무는 이윤경영에 기여하는 신제품의 개발이다. 그런데 이윤은 고객이 구매하는 상품에서만 발생할 수 있기 때문에, 고객의 요구에 민감하게 대응하고 고객의 잠재수요를 자극할 수 있어야 한다. 사실, 일반고객은 기술 그 자체에는 그다지 흥미를 느끼지 않는다. 자기에게 필요한 성능과 품질을 가진 제품을 싼값에 구입할 수 있고, 고장이 나면 신속하고 친절하게 수리받을 수 있으면 그만이다.

따라서 연구개발은 마케팅과 하나가 되어 움직여야 한다. 여기서 마케팅이라 함은 고객을 획득하는 과정으로서 판매와는 전혀 다른 개념이다. 마케팅은 '고객은 무엇을 요구하고 있는가? 요구에 부합하는 제품과 서비스를 제공하기 위해서는 어떻게 하면 좋을까?' 라는 것처럼 기본적으로 고객지향의 방법인데, 판매는 '제품과 서비스가 우선하는 발상'으로서 기업을 주체로 한 사고방식이다. 곧 마케팅은 장래의 매출과 이익을 위한 '판매구조 만들기'인 것과 견주어, 판매는 오늘의 매출을 위한 '판매수단'에 역점을 둔다(황명수·서문석, 1999 : 56).

연구자들의 시장 이해를 돕기 위해서는 ① 연구자에게 적자 제품의 수입을 분석하도록 하는 방법, ② 연구자가 외부의 판매촉진팀에 참여하는 방법, ③ 기술요원들이 사업계획의 발전작업에 참여하는 방법, ④ 연구자가 구내매점을 운영하는 방법, ⑤ 제품에 관하여 고객과 이야기를 나누는 비디오를 연구자에게 보여주는 방법 등을 많이 이용하고 있다(Floyd, 1997 : 204).

또한, 연구자가 고객에게 아이디어를 제안하도록 하는 방식도 연구자의 마케팅 능력을 함양하는 데 도움을 준다(丹羽 淸·山田 肇, 1999/2001 : 131~132). 이것은 연구자의 아이디어 구상능력을 높이고 고객과 대화하는 능력을 키우는 동시에, 넓게는 마케팅 능력까지 제고시킬 수 있다.

이런 제안이 성공하면 연구개발목표의 설정과 프로젝트 형성의 출발점을 마련하고, 실패해도 유력한 고객이 관심을 갖는 개념이 무엇인지를 깊이 생각하는 습관이 몸에 밸 수 있다. 이를 계기로 하나의 주제를 깊이 파헤치거나 기초적인 탐색주제를 발견할 수도 있다.

끝으로, 연구자가 돈의 가치를 알게 되면 마케팅 감각을 더할 수 있다. 돈의 가치를 알아야만 시장수요의 정확한 파악이 무엇을 의미하고, 신속한 시장진출이 어떤 위력을 발휘할 수 있는지를 명확하게 알 수 있다. 돈의 가치를 알아야만 신상품의 성능·품질·가격·개발종료시점 등 기술혁신의 전반적인 과정이 이윤에 어떤 영향을 미치는지를 종합적으로 이해할 수 있다.

연구자가 돈의 가치를 알게 하는 방법에는 여러 가지가 있지만, 경제학 강의를 정규 또는 비정규 과정을 통해 이수하도록 지원하는 것도 좋을 것이다. 우리나라의 과학자들은 최소한 외면적으로는 금전에 대한 애착에서 초연한 모습을 보이기 때문에, 기관 차원의 인위적인 대응이 더 많이 필요하다.

사례

미국 GM사의 사장을 1958년부터 1969년까지 역임했던 프레데릭 도너는 '우리가 만들고 싶은 자동차를 설계하면 안 된다. 더 중요한 것은 우리의 고객들이 사고 싶어하는 자동차를 설계해야 한다는 것이다'라고 기술진을 독려했다.

미국의 IBM사는 재도약을 추진하는 과정에서 "테크놀로지는 이제 일상품이 되었다. 시장에서의 승부는 테크놀로지를 고객에게 어떻게 전달하는가에 달려 있다. 그 차이를 만드는 것이 바로 서비스다. 고객의 요구가 단순한 하드웨어와 소프트웨어의 공급이 아니라 자신의 문제를 해결해 줄 총체적 솔류션의 공급자를 찾고 있다"라는 명제를 사용했다(김영진, 1994 : 82).

일본의 소니사는 1950년에 무게가 35kg, 값이 17만 엔이나 되는 테이프 녹음기를 최고의 수준으로 완전하게 만든 적이 있었다. 일단 고객들이 녹음기를 보고 그 소리를 들으면 주문이 쇄도할 것으로 생각하고, 날마다 트럭에 녹음기를 싣고 사람들이 많이 모여 있는 곳으로 찾아가 선전했다. 사람들의 목소리를 녹음했다가 들려주면서 그들을 기쁘게도 하고 놀라게도

했다. 그런데 결과는 의외였다. 사람들은 녹음기를 좋아했으나 구입하지는 않았다. '재미는 있지만 장난감으로 사기엔 너무 비싸다'는 것이 여러 평이었다. 그리하여 독특한 기술을 가지고 독자적인 제품을 만드는 것만으로는 사업을 계속할 수 없다는 것을 깨달았다.

그런 경험은 소니의 교육방식을 바꿔 놓았다. 신입사원으로서 전문기술자가 아닌 사람은 공장에서 한 달간 교육을 거치게 하고, 전문기술자인 사람은 소니의 상품을 파는 백화점 등에서 판매원으로 일하게 했다(Akio, 1986/1986 : 72~76, 226).

독일의 프라운호퍼연구소에서는 연구원들에게 마케팅에 관한 세미나와 교육을 실시하고, 커뮤니케이션 기법에 대한 훈련도 실시한다. 또한, 산업계의 기술전시회 등에 정기적으로 참여시켜 연구개발에 대한 관심영역을 조율한다(McKinsey & Company, 1998 : 24).

2000년 7월에 우리나라의 연구소를 조사한 바에 따르면, 7개 기업부설연구소 가운데 3개 연구소가 연구자에게 마케팅교육을 체계적으로 실시하는 데 견주어, 산업기술 분야의 정부출연연구소에서는 7개 연구소 가운데 1개 연구소가 실시하고 있었다(최석식, 2000 : 84~85).

4) 윤리교육

윤리는 사람이 지켜야 할 도리이며 도덕성이다. 윤리는 옳고 그름을 분간하고, 옳은 행동을 선택하여 실천하도록 하는 좌표이다. 윤리는 이성적 판단에 따른 의식적인 행동을 대상으로 하며, 당위적·규범적·가치적인 성격을 지닌다(오석홍, 2000 : 585~589).

1997년 2월 23일 영국의 과학전문학술지 《네이처》가 복제양 '돌리'의 사진을 발표하자, 전세계의 지식인들은 일제히 인간을 복제할 가능성과 이것으로 일어날 수 있는 윤리문제를 제기하고 나섰다. 실제로 2001년에는 인간을 복제하겠다는 과학자와 종교집단이 나타났으며, 인간 배아복제의 허용여부를 둘러싼 논란이 우리나라에서도 첨예하게 대두되었다. 컴퓨터의 활용영역에서도 새로운 바이러스를 제작하여 유포하는 컴퓨터 천재들의 윤리의식이 심각한 사회문제로 떠올랐다.

연구자의 윤리적 감수성을 높이는 데에는 철학·역사·문화·예술에 관한 교육이 도움을 줄 수 있으며, 각종 봉사활동도 연구자들의 마음을 따뜻하게 가꾸어준다. 예를 들면, 매년 1, 2일씩 장애인 복지시설에 찾아가서 마음으로 봉사를 한다면 인간사랑 정신과 과학자로서의 사명감이 더 한층 짙어질 것이다.

사례

미국의 제약회사인 머크는 '강해지기 위해서는 먼저 정직하라'는 신조를 가지고 있다. 그리하여 머크는 투명한 경영을 고집하여 세계에서 가장 경쟁력 있는 기업의 하나가 되었다(《문화일보》, 2001. 4. 18).

미국의 여러 연방정부연구소에서는 직장교육시간에 윤리학을 기본교육과정으로 채택하여 강의하고 있다.

5) 연구개발경영교육

연구개발은 적정하게 경영해야 성공가능성과 효율성이 높아질 수 있다. 연구자도 연구개발팀장을 맡게 되면 연구개발관리자가 되기 때문에, 이 부문에 대한 체계적인 교육이 필요하다.

연구개발경영능력을 향상시키려면 ① 대학원에서 기술경영을 공부하는 방법, ② 컨설팅 업무를 수행하는 방법, ③ 연구자가 기술전략계획의 수립과정에 참여하는 방법이 좋다. 마지막의 경우는 새로운 아이디어 구상과 기관의 전략 사이에 일관성을 유지할 수 있으며, 시장이나 기술에 대한 파악능력을 통하여 더 효과적인 기술전략을 구축할 수 있다.

 **사례**

미국의 웨스팅하우스사는 프로젝트관리 연수제도를 발전시켜 연구개발의 효율성을 높일 수 있었다. 웨스팅하우스 과학기술센터는 대단히 많은 과학기술자가 있지만, 그들은 사업부서 고객들이 기대하는 프로젝트관리 기법을 이해하지 못했다. 따라서 공학분야 프로젝트 관리자 두 명에게 의뢰하여 연구개발만을 위한 교육코스를 설계했다.

그 코스는 프로젝트의 기획과 실행의 전략적 접근, 프로젝트 조직과 팀 구축 방안, 프로젝트 수행기간 동안에 발생하는 변화에 대응할 수 있는 계획의 수립 방안, 프로젝트 목표의 달성방안, 기획 이후의 성공적인 실행방안 등 다섯 분야로 구성되었다.

그 교육코스를 시행한 결과, 연구자들은 그 목표를 초과 달성하였고, 프로젝트 일정관리도 더 나아졌으며, 고객들은 더 많이 만족했다. 또 하나의 부수적인 이점은 엔지니어와 연구자들이 서로를 더 잘 이해하고 협력하게 되었으며, 학제적인 프로젝트를 위해 더 긴밀하게 협력할 수 있게 되었다는 점이다(한국산업기술진흥협회, 1996. 7 : 63~64).

미국의 기업들은 연구개발관리 능력을 함양하기 위하여 두 가지 방법을 많이 사용한다. 하나는 대학원의 기술경영과정에 입학해서 기술관리에 필요한 기술경영석사(테크노 MBA) 학위를 취득하는 것이고, 다른 하나는 연구자가 경영 컨설턴트 회사로 전직하여 기업경영전략 등에 관한 능력을 익히고 다시 원래의 기업으로 돌아오는 방법이다(丹羽 淸·山田 肇, 1999/2001 : 155).

3. 교육·훈련의 방법

교육·훈련의 일반적인 방법에는 ① 현장훈련, ② 순환보직, ③ 실무수습, ④ 시찰, ⑤ 강의, ⑥ 대집단을 대상으로 하는 토론회, ⑦ 회의, ⑧ 분임연구, ⑨ 독서와 통신교육, ⑩ 계획학습과 컴퓨터의 조력에 따른 학습, ⑪ 모의연습, ⑫ 관리연습 · 정보처리연습 · 사건처리연습, ⑬ 사례연구, ⑭ 역할연기, ⑮ 감수성 훈련, ⑯ 극기훈련(황야훈련)이 있다(오석홍, 2000 : 347~356).

훈련방법을 선택할 때에는 다음과 같은 조건을 고려해야 한다. 첫째, 훈련의 방법은 훈련의 목표와 내용에 적합한 것이라야 한다. 둘째, 피훈련자의 수 · 능력 · 경험 · 지위에 따라 그에 적합한 훈련방법을 선택해야 한다. 셋째, 유능한 교육자를 구할 수 있는 훈련방법을 선택해야 한다. 넷째, 필요한 훈련설비와 교재를 갖춘 훈련방법을 선택해야 한다. 다섯째, 비용과 효과를 분석하여 과다한 비용이 드는 방법을 선택하지 말아야 한다. 여섯째, 학습촉진의 원리에 충실한 훈련방법을 선택해야 한다.

연구자를 교육할 때에는 훌륭한 스승과 연결해주는 것이 매우 좋다. 젊은 연구자라면 그 시대의 가장 위대한 과학자와 사제의 관계를 맺는 것을 큰 행운으로 여기기 때문이다. 최소한 개인적으로 아는 사이가 되거나, 같은 공간 안에 있기만 해도 행운이라고 생각하기 때문이다. 훌륭한 스승의 필요성을 덧붙여 말하면 다음과 같다.

첫째, 위대한 과학자와 연구를 같이 하면 연구개발방향의 설정에 도움을 받는다. 스승의 지도를 받거나 스승과 나누는 대화를 통해서, 자신이 예전에 느끼지 못했던 분야에 눈을 뜰 수 있고, 자신이 생각하지 못했던 좋은 착상도 얻을 수 있다.

둘째, 위대한 과학자와 연구개발을 같이 하면 자신감이 생긴다. 각자 스스로의 연구개발을 수행하면서도 은연중에 스승과 경합을 벌이게 되며, 그런 반복적인 과정을 통해서 자신의 가능성을 확인할 수 있다.

셋째, 위대한 스승과 함께 연구개발활동을 하면 자신도 스승처럼 훌륭한 과학자가 되어야 한다고 자극을 받는다.

넷째, 젊은 과학자는 엘리트 스승과 만나면서 그가 어떻게 연구개발을 하고 어떤 생각을 하며 연구개발결과를 어떻게 처리해 나가느냐를 관찰하고 배울 수 있다.

다섯째, 저명한 과학자의 휘하에 있을 때에는 다른 과학자에게 주목을 받게 되고, 조그만 성과라도 다른 연구자의 성과보다 먼저 더 널리 알려질 수 있다.

끝으로, 저명한 과학자 스승은 제자의 성과를 충분히 돋보이게 할 수 있다. 예를 들면, 1908년에 노벨 화학상을 수상한 영국의 러더퍼드 경은 캐번디시 연구소의 제자들을 즐기듯이 선전하였는데, 이것은 11명의 제자가 노벨상(화학상 3명, 물리학상 8명)을 수상한 사실과 전혀 무관하다고 볼 수는 없다(하리에트 주커먼, 1998 : 160~161).

한편 작은 기업에서는 직원들에 대한 교육·훈련을 독자적으로 실시하기 어렵기 때문에, 외부에 위탁하거나 동종기업끼리 네트워크를 이루어서 공동으로 실시하는 방법을 많이 사용한다. 이런 방법은 각각의 특허기술을 공유하고 기술정보를 교환하는 데에도 유용하다.

제4절 연구개발팀의 구성

연구개발팀은 연구개발을 실질적으로 수행할 연구자들로 된 집단이다. 누가 팀장이 되고 누가 연구자로 참여하느냐가 연구개발의 성과를 근원적으로 좌우한다. 그 연구자를 선발하는 방식도 중요하며, 적정 규모로 구성하는 것도 중요하다.

연구개발팀을 비롯한 연구개발조직을 설계할 때에는 조직운영의 전략성·통합성과 절차 간소화에 도움이 되는 방안을 찾아야 한다. 여기에는 3S(Strategy, Synergy, Simple & Speed)원칙이 있다.

첫째, 전략(Strategy)은 경영 및 사업전략과 연계되어 조직을 설계해야 한다는 원칙이다. 이를 위해서는 현존 사업에 대한 지원 강화의 필요성,

미래 사업에 대한 대비의 필요성, 신기술 축적의 중요성에 각각 중점을 두어야 한다.

둘째, 상승효과(Synergy)는 부분의 합보다는 전체의 최적 합을 도모하는 조직설계를 강조하는 원칙이다. 이를 위해서는 기술적인 시너지효과의 가능성, 업무상 시너지효과의 가능성, 연구업무와 지원업무의 유기적 연계 가능성, 특별작업반의 운영 가능성 등을 종합적으로 검토해야 한다.

셋째, 단순성과 신속성(Simple & Speed)은 환경대응 탄력성과 운영 효율성을 고려해야 한다는 원칙이다. 여기에는 조직규모의 적정성, 업무수행 절차의 효율성, 창의적 분위기의 조성 가능성 등을 포함한다(한국산업기술진흥협회, 1998. 2 : 64~66).

한편, 특수하고 중대한 문제를 성공적으로 해결해야 할 때에는 그 문제에만 전념할 수 있는 소규모의 연구개발팀을 구성하여 운영하는 것이 효율적이다. 이것은 연구소의 통상적인 편제와는 독립적이며, 연구소의 보편적인 문화에서 보호받는 조직이다.

이러한 형태의 소규모 연구개발팀이 성공하려면 적절한 인력을 찾아야 하고, 이들이 관료주의에서 벗어나야 한다. 또 연구개발결과를 사업부문과 생산현장, 그리고 시장과 연계하기 위해서 전공분야를 적절하게 배합하고, 사업부문이나 마케팅부문의 인력과 합류해야 한다. 특히 뛰어난 리더십을 가진 사람을 책임자로 임명해야 하며, 회사의 관리체계가 느슨해야 한다. 그렇지만 그 특수팀에서 개발한 기술이나 제품이 시장에 진입하기 위해서는, 결국 회사의 일반 조직체계와 통합되어야 한다는 점에 유념해야 한다.

1. 연구개발팀의 참여요원

연구개발팀은 그 연구개발 프로젝트를 성공적으로 수행하는 데 필요한 과학기술자와 지원인력으로 구성되어야 한다. 당해 과학기술 분야의 전문가뿐만 아니라, 디자이너·생산 기술자·판매 기술자 등이 함께 참여하고, 이들 사이에 오케스트라와 같은 팀워크를 형성해야 한다.

그 가운데서 디자이너의 참여는 필수적이다. 디자이너는 기술의 부가가치를 크게 높일 수 있기 때문이다. 예컨대 자동차 디자이너는 앞으로 4~5년 뒤에 나오게 될 자동차를 미리 그린다. 새로운 감각과 유행, 소비심리 등을 내다보면서 일하기 때문에, 지금은 불가능한 신기술도 상상해서 그려낼 수 있다. 편안함과 아름다움은 물론 안전성과 경제성도 잊지 않기 때문에, 연구자에게 실용적인 방향을 제시해 줄 수 있다.

최종 수요자의 참여는 더욱 중요하다. 연구개발팀을 포함할 수 없다면 연구개발 자문팀에 참여시키는 등의 방법으로 고객의 의견을 들어야 한다. 그래야만 고객이 만족하고, 시장에서 팔릴 수 있는 제품기술·공정기술 또는 서비스기술을 개발할 수 있을 것이다.

 사례 ________________________________

미국의 GE사에서는 연구개발부서·마케팅부서·제조부서·엔지니어링부서의 대표뿐만 아니라, 판매자와 고객까지 참여하는 범부서 차원의 팀을 구성하여 계속 운영한다(Edelheit, 1997 : 103~104).

2. 연구개발팀의 규모

조직에 적용되는 통솔의 범위는 직무의 성질, 시간적·공간적·인적 요인에 따라 다르다. 단위 조직의 규모를 결정할 때 고려해야 할 4가지 핵심 요소는 다음과 같다(박동서, 1997 : 341). 첫째, 직무의 내용이 비교적 동질적이고 단순할 경우에는 많은 인원을 감독할 수 있다.

둘째, 비교적 관례적인 일은 감독 대상 인원수가 늘어날 수 있지만, 계속해서 새로운 일을 많이 해야 하는 팀은 그렇지 못하다.

셋째, 동일 장소에 피감독자가 없다면 인원수의 제약을 받을 수 있다. 그러나 교통·통신수단의 발달로 급속하게 극복하고 있다.

넷째, 감독자 자신의 능력과 성격은 물론, 피감독자의 전문화 정도에 따라서도 달라진다. 전문화의 정도가 낮으면 인원수가 적어지며, 자칫 잘못하다가는 심하고 엄격한 감독을 하게 되는 결과를 가져와 사기를 떨어뜨리기 쉽다. 따라서 연구개발팀을 구성할 때에도 이상의 4가지 측면을 종합적으로 고려해야 한다.

연구개발팀은 규모를 가급적 작게 만들어서 각 개인의 연구개발활동이 분명하게 드러나도록 해야 한다. 연구자는 자기가 해야 할 일이 구체적일수록 집중하는 성향이 강하기 때문이다. 반대로, 연구개발팀의 인원이 많아지면 팀장이 관리직으로 되기 쉽고, 때에 따라서는 유능한 연구자를 잃고 무능한 관리자를 얻는 비극적인 결과를 낳을 수 있다.

사례

미국 마이크로소프트사에서는 전형적으로 프로그램 관리자 1명, 프로그램 개발자 3~8명, 테스트 담당자 1명으로 복합기능전문팀을 구성한다(Cusumano & Selby, 1995/1997 : 105~108).

또 빌 게이츠 회장 자신이 "회사의 규모가 커졌을 때 관심을 가져야 할 중요한 점은 새로운 제품을 만들 기회가 오면 소그룹을 만들어 그 팀이 그 기회를 잡게 하는 것입니다. 마이크로소프트에서는 항상 이런 방법을 씁니다. 우리 회사에는 각각 다른 영역에서 임무를 수행하는 소규모 팀들이 많이 있습니다"라고 설명한 바 있다(Ichbiah, 1991/1993 : 291).

일본의 소프트뱅크사에서도 각 팀을 10명 정도로 하고, 각각 자체적으로 손익계산을 하도록 한다. 손정의 회장은 "이와 같은 배치를 하면 직원들이 순익에 큰 영향을 줄 만큼 자신들이 중요하다는 느낌을 갖게 되어 동기부여가 더 쉬워진다. 또 소규모의 팀을 구성하면, 현실적인 의미에서 볼 때, 이는 회사 전체가 시장의 움직임에 민감하게 반응하도록 유지해주는 힘이다"라고 설명한 바 있다(James, 1996/1997 : 153).

3. 연구개발팀의 구성방법

연구개발팀을 구성할 때에는 팀장을 먼저 선정하는 것이 좋다. 훌륭한 팀장이 없으면 새로운 연구개발 프로젝트의 착수를 미루고, 팀장에 문제가 생기면 연구개발 프로젝트의 수행을 조정해야 한다. 연구개발을 책임 있게 수행할 팀장(연구개발책임자)의 역량이 매우 중요하고 팀장과 참여 연구자 사이의 팀워크가 대단히 중요하기 때문이다.

유능한 연구개발팀장이 갖추어야 할 조건은 ① 연구개발 프로젝트와 관련한 계획을 세우고 반복적으로 점검하는 기획가(planner), ② 일과 동료들에게 편안한 느낌을 갖도록 하면서 연구개발 의욕을 북돋우는 조직 형성자(team builder), ③ 커뮤니케이션을 원활하게 하면서 정보를 획득하여 제공하는 문지기(gatekeeper), ④ 기술적인 문제해결의 맥을 잡아주는 전문가(expert), ⑤ 연구자들이 열성적으로 연구개발 프로젝트에 몰입하여 능동적인 마인드를 갖게 하는 챔피언(champion)의 조건이다(이무신 · 김영배, 1993 : 255).

한편, 연구개발팀장의 리더십에 대해서는 과거의 부하 연구자한테 문의하는 것이 효과적이다. 참여 연구자들의 불만에 진심으로 귀를 기울였는지, 서로 다른 의견들을 원만하게 조정했는지, 목표를 완수하기 위해 참여 연구자들을 잘 지도하고 후원했는지 등에 대해서는 부하 연구자가 가장 잘 알 수 있는 처지에 있기 때문이다.

연구개발팀장을 선정한 다음에는 그 팀장에게 나머지 구성원의 선정을 전적으로 일임해야 한다. 예컨대 PC개발팀을 구성할 때에는 팀장에게는 팀에 포함되어야 할 프로그래머와 마케팅 담당자, 외부의 하드웨어와 소프트웨어 공급자를 선정하는 권한까지 모두 주어야 한다.

연구개발팀장이 연구개발팀의 참여자를 뽑는 가장 합리적인 방법 가운데 하나는 공개모집이다. 이것은 본인이 원하는 연구개발 프로젝트를 선택하여 옮겨갈 수 있도록 허용하는 자율인사제도다. 이 제도를 통하여 연구자는 자신의 적성과 능력을 살릴 수 있고, 연구소는 연구자의 사기와 생산성을 높일 수 있다.

사례

미국의 몬산토사가 생명공학 분야로 진출할 때 캘리포니아대학 어바인 분교의 생물학부장을 지냈던 하워드 쉬네더맨(Howard Schneiderman)을 발탁하여 생물학 연구그룹의 책임자로 임명했다(Foster, 1990 : 137).

미국의 제록스사가 미래 사무실 정보화의 진전을 예측하여 디지털기술 연구센터를 설립할 때 워싱턴대학교의 교무처장이었던 죠오지 페이크를 책임자로 영입했다(Kearns & Nadler, 1992/1996 : 63~64).

미국 루슨트 테크놀로지사의 벨연구소에서는 매년 2~3월이 되면 대규모 연구원의 공개모집으로 술렁인다. 대개의 연구개발 프로젝트가 이 때 끝나기 때문이다. 벨연구소의 전자게시판은 구인·구직공고로 가득찬다. 팀장들은 유능한 연구자를 자기네 프로젝트로 끌어들이려고 최선을 다하며, 연구자들은 장래성 있는 팀을 물색하려고 부산하게 움직인다.

어떤 경우에든 인사부서의 관여가 전혀 없는 상태에서 연구자의 판단에 따라 팀을 선택한다. 자신의 적성에 맞는 프로젝트를 찾아 나서는 경우도 있고, 팀장이나 동료와 마음이 맞지 않아서 새로운 보금자리를 물색하는 경우도 있다. 연구개발비가 많이 확보될 수 있는 분야로 방향을 틀기 위해서도 움직인다. 그러나 자신이 참여하길 희망하는 팀장과 합의해야 함은 물론이다.

이처럼, 연구자 개인의 선택을 최대한 존중하는 벨연구소에서는 기존의 팀장이 연구자를 계속 붙잡아 둘 수 없도록 정해져 있다. 만약, 내보낼 수 없는 충분한 사유가 있을 때에는 서면으로 연구소장의 허락을 얻어야 한다. 따라서 이 제도는 능력이 모자라거나 인격에 문제가 있거나 지도력이 부족한 팀장은 팀 자체를 유지하거나 운영할 수 없도록 만들어버리는 연구개발팀장 자동제어시스템이다.

미국의 로렌스 리버모어 국립연구소에서도 연구자들이 연구개발 프로젝트의 변화에 따라 소속팀을 떠나 새로운 팀으로 이동한다. 그리고 연구개발팀장이 연구소장의 간섭이나 행정절차에 방해받지 않고 연구개발팀을 유연하게 움직인다(박대식, 1999 : 304~305).

일본 파낙사의 생산기술연구소는 1983년에 이봉진 박사를 초빙하면서 만들어진 연구소였는데, 이봉진 박사가 1989년에 한국으로 떠나오자 생산기술센터로 기구를 대폭 축소했다(류재현, 1994 : 214~215).

일본의 소니사에서는 1966년 5월부터 공개모집제도를 시행했다. '스스로 자신의 능력을 발견하고 적소를 찾아내는 사람이 진정으로 실력을 발휘하고 성장해간다'는 이부카와 모리타의 신념에 따른 방침이었다(Sony Koho Center, 1998/1998 : 389).

우리나라의 정부출연연구소에는 연구개발 프로젝트별로 연구자가 유연하게 움직일 수 있는 체제가 거의 갖추어 있지 않다. 뿐만 아니라 연구개발팀장이 연구개발 참여자의 배정과 인사 등에 대해 권한을 행사할 수 없는 구조를 갖고 있다. 연구개발비 집행에서도 연구소 내·외부의 여러 규정에 묶여 책임 있게 집행할 수 없다(김계수·이민형, 2000 : 86~87).

제5절 연구자의 관리

연구자는 평생 동안 연구개발활동에만 전념하여 우수한 성과를 계속해서 내고, 그 성과에 따라 영예를 누릴 수 있도록 지원해야 한다. 이를 위해서는 각 연구자의 특성에 맞는 지원체제를 구축해야 한다.

예를 들면 기초과학자와 기술자는 다르게 지원해야 한다. 그들은 다음과 같은 차이점을 보여주기 때문이다. 첫째, 커뮤니케이션의 방법이 다르다. 기초과학자들은 문서를 통하거나 전문가 회의를 통해 커뮤니케이션을 하며, 외부 사람들과 만나서 이야기하거나 경험을 교환하는 데 많은 시간을 투입한다. 그러나 기술자들은 고객 및 구매자들과 대화를 하거나 연구실에서 실험을 하는 데 많은 시간을 쏟는다.

둘째, 동기가 유발되는 방법에도 차이가 있다. 기초과학자들은 비교적 개인적이고, 과학계에서도 개인으로서 인정받길 원하기 때문에, 논문의 출판이 가장 중요하다. 그러나 엔지니어들에게는 조직의 성공이 가장 중요한 관심사다.

셋째, 기초과학자들에게는 동일한 문제에 대하여 고민하는 전체 동료들의 수가 성공에 영향을 미치지만, 기술자들에게는 같은 연구실에서 함께 실험하는 동료들의 수가 성공에 큰 영향을 준다(Jain & Triandis, 1997 : 70).

여기에서는 연구자의 사기·창의력·고용·경력·평정·보수·퇴직 관리에 대하여 각각 공통적인 측면을 중심으로 살펴본다.

1. 연구자의 사기관리

사기는 동기유발을 통해서 생산성을 높이는 하나의 요소이다. 생산성과 동기의 관계에는 ① 동기와 생산성이 모두 높은 경우, ② 동기는 높지만 생산성은 낮은 경우, ③ 동기는 낮지만 생산성은 높은 경우, ④ 동기와 생산성이 모두 낮은 경우의 4가지 시나리오가 있을 수 있다. 이 가운데서 가장 바람직한 것은 동기와 생산성이 모두 높은 ①의 경우이다(오석홍, 2000 : 526~527).

동기유발이론에는 크게 나누어 내용모형과 과정모형이 있다. 첫째, 내용모형에는 매슬로우(Maslow)의 욕구단계설, 헬즈버그(Herzberg)의 동기-위생이론, 앨더퍼(Alderfer)의 ERG[5] 이론이 있다. 그 가운데서도 매슬로의 욕구단계설이 기본모델이다.

매슬로우는 사람의 욕구를 생리적 욕구, 안전욕구, 소속욕구, 자존욕구, 자아실현욕구의 다섯 가지로 나누었다.

각각의 욕구를 만족하는 활동은 ① 생리적 욕구 : 냉 · 난방의 공급, 보수의 지급, 작업의 물리적 조건 구비, 식당 서비스의 제공 등, ② 안전욕구 : 안전한 작업조건의 마련, 각종 수당의 지급과 봉급의 인상, 신분보장 등, ③ 소속욕구 : 감독하는 방법이나 질, 동료집단을 좋아하는지의 여부, 전문직업인들의 동료 교류 등, ④ 자존욕구 : 직위의 명칭, 능력별 보수인상제도, 동료와 상관들의 인정, 직무내용의 고도화와 책임 수반 등, ⑤ 자아실현욕구 : 자기가 하는 일의 내용이 도전을 느낄 만한 일, 창의성을 발휘할 수 있는 일, 승진할 수 있는 일, 많은 업적을 올릴 수 있는 일 등이다(조석준, 1999 : 265~268).

매슬로우는 하위목표가 충족되어야 그 상위 단계의 욕구를 추구한다고 보았지만, 그 전 단계의 욕구가 완전히 없어지는 것은 아니다. 다시 말하면 모든 단계의 욕구는 거의 동시에 나타나며, 어떤 욕구를 더 중요하게 인식하느냐의 차이가 있을 뿐이라고 보아야 타당할 것이다.

둘째, 과정모형은 기대모형과 균형이론으로 나누어진다(조석준, 1999 : 268~273). 먼저, 기대모형의 중심적인 학자는 앗킨슨(Atkinson)과 블룸(Bloom)이다. 앗킨슨은 사람이란 자기가 취할 행동의 결과에 대한 기대를 갖고 있으며 그 결과들 가운데서 선택을 하는 것이라고 본다.

반면에 블룸은 목표달성과 생산성의 관계로 설명한다. 곧 높은 생산성이 자기의 목표달성을 위한 통로일 때에는 목표달성과 생산성 향상이 동시에 일어나고, 낮은 생산성이 목표달성의 통로일 때에는 목표달성과 생산성은 정반대의 관계에 놓인다는 것이다. 따라서 인간이 직무에 관하여

---

5) Existence(생존), Relatedness(관계), Growth(성장)의 머리 문자를 결합한 것임.

높은 동기를 가지려면, 그 직무를 통해서 자기의 어떤 욕구를 충족할 수 있을 것으로 인지해야 하고, 자기의 목표를 달성하는 데 직무의 성실한 수행(생산성 향상)이 필수적이라고 생각해야 한다.

한편 균형이론은 자기가 투입하여 얻는 보상이 기본적으로 많아야 하고, 특히 투입에 대한 보상의 비율이 다른 사람보다 많아야 그 집단에 매력을 느끼게 된다고 설명한다. 이 때 균형을 이루기 위해서 각자가 선택할 가능성이 가장 많은 방안에는 ① 자기의 산출을 극대화하는 방안, ② 자기의 노력이나 투입을 극소화하는 방안, ③ 자기의 자존심이나 이미지에 가장 중요한 투입이나 산출을 바꾸는 것에 저항하는 방안이 있다.

실제로, 조직에 소속되어 있는 개인들의 동기를 유발하는 데에는 다양한 프로그램이 쓰인다. 그것들은 한결같이 인간의 동기유발 조건을 감안한 방법이다.

이와 관련하여 오석홍(2000 : 550~575)은 ① 성과급과 포상 등을 통한 바람직한 행동의 적극 강화, ② 개인적인 문제를 해결하거나 완화하는 인사상담과 고충처리, ③ 조직 구성원의 복지를 증진하고 사기를 제고하며 생산성 향상에 기여하는 단체활동의 촉진, ④ 의사결정의 질을 높이고 의사결정에 대한 참여자들의 승복을 쉽게 하며 조직 구성원들의 동기를 강화할 수 있는 참여관리의 촉진, ⑤ 육체적·정신적 건강의 증진과 대인관계와 직무수행 능력의 향상, ⑥ 직무확장·직무 풍요화·자율 복무제·압축 근무제·집단적 협동·순환 보직제 등 직무와 업무계획의 개선[6]을 제시했다.

---

6) 여기서 말하는 직무확장은 어떤 직위의 기존 직무에 수평적으로 연관된 직무요소나 기능들을 첨가하는 것이고, 직무 풍요화는 직무를 맡은 사람의 책임성과 자율성을 높이고 직무수행에 관한 환류가 원활히 이루어지도록 직무를 수직적으로 개편하는 것이며, 자율 복무제는 기본 근무시간의 범위 안에서 근무시간계획의 자율성을 어느 정도 보장하는 방법이며, 압축 근무제는 근무일에 더 오래 일하고 그 대신 쉬는 날을 늘릴 수 있게 하는 방법이며, 집단적 협동은 일반적으로 조정받지 않고 개별적으로 일하던 사람들이 집단을 형성해서 노력하는 방법이며, 순환보직은 배치전환에 따라 심리적 정체감이나 부적응 등의 문제를 해결하는 방법이다.

사례

미국의 IBM사에서는 어떤 실수를 저지르더라도 다시 한 번 기회가 주어지지만, 인간경영 부문에서는 약간이라도 실수를 하면 그것으로 끝난다. 아무리 좋은 업적을 올리고 있는 사람에게도 이 원칙을 예외 없이 적용한다. 업무에서 실수하는 것은 다시 바로 잡으면 되지만, 인사 문제에서 생긴 잘못은 돌이킬 수 없는 결과를 낳고 만다는 것이 그 이유이다. 직원의 사기가 떨어지면, 그들은 IBM을 떠나거나 비능률적으로 일하게 될 것이라는 판단에 입각한 조치이다.

세종대왕은 집현전을 명실상부한 학문 연구기관으로 인정하고, 다른 기관보다 우월한 여러 가지의 특전을 주었다. 예를 들면 집현전에서는 약간의 음주를 할 수 있도록 허용했고, 임금에게 진상된 귤을 가끔씩 하사했다. 다른 기관의 당상관에게만 하사했던 말 한 필씩을 집현전에서는 당하관까지 배려하였고, 사헌부의 감찰대상에서 제외시켰다. 또한 집현전 학사들에게는 3~6개월 동안의 독서휴가를 허락했다. 집현전 학사들은 다른 기관과 견주어 권력이 없고 화려하지 못했기 때문에 이를 보상하려는 차원도 있었지만, 집현전 학사들의 사기를 진작시켜 주려는 배려가 깔려 있었다.

박정희 대통령이 한국과학기술연구원(KIST)에 쏟았던 열정은 남달랐다. 1966년 4월에 홍릉의 임업시험장 구내를 직접 돌아본 후 그 지역이 연구소의 부지로서 합당하다고 판단하고, 관계장관에게 절차를 취하도록 지시했다. 1967년 3월에는 육군공사조정통제단에게 연구소의 공사를 지원하도록 특명을 내렸으며, 공사가 진행되는 기간 동안 예고 없이 공사현장에 나타나 관계관들을 격려했다. 박정희 대통령은 연구자들이 높은 긍지와 자부심을 갖고 연구개발에 전념할 수 있는 여건을 조성해 주는 데 직접 앞장섰으며(한국과학기술연구원, 1994 : 129~143), KIST의 연구자들에게는 당시 국립대학 교수보다 3배 가까이 많은 급여를 주도록 허용했다(최형섭,

1995 : 57).

한국과학기술원의 도영규 교수는 기대의 중요성에 대한 체험담을 다음과 같이 밝히고 있다. "무엇보다 나의 양 어깨에 드리워진 주변의 기대 중에서 평생을 두고 최선을 요구하는 것이 있다. 바로 91년 3월 월간지《신동아》가 주관한 '2000년대를 움직일 한국의 화학자 7인'에 나를 뽑아 준 원로 화학자의 기대다. 나는 합성무기화학자로서 화학적 진화의 이상적인 조율을 추구하며 그 분들의 기대에 부응하고자 한다."(오길록 외, 1994 : 182)

2. 연구자의 창의력 관리

과학기술의 기본 사명은 항상 새로움을 추구해서 인간에게 새로운 세계를 창조해주는 것이다. 이 창조의 원동력이 바로 창의력이다. 창의력은 연구자의 생명력과 다름없기 때문에 연구자의 창의력을 높이는 것이야말로 연구자 관리의 핵심 가운데 핵심이다.

1) 창의력의 의의

창의력이 어떤 것인가를 파악하려면 창의적인 인재들이 어떤 능력과 어떤 행동을 지니고 있는가를 살펴볼 필요가 있다. 바론(Baron)이 창의적인 인재들한테서 발견한 특징은 ① 개념적 유연성, ② 수많은 아이디어를 신속하게 만들어 낼 수 있는 능력, ③ 본원적이고 흔하지 않은 아이디어를 창출해낼 수 있는 능력, ④ 평가정보에 담겨 있는 내용에서 원천을 분리해 낼 수 있는 능력, ⑤ 다른 사람들한테서 자유로울 수 있는 능력, ⑥ 인간이 직면한 문제에 대한 관심, ⑦ 자신들이 일을 하면서 빚어낸 문제들에 대한 참을성, ⑧ 판단의 유보와 신중한 약속, ⑨ 분석하고 탐색하는 데 시간을 기꺼이 투입하려는 자세, ⑩ 지적이고 인식론적인 문제에 대하여 가치를 부여하는 태도 등이다(Jain & Triandis, 1997 : 50).

스턴버그와 루바트(Sternberg & Lubart)는 사람이 창조적인 일을 하기 위해서는 다음의 6가지가 필요하다고 주장했다. ① 지능지수 120 이상, ② 동일 주제를 대상으로 다른 사람들이 수행한 업적에 대한 지식, ③ 다른 사람들이 옳다고 생각하는 것에 대하여 의문을 제기하고, 일상적이지 않고 중요한 것을 생각하는 사고방식, ④ 기회를 기꺼이 잡으려는 인격, ⑤ 많은 에너지를 갖고 많은 것을 성취하려는 동기, ⑥ 자신의 기량을 충분히 발휘할 수 있도록 허용하는 환경과 스승(Jain & Triandis, 1997 : 51~52).

연구자의 창의력은 지능과 동일한 개념은 아니다. 미국의 한 연구팀은 지능지수 140 이상의 학생 1,500명을 20년 동안 추적하여 관찰하였는데, 그 학생들 가운데서 단 한 명도 높은 수준의 창조적인 업적을 내지 못했음을 발견했다. 예를 들면, 트랜지스터를 발명해서 1956년에 노벨상을 수상했던 쇼클리는 지능지수가 140이 안 된다는 이유로 그 학생집단에서 제외되었다. 실제로 훌륭한 과학자가 되는 데에는 비상한 머리가 필요하지 않은 분야도 있다.

실험과학에서는 연역적 사고를 위한 추론이나 초자연적인 자질을 요구하지 않는다. 예를 들면, 풍뎅이를 채집하고 분류하는 데에는 이론물리학과는 전혀 다른 유형의 능력, 자질, 동기를 요구한다. 그렇다고 해서 풍뎅이의 채집 · 분류에 필요한 자질이나 능력이 이론물리학자의 자질이나 능력과 견주어 결코 열등하다고는 볼 수 없다.

2) 창의력의 진작요소

개인의 창의력은 교육 · 훈련으로 신장될 수 있는 특징이 있다. 다양한 종류의 훈련은 중요한 문제를 인지하고 만들어내는 데 도움을 준다. 물론 풍부한 상상력의 기질을 선천적으로 타고 난 사람이 우월하겠지만, 어려서부터 체계적인 훈련을 받으면 더욱 향상된다는 뜻이다. 그리고 공상에 가까울 정도의 상상력이라도 그것을 높이 평가하고 진작시킬 경우에는 건전한 방향으로 발전할 수 있다.

투더 리카즈(Tudor Rickards)는 창의성을 진작시킬 수 있는 요소로서, ① 전략과 구조에 따라 지원되는 열린 커뮤니케이션, ② 창의력을 진작시키는 보상 시스템, ③ 개인을 위해 선택이 가능한 자유, ④ 견해의 다양성이 선택과정을 통해 표현되는 분위기, ⑤ 고무적인 리더십으로 진작되는 견해의 다양성, ⑥ 젊은 직원들에 대한 역할 모델로서의 고위층의 건설적인 태도, ⑦ 이상의 요인들의 발생을 돕는 리더십의 행동을 제시했다(Leet, 1991 : 50).

스파이쩌(Spitzer)는 영민한 발견이 이루어지는 상황에 대하여 ① 우리가 전통적인 사고에 얽매여 있지 않을 때, ② 기꺼이 위험을 감수하고자 할 때, ③ 이완되어 있을 때(산보할 때, 편안한 장소에 있을 때, 잠들어 있을 때, 백일몽을 꾸고 있을 때, 잠자면서 꿈꿀 때 등), ④ 창의적인 연계성과 단서가 자연스럽게 나타날 수 있는 시간이 충분할 때라고 설명한다(KTB n-Daily, 2001. 1. 4).

도로시 레너드 등은 집단 안의 창의적인 마찰과정을 의도적으로 설계해야만 그 집단이 창의적으로 변할 수 있다고 설명한다. 여기서 창의적 마찰과정이란 지식·문화·사고방식 등이 서로 다른 사람들이 개인적인 마찰을 피하면서 각자가 제시하는 아이디어의 충돌을 통해 그 어느 구성원도 갖지 못했던 새로운 차원의 아이디어를 만들어 내는 과정을 말한다. 창의적 마찰이 원활해지려면 반대의견, 이단적 생각, 좋은 소식, 나쁜 소식 등 무엇이든지 자유롭고 솔직하게 커뮤니케이션을 할 수 있는 조직분위기를 만드는 것이 중요하다(http//sericon.seri.org, 2001. 8. 20).

한편 기업의 창의력은 ① 협력과 연대(alignment), ② 자발적으로 시작하는 행동(self-initiated activity), ③ 비공식적 행동(unofficial activity), ④ 뜻밖의 발견(serendipity), ⑤ 다양한 자극(diverse stimuli), ⑥ 회사 내부의 커뮤니케이션(within-company communication)으로 신장될 수 있으며, 외부의

동기유발보다는 자기 스스로 어떤 일을 하려는 내적 동기유발에 따라 크게 발휘된다(Robinson & Stern, 1998 : 17과 59).

현실적으로 연구기관이나 기업에서 명상실 등의 공간을 만들어 주고, 연구자가 혼자 생각할 수 있는 시간을 갖도록 여건을 만들어 주는 것도 연구자의 창의력 증진을 위해 바람직하다.

3) 창의력의 저해요인

福井 忠興(1995/2000 : 353)은 연구자의 창의력을 가로막는 요인들을 상사의 리더십 문제와 연구풍토 문제로 나누어 설명한다. 첫째, 연구자의 창의력을 억압하는 상사의 태도에는 ① 상세한 조사를 명령하는 태도, ② 세세하게 지시하고 지시에서 벗어나는 것을 허용하지 않는 태도, ③ 새로운 발상의 결점만을 지적하는 태도, ④ 항상 완벽을 요구하는 태도, ⑤ 실패를 심하게 꾸짖는 태도, ⑥ 예상과 틀린 실험결과를 폐기하도록 요구하는 태도, ⑦ 성급하게 창조적 성과를 요구하는 태도, ⑧ 자기 주장을 무시하거나 허용하지 않는 태도가 있다.

둘째, 연구자의 창의력을 가로막는 연구실의 풍토에는 ① 매사에 소극적이고 부정적인 풍토, ② 효율적인 일만을 평가하고 새로운 발상이나 발전을 평가하지 않는 풍토, ③ 몸을 움직일 뿐 생각은 하지 않는 풍토, ④ 목전의 이익에 대한 공헌을 중시하는 풍토, ⑤ 서로 격려하지 않고 후원하지 않는 풍토, ⑥ 근무의 제약이 많고 일의 자유가 적은 풍토, ⑦ 위기감과 압박감에 지배되어 정신적 여유가 없는 풍토, ⑧ 창조적 마인드를 갖지 않은 사람이 지배하는 풍토가 있다.

도로시 레너드 등은 창의적 마찰에 장애를 일으키는 경우에 대하여, ① 마감시간에 맞추려고 시간적 압력을 가할 때에는 집단의 운신의 폭을 제한하여 창의성을 감소시킨다. ② 리더가 지시적이면 창의적 아이디어 발산이 방해를 받는다. ③ 집단이 외부 의견으로부터 고립되면 참신한 아이디어가 들어오지 못한다. ④ 집단이 상당히 이질적인 사람들로 구성되더라도 시간이 지나고 외부와 적대적 환경이 조성되면, 자기들도 모르는 사이에 내부 응집력이 강해지면서 창의적 마찰이 사라진다. ⑤ 시간이 지나면서 공식·비공식의 규범이 집단 안에 형성되어 창의성을 말살한다고 주장했다(http//sericon.seri.org, 2001. 8. 20).

3. 연구자의 인사관리

연구자의 인사는 연구자가 연구개발에 충실할 수 있도록 해야 한다. 연구자의 인사관리제도가 정착되지 않으면 그 후유증이 대단히 크다. 연구자의 장인정신이 줄어들고, 우수한 연구자의 관리직화가 조장될 수 있기 때문이다.

1) 연구자의 경력관리

연구자는 연구개발 전문인력과 연구개발관리 전문인력으로 양분될 수 있다. 그 가운데서 연구개발 전문인력에 대해서는 연구개발에만 전념할 수 있게 하되, 대우도 연구개발관리 전문인력에 못지 않게 해주어야 한다(맹일영, 2001 : 20).

이와 같은 연구개발 전문직과 연구개발관리 전문직의 이원적 인사관리는 기본적으로 연구자의 경력관리를 위한 것이지만, 연구개발 전문인력에 대한 보상효과도 가져다 준다. 연구개발 전문직으로 승진하면서 처우가 상승하고 더 흥미 있고 자율적인 연구개발을 할 수 있기 때문이다(이무신·김영배, 1993 : 159).

한편, 관리보직을 선호하는 경향이 지배적일 때에는, 보직을 가진 연구자의 보수를 그렇지 않은 연구자의 보수보다 낮게 책정하는 방안도 고려해 볼 만하다. 또한 외형적인 직함에 경의를 보내는 사회적 분위기가 지속

될 때에는, 연구개발 전문인력에게도 대외 직함을 부여하는 것이 바람직
하다. 연구자의 사기를 올릴 수 있는 방법이라면 무엇이든지 취하는 열성
이 필요하다는 취지이다.

 사례 ─────────────────────────

미국의 마이크로소프트사에서는 우수한 기술인력을 위하여 다원경력제
도를 운영한다. 이것은 기술능력에 상응하는 사다리꼴 직위제도로서, 각
자의 업무수행능력, 기본기술능력, 회사 안에서의 경력에 따라 개인별 단
계를 결정하며, 개인의 보수와도 직결된다(Cusumano & Selby, 1995/1997 :
158~159).

미국의 3M사에서는 이원경력제도를 일찍부터 도입·운영하여, 기술직
과 전문직에 종사하는 사람들이 전문가적인 관심과 연구업무를 희생하지
않고도 진급할 수 있도록 경력관리를 해준다. 이것은 전문가와 기술직 직
원들이 경영자로 완전히 전향할 필요가 없이 진급을 계속하도록 배려하여
혁신 그 자체를 계속 독려하기 위한 것이다(Collins & Porras, 1994/1996 :
207).

미국의 K회사는 연구자가 입사하면 신입연구자로 근무하다 전문직과
관리직의 분기점이 되는 입사한 다음 대략 5~7년이 되는 해에 본인의 희
망과 회사의 평가에 따라서 연구직과 관리직 가운데 하나를 선택하게 한
다(맹일영, 2001 : 20).

일본의 NEC에서는 1997년 초에 전문직제도를 도입하여 관리직과 기술
전문직 사이를 명확하게 구분했다. 그리하여 기술전문직 엔지니어의 서열
을 과장과 같게 했고, 고위 기술전문직 엔지니어의 서열을 부장 수준과 같
게 했다. 역사적으로 NEC의 종업원들은 자신들이 통솔하고 있는 부하직
원의 수에 입각하여 존경을 받았기 때문이다.

NEC에서 이 제도가 도입되면서 전문직들은 부하를 관리하는 관리직에

있지 않고도 더 많은 권한을 갖게 되었다. 이 제도가 시행된 뒤로 1997년 7월에 ULSI연구소의 관리자 50여 명 가운데 17명이 기술직으로 복귀하였으며, 그 결과는 연구개발 기간의 단축과 연구개발생산성의 향상으로 나타났다(한국산업기술진흥협회, 1999. 7 : 46~48).

LG화학기술원에서는 Plus 7 CPD(career path decision) 제도를 시행하고 있다. 이것은 입사한 뒤 7년이 되는 때에 연구자로서의 적합성 여부를 객관적 · 공개적으로 평가하여 결정하는 제도이다. 이 제도는 연구개발성과가 우수한 연구자에게는 계속해서 연구개발 전문가로 성장할 수 있는 기회를 제공하는 동시에, 연구자의 다른 부서 전출을 활성화하여 기술을 확산시키는 효과를 가져다 주었다.

2) 연구자의 고용관리

연구자를 포함한 직장인의 고용이 연공서열주의에서 능력주의 · 실적주의로 바뀌면서 고용의 개념도 평생직장에서 평생고용으로 — 한 직장에서 평생 동안 근무하는 방식에서 자신의 전문성을 살려 직장을 옮기면서 평생 동안 일하는 방식으로 — 바뀌어 가고 있다. 이런 추세는 연구자의 고용계약제도를 강화하고 있는데, 이것은 연구개발에 전념하는 분위기를 만드는 긍정적인 효과도 있지만, 연구자들이 고용불안을 느껴 연구개발의 생산성에 부정적인 영향을 미칠 수도 있다. 특히, 서로 협력하지 않고 정보조차 공유하지 않는 지나친 경쟁풍토를 조성할 수 있다.

특히, 우리나라에서는 종전의 직장을 떠나 새로운 직장을 찾는 사람을 정직하지 않거나 열등한 사람으로 의심하는 경향이 강하기 때문에, 단기고용계약제도를 활용하기가 적잖이 어렵다. 따라서 실적주의 계약제를 한국의 현실과 맞도록 변형하여 운용하는 다음과 같은 노력이 필요하다.

첫째, 장기근속을 했을 때 생기는 긍정적인 효과를 이성적으로 검토해야 한다. 곧 장기근속을 유지하면 ① 훈련을 위한 비용이 절약된다. ② 퇴직이 줄어 채용이나 훈련에 관계되는 부서와 중간 관리층의 부담을 가볍게 해 준다. ③ 인원 이동이 적고 업무가 안정되어 효율이 높아진다. ④ 사용자와 노동자 사이의 적대관계를 완화시킨다. ⑤ 취업 희망자는 안정고용을 원하므로 기업이 새로운 사람을 구할 때 좋은 인재를 찾아내기 쉽고 그들의 충성심을 확보하기도 쉽다. ⑥ 안정고용을 약속하는 대신 기업 전체의 평균 임금을 낮출 수 있다(Riggs, 1987 : 224).

둘째, 연구자의 고용계약제를 성공적으로 운영하려면 몇 가지의 조건이 앞서야 한다. ① 능력과 업적에 대한 합리적이고 객관적인 평가방법을 도입해야 한다. ② 능력과 업적에 대한 평가결과를 신뢰하고 따르는 분위기가 형성되어야 한다. ③ 연구자의 연령 상한선을 폐지하고, 탁월한 연구자에게는 종신고용을 허용해야 한다.

셋째, 자기 회사를 떠났던 사람 가운데 우수한 사람에게는 재고용의 문을 활짝 열어 놓아야 한다. 그들은 회사의 연구개발 등 전반적인 업무에 익숙하여 재교육을 받을 필요가 없으며, 다른 회사에서 쌓은 경험으로 이전보다 더 연구개발에 전념하고 의욕적으로 헌신할 가능성이 높기 때문이다.

사례

미국의 국립보건연구원(NIH)에서는 1993년부터 계약제를 채택하여 시행하고 있다. 이곳에 처음 채용되는 박사급 연구자는 모두 임시직으로 분류한다. 이들은 최장 6년까지 근무할 수 있으며, 3년 간격으로 두 번의 평가를 받는다. 그 평가결과가 좋으면 예비종신직(tenure track)으로 갈 수 있지만, 그렇지 못하면 연구소를 떠나야 한다. 일단 예비종신직에 오르면 연구자로서 연구다운 연구를 할 수 있도록 보장받는다.

예를 들면, 연구개발 프로젝트를 자기의 희망에 따라 정할 수 있고, 연구개발비도 수백만 달러까지 쓸 수도 있으며, 1만 달러 이하의 기자재는 필요할 때마다 재량으로 구입할 수 있다. 그렇지만, 연구개발결과가 좋지 않으면 그 연구자가 소속된 연구실을 통째로 폐쇄시켜 버린다. 그렇게 되면, 그 연구자는 떠날 수밖에 달리 도리가 없으며, 실제로 1년에 2, 3개의 연구실이 문을 닫는다(《중앙일보》, 1994. 8. 24).

미국의 로렌스 리버모어 국립연구소에서는 신규 채용한 연구자들에게 초기 3년 동안 시보기간을 둔다. 그 기간을 5, 6년까지 연장할 수 있는데, 이 기간 동안에 정식 연구자의 지위를 얻지 못하면 재임용을 받지 못한다. 이때 재임용을 결정하는 자료에는 실적평가와 인사고과뿐만 아니라, 연구개발비 수주에 대한 기여도까지 포함한다(박대식, 1999 : 302).

독일의 보쉬사에서는 성공적인 연구개발관리자에게 점점 더 중요한 프로젝트의 관리를 위임하여 체계적으로 승진시킨다. 그들이 낮은 단계의 프로젝트를 관리하는 데 성공하면, 좀더 복잡하고 예산규모가 크고 국제적인 차원의 전략 프로젝트의 관리책무를 부여한다(Boutellier, Gassmann & Zedtwitz, 2000 : 205).

4. 연구자의 평정관리

연구자의 업적평가는 평가의 타당성과 신뢰성을 높이는 데 역점을 두어야 한다. 평가의 타당성(validity)은 평가도구의 정확성으로서, 평가항목이 평가의 내용과 맞도록 되어 있고, 평가의 목적을 제대로 반영하고 있느냐에 관한 문제이다. 평가의 타당성은 '번역 타당성'과 '기준 타당성'으로 구성되는데, 번역 타당성은 평가하려는 대상의 의미나 내용에 대한 평가항목의 설명 정확도를 말하며, 기준 타당성은 평가하려는 목적에 대한 평가항목의 예측 정확도를 말한다.

평가의 신뢰성(reliability)은 평가자의 일관성 문제이다. 통계학에서는 몇 번이고 동일한 평가를 반복하여 동일한 결과를 얻을 때 신뢰성이 높다고 판단한다. 신뢰성의 정도에 대한 측정대상에는 여러 가지가 있다.

첫째는 '평가자 사이의 신뢰성'이다. 이것은 평가자들의 평가 결과가 일치하는 비율이나 평가자들이 제시한 평가점수 사이의 상관관계를 계산하여 평가자 사이의 신뢰성을 계산하는 방법이다. 예를 들면, 똑같은 X-ray 사진이라도 판독하는 의사에 따라 그 결과가 달라질 수 있는 오류현상에 입각한 신뢰성 측정방법이다.

둘째는 '시험-재시험 신뢰성'이다. 예를 들면, 일주일 전에 어떤 상사가 부하를 평가한 결과와 일주일이 지나서 동일한 상사가 동일한 기준으로 동일한 부하를 평가한 결과 사이의 상관관계를 측정해보는 것이다.

셋째는 '유사 평가표 신뢰성'이다. 이는 특정한 대상자에게 어떤 한 종류의 항목들로 구성된 시험을 실시한 다음, 그와 비슷한 항목들로 된 다른 형식의 시험을 실시하여 두 형태의 시험에서 얻어진 결과 사이의 상관관계를 산출하는 방법이다.

넷째는 '내적 일관성 신뢰성'이다. 특정한 평가집단에 대하여 하나의 평가표를 적용하였고, 평가항목 점수 사이에 나타난 일관성의 정도를 측정하는 방식이다(박준성, 2001).

1) 연구자 업적평가의 기준

연구자의 업적에 대한 평가는 사전에 설정된 목표의 성취도를 기준으로 실시해야 한다. 이 때의 목표는 연구자와 직속 상관이 협의하여 정하는 경우가 많지만, 세부적인 기준은 소속 연구소의 성격에 따라 다르다. 예를 들면, 기초기술의 연구기관에서는 논문 등과 같은 학문적 업적으로 평가하는 데 견주어, 산업기술의 연구기관에서는 기술의 실용화나 기술료 수입액을 통해 평가한다.

사례

미국의 IBM사에서는 ① 목표달성을 위해 분담해야 할 목표는 무엇인가 (고객의 만족도, 책임영역, 직원의 육성), ② 주요 목표를 어떠한 방법으로 달성하는가(전문성, 변혁, 도전, 개선), ③ 목표 달성을 위해 어떠한 협업이 필요한가(의사소통, 팀워크) 등 3가지를 평가항목으로 삼고 있다. 이러한 일반기준에 따라 각자의 임무에 적합한 구체적인 목표의 달성기준을 세부적으로 설정한다(전상길, 2001 : 36~38).

미국의 실리콘밸리에서는 대부분 연구자가 달성해야 할 목적과 목표를 협의하여 설정한다. 이렇게 정해진 연구자 각자의 목표는 고과표의 중요한 기준이 된다(Naobumi, 1995/1997 : 201~202).

일본의 동경가스에서는 5P 평가법을 채택하고 있는데, 그 대상은 Paper(논문의 학회지 게재, 학술대회 발표 등), Patent(지적재산권의 출원·등록·실시 등), Product(제품·공정·소프트웨어의 개발 등), Process(연구 테마의 제안, 타 연구소에서의 지위), Performance(자문활동, 박사 또는 기술자격의 취득)가 그 내용이다(한국산업기술진흥협회, 1996. 12 : 50).

삼성종합화학연구소에서는 연구자의 업적에 대한 정성적 평가와 정량적 평가를 반기별로 실시한다. 정성적 평가는 월별보고를 바탕으로 하고, 정량적 평가는 개인의 경영기여·특허·연구개발 실적·수상 실적·자기개발 향상능력 등을 마일리지로 점수화하여 실시한다(강신태, 2000 : 24).

2000년 7월에 조사한 바에 따르면, 우리나라 14개 연구소에서는 연구자의 업적 평가지표를 〈표 4-2〉와 같이 설정하여 사용하고 있었다. 정부출연연구소는 각 연구소별로 통일되어 있으며, 재정기여도나 경영기여도 또는 업무기여도라고 표현된 항목의 비중이 높은 편이다. 반면에, 기업부설연구소는 정부출연연구소와 견주어 연구자별로 설정되는 개별화 경향이 강하다(최석식, 2000 : 191~192).

〈표 4-2〉 연구원 업적의 평가지표

연구소별	평가항목별 비중
정부출연A연구소	재정기여도 60%, 지적재산권 5%, 논문발표 등 25%
정부출연B연구소	논문 16%, 학회발표 4%, 특허 20%, 보고서 20%, 기업화 20%, 기술료 20%
정부출연C연구소	경영기여도 40%, 논문·지적재산권 등 개인성과 30%, 학술 행사·산학협력 등 조직성적 20%, 개인근무성적 10%
정부출연D연구소	서류 50%, 면접 50%
정부출연E연구소	논문 15%, 특허 15%, 기업화 20%, 업무기여도 40%, 사업평가결과 10%
정부출연F연구소	양(O／H 목표와 달성률) 80%, 질(연구보고서·논문·학회·전문기술서적·특허 등) 10%, 기여도(태도·의욕·능력) 10%
정부출연G연구소	논문 25%, 특허 20%, 수탁연구참여건수 등 55%
기업부설A연구소	업적·능력·태도 100%
기업부설B연구소	연구팀장과 연구원이 협의하여 결정
기업부설C연구소	연구책임자 : 프로젝트평가결과 60%, 개인평가 40% 연구원 : 프로젝트평가결과 30%, 개인평가 70%
기업부설D연구소	연구원이 설정하는 목표치와 비중
기업부설E연구소	연구원이 설정하는 목표치와 비중
기업부설F연구소	업적 60%, 능력 40%
기업부설G연구소	논문 10%, 특허 10%, 목표달성도 80%

자료 : 최석식, 2000 : 192.

2) 연구자 업적평가의 주기

연구자의 업적평가를 실시하는 주기는 연구개발 대상 기술의 유형이나 연구개발의 단계에 따라 달라야 한다. 장기적인 시각의 연구개발 프로젝트를 수행하는 연구자의 업적평가주기를 너무 짧게 설정하면 그 연구개발이 졸속에 치우칠 우려가 크다. 반면에, 단기적인 차원에서 돈을 벌어야 하는 연구개발 프로젝트에 종사하는 연구자의 업적평가주기를 길게 정하면 성과의 신속한 창출을 가로막을 수 있다. 따라서 평가대상의 업적을 축적할 수 있을 만큼의 적정한 기간이 지난 뒤에 평가를 실시하는 것이 합리적이다.

 사례 ────────────────

미국의 마이크로소프트사에서는 연구자 각자가 맡은 프로젝트를 6개월 단위로 평가한다. 그 평가에서 좋은 점수를 얻지 못하면 봉급인상 · 주식매입 선택권 · 보너스 지급 등에서 불이익을 받는다.

우리나라의 7개 정부출연연구소와 7개 기업부설연구소를 조사한 바에 따르면, 정부출연연구소는 모두 1년 단위로 평가하는 데 견주어, 4개 기업부설연구소에서는 1년에 두 번씩 연구자의 업적을 평가하고 있었다(최석식, 2000 : 190~191).

3) 연구자 업적의 평가자

평가자의 범주는 다양하다. 연구자의 상사 · 동료 · 부하는 물론이고, 연구자 본인과 외부 전문가나 고객도 평가자가 될 수 있다. 이들 각각의 평가자는 나름대로 장점과 단점이 있다(박내회, 1997 : 254~258).

첫째, 상사를 평가자로 위촉하면 상사의 부하관리가 쉽고, 성과에 따른 임금관리가 가능하며, 평가의 실시가 쉽다는 장점이 있다. 그러나 상사의 편견에 치우쳐서 신뢰도 높은 평가를 기대하기 어려운 단점이 있다.

둘째, 동료 연구자를 평가자로 선정하면 동료의 연구개발성과에 대한 이해를 촉진하고, 연구소 내부의 커뮤니케이션을 원활하게 하는 장점이 있다. 그러나 정확도가 낮아질 수 있고, 평가의 담합이 발생할 수 있는 단점이 있다.

셋째, 부하 연구자를 평가자로 위촉하면 부하의 참여의식과 주인의식을 고취하고, 관리자가 갖추어야 할 리더십과 잠재능력을 평가할 수 있으며, 상하간 커뮤니케이션을 원활하게 할 수 있는 장점이 있다. 그러나 부하의 거부감과 상사의 자기방어, 상사의 직무내용 등에 대한 평가정보의 부족이라는 단점이 있다.

넷째, 연구자 본인이 평가할 때에는 연구개발의 목적과 성과에 대한 확실한 이해에 바탕을 두고 능력개발지향적 평가가 이루어질 수 있는 장점이 있다. 하지만 자신의 성과를 과대 평가할 가능성이 있고, 자신의 낮은 성과를 외부환경이나 여건 또는 타인의 탓으로 돌릴 가능성이 있다.

다섯째, 외부 전문가와 고객을 평가자로 선정하면 객관적인 시각에서 전문적인 평가를 할 수 있는 장점이 있지만, 연구개발의 목표나 과정에 대한 정확한 정보를 갖기 어렵고, 평가의 의뢰와 수행과정에서 내부의 기밀이 외부로 누출될 수 있는 단점이 있다.

다음에는, 최근에 좋은 호응을 얻고 있는 다면평가제(360-degree appraisal)에 대하여 살펴보기로 한다. 이것은 피평가자 본인, 상관, 부하, 동료, 프로젝트팀 구성원, 고객, 재화 및 용역의 공급자 등이 참여하는 집단평가이다(오석홍, 2000 : 397~398). 다면평가제의 장점은 ① 더 공정하고 객관적인 평가가 가능하며, 평가결과에 대한 당사자들의 승복을 받아내기가 쉽다. ② 평가대상에 대한 다양한 의견을 수렴해 향후의 발전을 위해 활용할 수 있다. ③ 국민중심적·고객중심적 연구개발활동에 기여할 수 있다. ④ 분권화와 하위자에 대한 '힘 실어주기'에 유리한 조건을 조성할 수 있다. ⑤ 관리자와 감독자들의 리더십 향상에 기여할 수 있다. ⑥ 직무수행과 노력에 대한 정확하고 공정한 환류는 피평가자들의 자기 개발에 대한 동기를 유발할 수 있다는 점이다.

그러나 다면평가제를 실시하면 부작용도 나타날 수 있다. 예를 들면 ① 감시자가 늘고 통제의 망이 확대되면 평가의 불쾌감이나 스트레스가 커질 수 있다. ② 평가자들이 담합을 하거나 모략성 응답을 하는 등의 돌출행동을 할 위험이 있다. ③ 업무목표의 성취보다는 원만한 대인관계의 유지에 급급하는 성향을 조장할 수 있다. ④ 평가자들의 변동이 심하면 평가의 신뢰성을 확보하기 어렵다.

사례

일본 IBM사에서는 1996년 10월부터 PBC 360°평가제도를 시행하고 있다. 여기서 PBC는 Personal Business Commitment의 약어로서, 개인목표관리제도의 일종이다.

평가시기는 PBC프로그램에 따른 종합평가가 이루어지는 연말(12월)이다. 평가자의 수는 피평가자가 상사 · 동료 · 부하 가운데서 선정하여 3~6명 정도로 한다. 평가자를 누구로 정하고, 몇 명으로 할 것인지는 본인과 소속부서장의 합의에 맡긴다. 또 업무수행 과정에서 소속 부서장은 개인별 목표의 진척사항을 정기적으로 확인하고 커뮤니케이션을 한다. 다면평가의 결과가 본인의 성장과 기능 향상에 도움이 된다고 판단할 때에는 본인에게 전자우편으로 통보한다. 다면평가의 결과를 곧바로 업적평가에 연계하지는 않지만, 간접적으로는 반영하기도 한다(전상길, 2001 : 36~38).

4) 연구자 업적평가결과의 활용

　연구자의 업적에 대한 평가결과는 연봉의 액수와 계약기간의 연장 등을 결정하는 데 사용한다. 이렇게 되면 연구자 개인의 신상에 대단히 심대한 영향을 주기 때문에, 평가결과를 확정하기 이전에 연구자 본인의 동의를 얻는 것이 좋다. 만약, 연구자가 이의를 제기할 때에는 공정하게 재심사해야 한다. 연구자가 원하는 상태로 조정될 수 없더라도, 연구자에게 노력하는 모습을 보여주면 연구자의 수용성이 높아질 수 있기 때문이다.

 사례 ______________________________

　미국의 IBM사에서는 '탁월, 매우 우수, 우수, 보통, 업적 미달'의 5단계 평가제도를 운영하고 있다. '보통'의 평점까지는 주어진 업무를 비교적 만족스럽게 수행한 것으로 보지만, '업적 미달'의 평가를 받고 계속해서 만족한 수준에 이르지 못한 사람에 대해서는 해고를 단행할 수 있다(김영진, 1994 : 223~224).

　미국의 실리콘밸리에서는 평가하는 사람과 평가받는 사람이 평가결과에 대하여 서로 확인하는 평가체제가 널리 퍼져 있다. 즉, 고과표를 작성하는 평가자는 그 고과표의 내용을 설명하고 본인의 서명을 받아야 한다. 만약 본인이 서명하면 그 고과표의 내용에 대해 납득하고 이의가 없다는 의사표시를 한 것이 된다. 그런 다음에는 그 평가결과에 따른 급여와 보너스 등의 액수에 대하여 더이상 이의를 제기할 수 없게 된다.

　반면에 서명을 거부하면 서명이 없는 고과표가 평가자의 상사에게 올라간다. 그러면 그것을 받은 상사는 평가자의 주장이 옳은지 아니면 서명을 거부한 피평가자의 주장이 옳은지를 판정한다(Naobumi, 1995/1997 : 197~199).

5. 연구자의 보수관리

1) 연구자 보수의 기능과 요건

과학자들은 돈을 벌기 위해서 연구개발에 종사한다는 생각을 싫어한다. 일부 과학자들은 '연구개발처럼 재미있는 일을 하는데 월급까지 받다니 얼마나 좋은가'라고 말하기도 한다. 그러나 과학자에게도 보수는 사기를 높이고 동기를 유발하는 요소임에는 틀림없다. 보수를 창의적이고 헌신적인 연구개발활동 수행의 지렛대로 활용할 수 있는 것이다.

일반적으로, 보수는 ① 근무자의 봉사와 그 대가를 교환하는 경제적 거래기능, ② 생계를 보장하고 처우의 형평성을 실현하는 기능, ③ 직무동기를 유발하는 심리적 거래의 매개체, ④ 조직내외에서 사회적 지위를 결정하는 매개체, ⑤ 여러 관련 세력이 협상·타협하는 정치적 거래의 매개체 구실을 한다(오석홍, 2000 : 434).

보수는 대내·외적 상대성을 기초로 하되, 직책의 내용·노동력의 수급상황·지불능력·생산성·노동조합·정부정책·생활비·개인의 능력 등을 고려하여 결정해야 한다(박동서, 1997 : 522). 더 구체적으로 말하면, ① 보수는 최저생계를 유지할 수 있는 수준이라야 한다. ② 보수의 수준은 대외적인 균형을 유지해야 한다. ③ 직무요건·능력요건·성과요건 등에서 동일한 직위에 종사하는 사람들은 같은 보수를 받아야 한다. ④ 직무분야나 사람에 따라 차별대우를 하면 안 된다. ⑤ 보수는 조직의 구조변화, 직무변화, 직무성과변화, 인력변화에 대응할 수 있는 융통성을 지녀야 한다. ⑥ 보수는 직무수행 동기를 유발하는 데 기여할 수 있어야 한다(오석홍, 2000 : 438~439).

연구자에 대한 보수의 동기유발효과를 높이기 위해서 특별히 고려해야 할 점은 다음과 같다. 첫째, 사회적으로 선망의 대상이 될 수 있는 수준의 보수를 책정하여 지급해야 한다. 둘째, 보수체계가 합리적이어야 한다. 보수 수준이 높더라도 보수체계가 합리적이지 못할 때에는 연구자의 사기가 저하되고 연구개발생산성이 떨어진다. 셋째, 보수체계가 연구자 사이의 팀워크에 손상을 입혀서는 안 된다. 넷째, 연구자의 보수는 퇴직 이후의 생활안정성까지 고려해서 결정해야 한다.

사례

미국의 IBM사에서는 최고의 급여는 아니지만, 동종 업계의 평균보다는 많은 급여를 지급한다. IBM의 이직률이 대체로 5퍼센트 미만을 유지해 온 것에는 상대적으로 매력 있는 급여수준이 큰 몫을 했다(김영진, 1994 : 227).

미국의 마이크로소프트사에서는 1982년부터 시간 외 수당을 지급하지 않는 대신, 연간 보너스와 스톡옵션을 주기 시작했다. 그 뒤에는 15퍼센트 오른 연 2회의 보너스와 주식매입권을 지급했다. 직원들은 8개월만 근무해도 주식매입선택권의 25퍼센트를 행사할 수 있고, 이후 6개월마다 10년 동안 연 12.5퍼센트를, 그리고 2년마다 새로운 스톡옵션을 받을 수 있다. 또 급여의 10퍼센트까지는 시가의 85퍼센트만으로 자사 주를 살 수 있도록 허용했다(Cusumano & Selby, 1995/1997 : 130, 160).

미국의 3M사에서는 수익을 조기에 배분하는 방식을 1916년부터 도입하여 시행하고 있다. 이것은 개개인이 회사에 투자하고 있어 회사 전체가 벌어들이는 수익에 동참할 권리가 있다는 사실을 알게 하고, 직원 개개인의 노력과 기업가 정신을 자극하기 위한 것이다(Collins & Porras, 1994/1996 : 208).

미국의 실리콘밸리에서는 연간 회사 이익의 3~10퍼센트를 직원들에게 보너스로 지급한다. 이와 같은 급여 지급방식으로 '1주일에 90시간씩 일해도 좋다'라고 쓰여진 티셔츠를 입고 밤낮으로 일한다(《동아일보》, 1999. 1. 14). 또한 임금을 고정급으로 주는 전통적인 방식이 거의 사라지고, 스톡옵션(주식 매입 선택권)제도와 스톡퍼처스(자사 주식 구매권)제도를 많이 이용한다. 이것들이 기업의 성장 비결로 통한다.

일본 파낙사의 기술자는 다른 회사보다 30퍼센트 이상 많은 급여를 받는다. 또 경쟁에 따른 철저한 업적급제를 채택하여 엄격한 차이를 두고 있다. 평가가 가장 좋은 엘리트 직원의 급여는 평균적인 수준보다 30퍼센트나 높으며, 평가가 가장 나쁜 부류의 사람과는 50~60퍼센트의 격차를 보인다. 이런 제도 때문에 파낙의 연구자들은 항상 경쟁의식으로 매사에 임하며, 적당히 일하다가는 낭패를 당한다(류재헌, 1994 : 227).

한글과컴퓨터는 직원들이 선택적으로 사용할 수 있도록 하는 마일리지 제도를 채택하여 시행하고 있다. 매달 5000점(점당 10원)을 부여하고 시기에 상관없이 여행 · 영화관람 등 문화생활을 할 때 비용을 청구하면 축적된 점수한도에서 요청받은 금액을 지급한다(《매일경제신문》, 2001. 3. 17).

2) 성과급

성과급(pay-for-performance system)은 직무수행의 실적을 보수결정의 기준으로 삼는 제도이다(오석홍, 2000 : 470~481). 보수가 지닌 동기유발 기능을 강화하고 보수를 관리도구화하기 위해서 고안한 것으로서, 측정 가능한 직무 수행실적이나 직무수행의 결과에 보수의 액수를 직접 연결하는 제도이다.

따라서 성과급은 기본적이거나 기초적인 보수에 추가하여 지급하는 것이 원칙이다. 성과급의 규모가 클수록 연구개발의 성공을 위한 촉진기능이 강화될 수 있다.

성과급의 유형에는 개인 차원의 성과급, 팀 차원의 성과급, 그리고 기관 차원의 성과급이 있다. 개인 차원의 성과급은 각각의 개인단위로 성과급을 책정하고 지급하는 경우다. 팀 차원의 성과급은 작업집단 단위로 지급하며, 팀의 목표를 함께 성취하도록 유도하는 데 그 취지가 있다. 그리고 기관 차원의 성과급은 기관 전체의 생산성 향상이나 비용절감에 대한 기여도에 따라 모든 구성원들에게 주기적으로 지급한다.

(1) 성과급 제도의 장점과 단점

성과급의 장점들을 살펴보면, ① 실제적 공헌이나 실현된 공헌을 기준으로 지급하기 때문에 보수 지급의 실질적 형평성을 구현할 수 있다. ② 직무수행동기를 유발한다. ③ 열등한 직원의 직무수행 태도를 개선하거나 조직을 떠나도록 압박할 수 있다. ④ 근무성적의 과학적 평가를 촉진하고, 생산성에 대한 서로의 커뮤니케이션을 촉진한다. ⑤ 제한된 자원을 효율적으로 배분하는 조직의 능력을 키운다.

반면에, 성과급은 한국의 전통적인 공동체 문화를 파괴하는 부정적 측면이 있다. 그 대표적인 약점은 ① 금전적 유인이 내면 세계의 동기유발을 방해할 수 있다. ② 성과를 객관적으로 측정하기 어렵고 평가자의 능력도 부족하다. ③ 개인 사이나 집단 사이의 경쟁을 격화해 바람직하지 못한 부작용을 일으킬 수 있다. ④ 성과급의 액수가 적을 때에는 우수한 실적을 올린 연구자에 대한 보상이 유명무실해질 수 있다. ⑤ 보수의 금액이 유동적이어서 고정적인 가계지출에 차질을 주고 경제생활에 대한 불안감을 조성할 수 있다. ⑥ 측정과 보상을 주는 업무에만 치중하고 측정과 보상을 받을 수 없는 업무를 기피할 때에는 전체 업무의 추진에 왜곡현상이 생긴다. ⑦ 직위 중심적 계층제가 남아 있는 곳에서는 위계질서를 교란한다는 비판을 받을 수 있다.

사례

미국의 휴렛 팩커드사는 설립 초기부터 모든 사원들에게 인센티브 제도를 적용하기 시작했다. 그런데 성장을 거듭할수록 예전의 팀워크를 유지하기가 어려워졌다. 그리하여 강한 팀워크를 만들려는 차원에서 특별히 일을 잘하는 팀을 선발하지 않는 쪽으로 방향을 바꿨다. 이익분배 등의 보너스도 우수한 개인이나 그룹에 그치지 않고 모든 직원에게 지급했다. 회사 곳곳에 협동 정신을 심으려는 포석이었다(Packard, 1995/1995 : 81~82).

일본의 후지쓰사는 1993년에 성과급제도를 도입했다. 반년 단위로 개인별 목표를 정하고, 그 달성도를 평가해서 급여와 승진에 반영하는 방식이었다. 연공서열과 종신고용이 여전히 인사제도의 중심에 자리잡고 있었던 당시 일본의 기업풍토에서는 파격적인 조치였다. 그러나 이 제도를 도입한 뒤로는 히트상품이 나오지 않았다. 그리고 빛이 나지 않는 일을 소홀히 처리해서 문제가 발생하거나, 자신의 목표달성에만 집착해서 문제를 다른 사람에게 미루고, 업적이 좋은 부서의 사람들만 유리하다는 불평이 나오는 등 부작용이 많이 나타났다. 따라서 실패했더라도 열의를 가지고 추진했다면 그 노고를 인정해주는 방식으로 보완했다. 순수한 서구식 성과급제도에서 '일본식 성과급제도'로 전환한 것이다(《문화일보》, 2001. 3. 20).

(2) 성과급의 재원

성과급의 재원에는 수익, 이익 그리고 혼합형태가 있다. 첫째, 생산성배분제는 일정기간 동안의 원가절감과 작업능률 향상을 통한 인건비 절감액을 종업원들에게 배분하는 제도이다. 시간·물자·비용절감과 같은 생산성 지표에 연결하기 때문에, 생산성 향상 성과급이라고도 불린다.

둘째, 이익배분제는 일정기간 동안 발생한 이익을 사전에 정한 배분원칙에 따라 모든 종업원에게 정기적인 임금에 덧붙여 지불하는 방식이다.

셋째, 혼합형태는 생산성배분제와 이익배분제를 혼합하여 시행하는 방식이다.

 **사례**

 미국의 제록스와 코닝 등에서는 생산성배분제를 시행하고 있으나, 미국의 IBM · 휴렛 팩커드 · 모토롤라 · 3M , 일본의 NEC · 마쓰시타 · 도시바, 한국의 코오롱 등에서는 이익배분제를 시행하고 있다. 미국의 GM과 한국의 삼성 · 현대정보기술 등에서는 생산성배분제와 이익배분제를 혼합하여 사용한다.

(3) 성과급 제도의 성공요소

 성과급은 명확한 성과지향적 목표를 정하고 그에 따른 실적을 측정할 수 있는 직무에 대해서만 효과적으로 적용할 수 있다. 그리고 직원의 직무수행 노력과 직무수행 성과 사이의 인과관계를 확인할 수 있어야 한다. 이러한 제도를 입안한 취지를 살리려면 보수관리의 융통성 · 재량성 · 유연성이 높아야 한다.

 성과급 제도가 성공적으로 정착하기 위해서 필요한 요소들을 더 구체적으로 설명하면 다음과 같다. 첫째, 성과급을 수용할 수 있는 문화가 형성되어야 한다. 둘째, 성과에 대한 평가의 기술적 정확성을 높이고, 성과의 질에 소홀하지 않아야 한다. 셋째, 평가와 보수결정의 과정이 공개적이고 투명해야 한다. 넷째, 집단 성과급을 도입하여 연구개발팀별로 성과급의 총액을 결정하고, 이를 구성원들의 기여도에 따라 차등 분배하는 방안을 적극 모색해야 한다. 다섯째, 성과급의 지급에 쓰이는 보수예산을 확보하고, 보수예산 운용상의 분권성과 융통성을 보장해야 한다. 여섯째, 성과관리체계를 발전시키고, 관리자들이 성과관리능력을 길러야 한다. 마지막으로, 성과급이 가져올 수 있는 생산성 하락의 부작용을 막아야 한다. 예를 들면, 근속연수에 따른 기본급의 수준을 적절하게 배려하는 방식을 고려해야 한다.

 **사례**

미국의 아도브사에서는 프로젝트 초기에 일정 금액의 현금과 주식을 팀장에게 한꺼번에 주고 팀장이 구성원들에게 지급하도록 한다. 그리고 회사는 성과가 좋을 때 봉급의 10퍼센트를 추가로 내놓는다(《매일경제신문》, 1997. 7. 9).

3) 연봉제

연봉제는 전년도의 성과를 다음 연도의 급여 전체에 적용하는 전형적인 성과중시형 임금체계이다. 급여를 단순히 연간 통산하여 지급하는 것이 아니고, 지난해의 성과와 개인의 능력에 따라 임금이 증액되거나 감액되는 능력중시형 임금체계이다. 다시 말하면, 사람 중심의 임금 결정에서 직무 중심의 임금 결정으로, 연공서열에 따른 임금에서 성과에 따른 임금으로, 그리고 근로시간 기준의 임금에서 직무의 질을 기준으로 하는 임금으로 전환된 급여체계를 말한다.

연봉제를 시행하면 여러 가지 효과가 나타난다. 예를 들면, ① 임금의 규모가 합리적으로 결정되어 동기유발형 임금체계가 도입된다. ② 능력 위주의 인재 기용이 쉬워져서 우수한 연구자를 확보할 수 있다. ③ 업적평가에 따른 연구자의 관리가 정착되어 연구자의 책임감을 강화할 수 있다. ④ 단순한 보수체계를 유도하여 임금관리가 편리해진다. ⑤ 연봉의 산출에 연구자의 참여가 불가피해서 서로의 커뮤니케이션이 원활해진다(윤성희·오재건, 1998 : 14~21, 이승우 외, 1999 : 35~37).

또한 연봉제는 연구개발인력 운용의 탄력성을 높일 수 있다. 연구소는 연봉 삭감을 감내하지 못하고 퇴직한 연구자의 빈 자리를 상싱하고 활기 넘치는 젊은 두뇌로 채울 수 있으며, 나이가 들어 연구능력이 쇠잔해진 연구자는 연봉삭감의 대가로 계속 근무기회를 누릴 수 있다.

그러나, 연봉제는 다음과 같은 단점이 있다. ① 연봉의 기준이 되는 평가의 신뢰성 문제, ② 임금을 개인의 능력에 따라 결정한다는 사실만으로도 심리적 불안감을 증폭시키는 문화적 문제, ③ 조직 내부에서 불필요하게 유발하는 갈등의 문제, ④ 단기적 성과에 근거한 평가가 만연할 때에는 기관의 장기적 발전방향을 오히려 저하할 수 있는 문제 등이다(이승우 외, 1999 : 38). 특히, 전통적으로 연공서열에 젖어 있는 우리나라에서는 순수 미국식 연봉제를 성공적으로 시행하기 어려운 측면이 있다. 그 가운데서도 우리 문화의 특성상 친분·지연·학연 등에 따라 결과가 좌우될 수밖에 없는 평가의 공정성 문제가 가장 크다.

연봉제가 성공적으로 정착하려면 ① 조직내부의 수용가능성을 고려하고, ② 노동관계법과 등지지 않도록 도입목적과 범위를 설정하고, ③ 연구자 각자에게 합당한 역할을 주고, ④ 그 역할에 맞는 목표를 설정하고, ⑤ 그 목표의 달성률을 공정하고 신뢰성 높게 평가해야 한다. 특히, 목표 달성도에 따라 연봉의 높고 낮음을 결정할 때에는 '목표를 낮게' 책정할 수 있기 때문에, 목표의 타당성과 난이도를 정확하게 평가해야 한다. 또 동일 직급이라도 급여의 격차가 크게 벌어질 수 있기 때문에, 평가기준에 대한 철저한 사전 검증과 합의 도출이 이루어져야 한다.

한편, '연구개발업적 마일리지제도'를 도입할 때에는 연구자들이 더 안정적인 여건에서 미래를 길게 보면서 자신의 인생과 운명을 그 연구소와 그 기업에 걸 수 있을 것이다. 이 제도는 연구자들의 업적을 점수로 만들어서 당해 연도에 보상받지 못한 점수를 다음 연도나 그 이후로 이월해서 보상받을 수 있도록 적립을 허용하는 것으로서, 연구개발 프로젝트의 수주나 질적 탁월성의 부침현상에 대한 완충장치이다.

수년 동안 세계적인 성과를 올린 우수한 연구자라도 1, 2년 동안 적정 규모의 연구개발 프로젝트를 수주하지 못할 수 있는데, 그런 연구자에게 그때마다 불이익을 주면 연구자들의 사기가 꺾일 수 있기 때문이다.

사례

연봉제를 실시하고 있는 국내기업의 44.2퍼센트는 기존의 기본급과 성과급을 배합한 '한국형 연봉제'를 채택하고 있는 것으로 조사했다(《문화일보》, 2001. 4. 11).

정보기술분야의 벤처기업 네이버는 6개월 단위의 '반년 연봉제'를 시행하고 있다. 연초에 올린 업무성과를 연말에 평가하면 기간이 경과하여 제대로 평가받기 어렵다는 직원들의 제안에 따른 것이다(《매일경제신문》, 2001. 3. 17).

핸디소프트는 '연봉 배팅제'를 도입했다. 연봉협상 때 직원들은 회사와 논의해서 한 해의 개인적인 업무목표를 설정하고, 연봉의 10퍼센트에서 30퍼센트까지를 배팅할 수 있다. 곧 연말 성과평가에서 목표를 달성했거나 초과했을 때에는 배팅한 금액에 따라 상여금을 추가로 지급받고, 반대로 실패하면 그만큼 연봉에서 손해를 감수하는 방식이다(《매일경제신문》, 2001. 3. 17).

6. 연구자의 퇴직관리

연구자 가운데는 퇴직을 억제해야 할 연구자와 퇴직을 촉진해야 할 연구자가 있다. 핵심 연구자는 퇴직을 최대한 억제해야 하지만, 생산성이 낮은 연구자는 가급적 빨리 퇴출하는 것이 바람직하기 때문이다. 구체적인 방안은 다음과 같다.

1) 우수 연구자의 퇴직 억제

핵심인력이 유출되면 많은 문제점들이 발생한다. 첫째, 막대한 유·무형의 비용이 발생한다. 대체인력의 채용에 드는 비용을 합하면 기존인력과 견주어 핵심 우수인력은 4.0배, 경영자 우수인력은 2.5배, 관리자 계층은 2.0배, 중간관리자 전문인력은 1.5배, 일반직원은 0.5배라고 프라이스 워터 하우스 & 쿠퍼스가 추계한 바 있다.

둘째, 조직에서 실력을 인정받고 미래가 보장된 핵심인재가 이탈하면 남아 있는 조직 구성원들의 비전과 희망이 약해지며, 경영층에도 허탈감을 준다. 또한, 우수한 인재의 유출은 조직의 도덕적 해이와 더불어 다른 인력의 연쇄이탈을 초래할 수도 있다.

셋째, 인력부족과 기술유출 등으로 사업의 추진에 막대한 지장을 가져올 수 있다.

넷째, 핵심 인재가 빠져나가면 고객이나 거래선과 관계가 단절되고 불편이 늘어날 수 있다. 나아가 회사의 대외 이미지를 떨어뜨릴 수 있다.

다섯째, 핵심 인재의 몸값이 급상승하여 임금 인플레이션을 유발할 수 있다(이정일 · 태원우, 2001 : 6~7).

핵심 인력 유출의 중요한 요인들을 살펴보면, ① 높은 연봉과 여유시간의 선호, ② 성공과 학습기회의 선호, ③ 이동을 통한 경력가치의 향상 추구, ④ 핵심 인재 관리체계의 미비, ⑤ 조직과 개인 사이의 가치의 불일치, ⑥ 신규사업과 성공기회의 증가, ⑦ 수급 불일치로 생기는 몸값의 급상승이다(이정일 · 태원우, 2001 : 3). 고급 연구자는 급여나 여가문제보다는 자기가 하고 싶은 연구개발의 수행 가능성에 더 중점을 두기 때문에, 자신의 연구개발비전을 실현할 수 있는 곳을 찾아 떠난다.

핵심 연구자의 퇴직을 막으려면 유출요인에 대응하는 노력을 기울여야 한다. 첫째, 직무요인을 개선해야 한다. 연구개발 추진의 자율성 확대, 주요 의사결정에 대한 참여 확대, 성과와 조직 기여도의 공식적 인정, 새로운 것을 개발하고 구현할 수 있는 기회의 보장 등이 여기에 해당한다.

둘째, 학습요인을 개선해야 한다. 새로운 기술과 지식을 배우고 익히도록 하며, 더 높은 수준의 연구개발 프로젝트 수행을 통해 성장의 기회를 제공해야 한다.

셋째, 관계요인을 개선해야 한다. 우수한 인재와의 사회적 친교활동은 물론, 선의의 경쟁과 협력을 강화해야 한다.

넷째, 환경요인을 개선해야 한다. 연구개발과 개인생활을 함께 할 수 있는 근무방식의 유연화, 쾌적한 근무환경의 조성, 자유 공간의 보장 등이다.

다섯째, 문화요인을 개선해야 한다. 자유로운 의사소통과 신속한 의사결정, 상호신뢰와 존중이 여기에 해당한다.

여섯째, 보수요인을 개선해야 한다(이정일 · 태원우, 2001 : 14).

이상의 요건을 함축하면, 우수한 사람이 머물 수 있는 여건을 만들면 핵심인력들이 떠나지 않는다는 것이다. "돈 · 사람 · 아이디어는 필요한 곳으로 흘러가 소중히 다뤄지는 곳에 머문다"는 조지 월터 시티그룹 전회장의 지적에 어울리는 대목이다.

사례

미국 모토롤라사의 신입사원 안내책자에는 "10년 이상 장기 근속자는 회장의 분명한 동의를 받지 않고는 해고할 수 없다"라고 써 있으며, 신기술을 도입할 때에도 기존 사원들을 해고하거나 다른 곳으로 보내지 않는다(《매일경제신문》, 1996. 7. 24).

미국의 GE사에서는 핵심 인력의 근무조건을 양호하게 하기 위하여 5가지의 인재 육성 원칙을 실천하고 있는데, ① 나이나 경험에 관계없이 기회를 부여한다. ② 부하를 차세대 리더로 육성하는 인물을 높이 평가한다. ③ 어떤 사업에라도 통용되는 보편적인 경영기술을 연마하게 한다. ④ 우수한 리더일수록 어려운 임무를 맡긴다. ⑤ 실패해도 얼마든지 만회가 가능하도록 기회를 준다(이정일 · 태원우, 2001 : 9)는 것이다.

미국의 휴렛 팩커드사는 1970년대 초의 경기침체로 직원의 10퍼센트를 해고해야 할 상황에 직면했으나, 직원을 해고하지 않고 매 2주마다 10일 작업하던 일정을 9일로 단축했다. 그 효과는 10퍼센트의 급여 삭감으로 나타났다. 그러다가 6개월이 지난 뒤에 정상적인 작업일정에 맞도록 주문량이 회복되어 작업시간과 급여를 종전의 상태로 되돌렸다. 그리하여 불경기에서도 우수한 연구자와 기술자들을 회사 밖으로 내보내지 않을 수 있었다(Packard, 1995/1995 : 160~165).

독일의 폴크스바겐사는 계속된 매출감소와 누적된 적자로 1993년에 3만 8천 명을 감원해야 할 위기에 놓인 적이 있었다. 그 때 주당 5일 38.8시간의 근무시간을 주당 4일 28.8시간으로 줄이는 대신에 감원을 하지 않았다. 이를 통하여 임금을 10~15퍼센트 가량 줄이고 초과근무에 대해서는 기본급의 1.5배 정도의 수당을 지급했는데, 2년 동안 3만 명의 감원에 해당하는 비용절감효과를 거두었다. 노조는 해고를 막고 회사는 인건비를 줄이는 데 성공했던 것이다. 그 뒤 1995년에 자동차 경기가 호조로 돌아서자 노동시간을 다시 주당 38.8시간으로 늘리고 토요 근무제를 도입하는 등 탄력적인 경영능력을 발휘했다(《매일경제신문》, 1996. 6. 7).

일본 소니사의 공동 설립자인 모리타 아키오는 "나는 노동자들을 해고하려 하지 않고 역으로 그들을 회사에 유익하게 활용하려고 일본 회사들이 노력해왔다고 생각한다. 아날로그식 전자 기술이 디지털식 기술에 자리를 물려주기 시작했을 때, 우리는 아날로그 기술자들을 해고하거나 신문에 디지털 기술자들을 모집하는 공고도 내지 않았다. 우리의 아날로그 기술자들은 이 새로운 분야를 열심히 배웠다. 그들은 살아남기 위해서 그래야만 했던 것이다"라고 술회한 바 있다(Akin, 1986/1986 : 309).

2) 열등 연구자의 퇴직 촉진

인적자원의 신진대사가 필요하거나, 조직활동을 감축할 필요가 있거나, 잘못을 저지른 사람을 배제할 필요가 있을 때에는 징계·감원·정년퇴직 등의 강제퇴직 방법과 명예퇴직 등의 임의퇴직 방법을 적절히 사용할 수 있다. 조직 사이의 인사교류가 쉽도록 여건을 만들고 취업을 알선해 주는 방안도 있으며, 퇴직에 대비하는 지원도 필요하다.

　퇴직을 성공적으로 촉진하려면 다음과 같은 노력을 기울여야 한다. ① 경력과 생애 계획의 수립 촉진 : 퇴직의 시기와 방법을 예측하고 퇴직생활에 대비하는 능력의 향상, ② 상담과 훈련 : 퇴직한 뒤의 불확실성에 대한 불안감의 완화와 원만한 경제생활과 사회참여 준비에 대한 지원, ③ 근무감축과 단계적 퇴직 : 완전퇴직에 갑자기 노출되었을 때 받게 될 충격의 완화, ④ 순환보직 : 퇴직예정자의 관리능력 향상과 새로운 업무환경에 대한 적응력의 증진, ⑤ 창업훈련 : 위험이 따르는 창조적 상황에 대한 대응능력의 향상, ⑥ 직업알선 : 정보제공, 비용부담, 추천 등의 방법으로 새로운 직업을 찾는데 도움을 주고, 재취업을 위해 훈련이 필요하다면 그 기회를 얻도록 지원하는 활동이다(오석홍, 2000 : 261~262).

 **사례** ______________________________

일본의 후지쓰사는 '45세 연수제도'를 실시하고 있다. 이 연수에서는 정년까지 남은 15년 동안을 회사에서 어떻게 보낼 것인지, 정년 뒤에는 어떻게 살아갈 것인지에 대한 계획을 세우도록 지도한다(《한국경제신문》, 1994. 6. 5~6).

제6절 CEO와 CTO의 기술능력

　어느 조직에서나 지배적인 가치를 조직의 테마로 제시하고 활용하는 지도자의 역할이 중요하다. 지도자는 조직의 비전과 이데올로기 등의 상징을 만들어내고, 새로운 단어를 만들고, 의식과 신화를 만들어내야 한다(조석준, 1999 : 57).

연구개발의 생산성은 과학적인 역량뿐만 아니라 좋은 관리(good management)에도 크게 의존하기 때문에(Pearson, 1993 : 45), CEO와 CTO의 역할이 대단히 중요하다. CEO와 CTO가 관리를 잘 하려면 ① 아이디어 : 끊임없는 아이디어의 제시, ② 속도 : 신속한 판단과 행동으로 기회선점, ③ 발표력 : 투명성과 발표능력의 탁월, ④ 파트너십 : 인적 네트워크의 구축과 과실의 공유, ⑤ 편집증 : 타의 추종을 불허하는 집중력을 갖추어야 한다(박재림 · 신현암, 2000 : 5~7).

1. CEO의 기술자격

기술이 기업의 생존과 번영의 열쇠라면 최고경영자(CEO)가 기술에 대해 알아야 하는 것은 매우 당연하다. CEO가 자기 기업과 관련된 기술에 무식하면, 연구자와 기술자들을 한 방향으로 끌어갈 수 없다. CEO한테서 한 장 정도의 연구개발 기본방침조차 나올 수 없다면, 연구자들이 분명한 목표에 대한 갈피를 잡을 수 없게 된다. CEO가 기술을 몰라서 기술적 성공과 실패에 대한 정확한 평가를 내릴 수 없으면, 그에 따른 처우에도 빈틈이 생길 수 있다.

따라서 기술적 선택을 많이 해야 하는 기업이라면 기술적 배경을 가진 CEO가 강점을 크게 발휘할 수 있다. 실제로 미국 GE의 에디슨, 코닥의 이스트만, 제록스의 윌슨, 폴라로이드의 랜드와 같이 기술적 책임을 스스로 담당한 기업가가 많다(Foster, 1986/1990 : 227)

그렇다고 해서 CEO가 반드시 과학기술자라야 한다는 주장은 아니다. 인문사회과학이나 예술을 전공한 사람도 유능한 CEO가 될 수 있다. 자기 기관의 기술에 대한 일반적인 개념을 이해하면서 큰 줄기의 흐름을 잡아갈 수 있으면 부족하지 않을 것이다. 기술적인 위협요인과 기회요인을 정확하게 파악 · 판단하고 연구개발의 비전 · 방향 · 목표를 제시할 수 있으면 충분하다. 세부적인 기술문제는 CTO를 통해서 인지하고 해결하면 될 것이다.

한편, 기술밖에 모르는 CEO는 기업을 어려운 국면으로 몰고 갈 수 있다. 기술창업자가 재무관리나 마케팅 문제로 실패하는 경우가 여기에 해당한다. 이럴 때는 경영전문가를 영입해야 한다. 그리고 경영에 자신 있는 기술창업자라도 전문경영인을 영입하는 것이 기업의 발전을 위해 바람직하다. 그렇게 하여 기술창업자는 본인이 강점을 가진 기술혁신의 경영에 몰두할 수 있고, 기업의 일반경영은 전문경영인이 맡아 활기를 띨 수 있기 때문이다.

 **사례** ____________________

미국 마이크로소프트사의 빌 게이츠는 1980년대 초에 탠디의 부사장이었던 존 셜리를 사장으로 영입했다. 셜리의 능숙한 경영 솜씨는 마이크로소프트가 성장하는 데 지대한 공헌을 했다.

그는 1984년 8월에 회장인 빌 게이츠의 업무 감독 범위를 크게 축소했다. 빌 게이츠에게 부여된 관리와 감독 업무의 비중이 많아서 빌 게이츠의 창의력을 제대로 발휘할 수 없고, 그 때문에 새로운 프로젝트를 계속해서 추진하기가 어렵다는 판단에 따른 것이었다.

그 업무 조정이 있은 뒤에 빌 게이츠의 역할은 소프트웨어의 특징적인 기능을 정하는 일과 그에 따른 개발 방향을 정해 주는 일로 제한했다. 그 결과 빌 게이츠는 자신의 특기인 미래제품의 설계업무에 더 많은 시간을 쏟을 수 있게 되었다(Ichbiah, 1991/1993 : 162~163 및 236~237).

잭 웰치가 약관 45세의 나이에 미국 GE사의 역사상 최연소 회장으로 발탁된 배경에는 엔지니어 출신이라는 점과 국제적인 감각을 지니고 있다는 점이 작용했다.

렉 존스는 당시의 결정 배경을 다음과 같이 술회했다. "테크놀로지 분야에 이학박사 학위를 가지고, 더구나 사내에서 가장 기술적인 분야에서 일해 온 사람이 눈앞에 있었다. GE처럼 각종 하이테크를 다루는 복잡한 사업을 해 나가기 위해서는 정기적으로 기술문제에 정통한 인물을 CEO에 앉힐 필요가 있다. 잭은 이 조건을 갖추고 있었다. 그런 의미에서 다른 후보자와는 전혀 달랐다.”(Slater, 1993/1995 : 111)

기술을 잘 모르는 루 거스너가 세계 최대의 기술기업인 미국 IBM사의 회장이 된 배경에는 IBM이 무엇을 잘 하며, 왜 사람들이 IBM과 거래를 하는지에 대해서 잘 이해하고 있다는 점이 작용했다(Slater, 1999/1999 : 322~325).

역사상 가장 성공한 테크놀로지 기업 가운데 하나인 미국의 모토롤라사를 설립한 폴 갤빈은 과학기술에 대한 지식이 전혀 없었지만, 대신 우수한 과학기술자들을 고용하고자 노력했다. 그는 무엇이든 반대 의견을 제시하고 논의하는 것을 장려했고, 직원들이 스스로 독자적인 능력을 발휘할 수 있는 자율성을 크게 보장했다. 목표를 정한 후 직원들에게 큰 자율성을 보장하여 시행착오를 통해 조직이 발전할 수 있는 역동성을 주었던 것이다(Collins & Porras, 1994/1996 : 56).

미국 휴렛 팩커드사는 관리자 전체의 90퍼센트 이상이 기술과 관련된 학위가 있다.

1972년에 설립된 크레이 리서치사의 설립자는 크레이 슈퍼컴퓨터를 발명한 과학자 시모어 크레이였다. 그는 1976년에 완성한 크레이 I 슈퍼컴퓨터를 1981년까지 모두 35대나 팔아서 연간 1억 달러 이상의 수익을 올리면서 성공했다. 그런데 직원수가 1천 명을 넘어서는 등 회사 규모가 커지자 관리업무에 부담을 느끼기 시작했고, 급기야는 1981년 11월에 사장직을 존 플웨이건에게 물려주고 후속 기종을 개발하는 데에만 전념했다. 그리하여 크기가 크레이 I 보다 작으면서도 연산속도는 6~12배나 빠른 크레이 II 슈퍼컴퓨터를 1985년에 성공적으로 개발했다(현원복, 1997 : 32~33).

일본의 소니사를 설립한 이부카 마사루와 모리타 아키오의 콤비관계는 유명하다. 소니의 전신은 제2차 세계대전의 폭격으로 폐허가 된 백화점 터에 자리를 잡고 단돈 375달러로 시작한 동경통신공업이었는데, 모리타 아키오가 소니의 이미지를 전세계적으로 널리 알리는 탁월한 마케팅 감각이 있었기 때문에, 이부카 마사루는 천부적인 기술로 놀라울 정도의 첨단 제품을 만드는 일에만 전념할 수 있었다. 또한, 이데이 노부유키가 1995년에 사장으로 선임된 것은 시대가 요구하는 기술에 밝은 사람, 그 기술의 진행 방향을 아는 사람, 소프트를 잘 아는 사람, 그리고 국제적인 사람이었기 때문이다(Sony Koho Center, 1998/1998 : 499).

일본 파낙사의 한 연구자는 이나바 사장의 리더십에 대해 다음과 같이 언급한 바 있다. "사장은 엔지니어 출신이다. 그렇기 때문에 엔지니어를 잘 이해하고 있다. 나는 사장을 존경한다. 요사이 대부분의 젊은 사람들이 그렇듯이 무조건 복종한다는 뜻은 아니다. 나는 사장을 상사보다는 선배 엔지니어로서 존경한다. 그리고 기억력이 매우 좋다. 종종 나의 연구에 구체적인 충고도 많이 해주고 있다."(류재헌, 1994 : 184)

일본 혼다자동차의 역대 사장들은 모두 혼다기술연구소장을 역임했다.

2. CTO의 역할과 자격

1) CTO의 역할

연구개발을 책임지는 최고기술관리자(CTO)의 역할은 점점 더 중요해지고 있다. 그들은 연구개발의 기본방침을 설정하고, 분명한 목표를 제시해야 한다. 그들이 담당해야 할 핵심적인 업무는 ① 사업전략과 연계된 기술전략의 입안과 추진, ② 전략적 경영자원으로서의 기술관리, ③ 연구개발 활동의 정확한 관리, ④ 연구개발 평가척도의 설정과 평가 실시, ⑤ 기업 전체의 미래를 향한 변혁의 주도, ⑥ 기술력 강화 담당부서의 조정(외부조달 포함)이다(한국산업기술진홍협회, 1999. 7 : 45).

라스토지(Rastogi, 1995 : 36~37)에 따르면, CTO는 ① 기업이 보유하고 있는 기술자원의 조직화와 배치, ② 기업의 기술적 건강 상태와 향상 노력에 대한 정기적인 평가, ③ 관련되는 외부기술의 규명·획득과 흡수, ④ 공식·비공식의 내부협력 메커니즘과 자체 기술개발을 지원하는 외부 연계체제의 형성과 유지, ⑤ 매수를 고려하고 있는 목표 회사의 기술적 강점과 약점에 대한 분석능력이 있어야 한다.

 사례 ────────────────

미국의 듀퐁사에서 CTO가 수행하는 우선적인 일은 연구자들이 지식 탐구활동을 왕성하게 추진하고, 기회를 자유롭게 추구하는 동시에 자신들의 직관을 따르는 분위기를 유지하는 것이다(Miller, 1997 : 70~71).

2) CTO의 자격

CTO가 갖추어야 할 능력은 지도능력, 기술능력과 행정능력의 3가지이다(Thamhain, 1992 : 42~47). 첫째, 지도능력(leadership skills)은 ① 비구조적인 작업환경에서 발휘되는 관리 역량, ② 경영의 방향을 명확하게 제시할 수 있는 능력, ③ 목표를 분명하게 정의할 수 있는 능력, ④ 조직을 이해할 수 있는 능력, ⑤ 직원들의 동기를 유발하고 갈등을 관리할 수 있는 능력, ⑥ 전문적인 요구를 이해할 수 있는 능력, ⑦ 모든 부문에 참여할 수 있는 능력, ⑧ 커뮤니케이션 능력, ⑨ 다원적인 업무 팀의 구성능력, ⑩ 문제해결 지원능력, ⑪ 신뢰성, ⑫ 가시성, ⑬ 상급 경영자의 지원 확보 능력, ⑭ 행동 지향적이고 스스로 시작하는 능력 등을 말한다.

둘째, 기술능력(technical skills)은 ① 기술의 관리 능력, ② 기술과 발전추세의 이해 능력, ③ 시장과 상품 응용성의 이해 능력, ④ 기술자들과 나누는 대화 능력, ⑤ 혁신적인 분위기의 강화 능력, ⑥ 기술팀의 통합 능력, ⑦ 문제해결의 지원 능력, ⑧ 원만한 타협 능력, ⑨ 기술적인 신뢰성, ⑩ 기술목표·사업목표·인간목표의 통합 능력, ⑪ 설계도구와 지원방법의 이해 능력 등을 포함한다.

셋째, 행정능력(administrative skills)은 ① 다목적 프로그램의 기획과 조직 능력, ② 능력 있는 사람들의 유인과 유지 능력, ③ 자원의 예측과 교섭 능력, ④ 다른 조직과의 협동 능력, ⑤ 업무의 현재 상태·진도와 성과의 측정 능력, ⑥ 다면적인 일정계획의 수립 능력, ⑦ 정책과 운영 절차에 대한 이해 능력, ⑧ 효과적인 커뮤니케이션 능력, ⑨ 변화의 최소화 능력을 포함한다. 그런데 이상의 능력들은 95퍼센트 수준까지 후천적으로 배울 수 있으며, 타고 나는 것은 5퍼센트 정도에 불과하다고 타메인(Thamhain)은 주장한다.

에도솜완(Edosomwan, 1989 : 37)에 따르면, 이상적인 혁신관리자는 다음과 같은 능력을 갖추어야 한다. 첫째, 혁신적인 제품이나 서비스에 대한 강력한 소망을 가져야 한다. 그리고 사람들이 새로운 아이디어를 갖고 정진할 것을 요구하고, 그 아이디어의 실현을 적극 지원해야 한다.

둘째, 사람들을 대할 때에는 강력하게 감정을 이입해야 하며, 개인과 조직의 소망이나 요구를 처리할 때에는 보살피는 자세를 가져야 한다.

셋째, 사람들이 솔직하게 아이디어를 공유할 수 있도록 믿음성 있는 작업환경을 제공하고 격려해야 한다.

넷째, 높은 수준의 창의력과 기술 능력을 가져야 한다. 또한 사업에 대한 완벽한 지식을 가지고, 사업을 향상시킬 수 있는 좋은 방법을 알아야 한다.

다섯째, 직원들의 기여와 아이디어에 대하여 충성스럽고 지원적인 자세를 가져야 하며, 그 아이디어의 실현에 필요한 자원을 확보하기 위하여 직원들과 함께 일해야 한다.

여섯째, 일을 효과적으로 위임하고 직원들이 그들의 일을 성취하도록 필요한 통제를 실시해야 한다.

일곱째, 실패에 적응하고 효과적으로 청취하고 나쁘거나 좋은 행동에 대하여 시의적절한 방법으로 보상해야 한다.

여덟째, 요청을 받을 때에는 핵심적인 지침을 제공해야 한다.

아홉째, 혁신적이고 자신감이 있어야 한다. 끝으로, 기꺼이 위험을 무릅쓰고 새로운 벤처사업을 추구하도록 격려해야 한다. 종합적으로 CTO는 궁극적인 제품, 궁극적인 공정, 궁극적인 변화, 그리고 연구개발이 몰고 올 영향에 대하여 정통해야 한다(Leet, 1991 : 17).

한편, 과학기술자에게 관리자의 보직을 줄 때에는 꼭 고려해야 할 점이 한 가지 있다. 창의적인 과학자나 우수한 기술자라고 해서 그들이 반드시 관리업무에서도 탁월할 것이라고 기대해서는 안 된다. 각 개인의 소양에 따라 다르기는 하지만, 혼자서 작은 물질을 쪼개고 분석하는 연구자보다는 서로 다른 여러 물질들을 합성하는 연구자가 관리직에 더 적합하다. 개인적인 호기심에 이끌려 연구를 자유롭게 수행한 과학자보다는 혹독한 제약조건에서도 최적의 결과를 도출한 과학자가 관리직에 더 적합하다.

3) 연구소장의 연구개발활동

연구소장의 기본 임무는 연구소를 경영하는 것이다. 그렇지만, 경우에 따라서는 연구개발을 직접 할 수도 있다. 연구소장이 경영을 잘 하려면 관련 분야의 기술동향을 정확히 파악해야 하고, 관련분야의 기술동향을 가장 잘 파악하려면 직접 연구개발을 수행하는 것이 최상의 방법이기 때문이다.

 사례 ————————————————————

일본의 파낙사에서는 연구소의 소장과 부소장도 주임연구원으로서 근무시간의 10퍼센트 정도를 실질적인 연구개발활동에 투입하고 있다(류재

헌, 1994 : 219~220).

우리나라에서는 연구소장이 특정 주제의 연구개발활동을 직접 수행할 경우에는 중립적이고 공정한 경영에 대한 도전을 받게 될 것으로 우려하고 있으며, 연구소장이 직접 연구실에서 시간을 보내고 있을 정도로 한가하지 않다는 응답도 있었다. 그러나 규모가 작은 연구소의 기관장들은 연구개발활동을 직접 수행하면 얻을 수 있는 장점이 많다고 했으며, 실제로 그렇게 하고 있었다(최석식, 2000 : 120~121).

제5장 연구개발 물적자원의 관리

연구개발비전과 전략계획을 정하고 연구개발 프로젝트를 선정하여 연구개발팀을 구성한 다음에는 그 연구개발팀이 사용할 각종 물적자원을 원활하게 동원·운영해야 한다. 그래야만 연구개발 프로젝트의 성공에 필요한 하부구조를 마련할 수 있다.

연구개발활동을 수행하는 연구소의 입지와 구조가 양호해야 하고, 연구개발비, 기자재, 정보가 연구개발 중심으로 흘러야 하고, 연구자의 복지시설도 충실하게 갖추어야 한다.

제1절 연구소의 입지와 구조

1. 연구소의 입지조건

연구소의 입지를 결정할 때에는 연구자를 확보하기에 적합하고, 고객과 시장에 대한 접근이 쉬운 장소를 선택해야 한다. 그리고 이공계 대학·생산현장·경쟁연구소에 인접한 장소에 연구소를 세우는 것이 좋다.

1) 연구자가 좋아하는 장소

연구소는 우수한 연구자가 좋아하는 장소에 세워야 한다. 연구소가 위치한 장소에 따라 우수한 연구자의 취직 선호도가 달라지기 때문이다. 예를 들면, 대부분의 연구자들은 도시에서 멀리 떨어진 벽지에 살기를 좋아하지 않는다. 그런 곳은 생활환경과 자녀교육 여건이 좋지 않고, 자신의 학술활동이나 사회활동에도 지장을 받을 수 있기 때문이다. 따라서 시골 벽지의 연구소가 우수한 인재를 유치하려면 도시 근교의 연구소보다 우수한 생활편의시설 · 자녀교육시설 · 문화생활시설 등을 갖추어야 한다.

한편, 우수한 연구자의 연구개발 장소를 기존의 연구소로 옮길 수 없을 때에는, 그 연구자가 있는 곳에 연구공간을 새로 만들어 주는 것이 좋다. 우수한 연구자의 확보가 연구개발 성공의 우선적인 관건이기 때문이다. 이런 논리는 기존의 연구소를 다른 곳으로 이전할 때에도 그대로 적용된다. 어떤 경우라도 많은 지식과 노하우를 축적한 귀중한 인재들의 취업 기피나 이탈을 철저하게 막아야 한다.

 **사례**

미국 실리콘밸리의 우수한 인재들은 짧은 출퇴근 시간과 재택근무 등을 좋아한다. 부부가 모두 직업을 갖고 있는 그들에게는 자녀들을 학교에 보내고 데려오는 등의 시간이 필요하기 때문이다. 실리콘밸리 기술자들의 이런 속성 때문에 마이크로소프트사는 두 가지의 서로 다른 일을 겪었다.

한번은 마이크로소프트가 실리콘밸리의 인재들을 시애틀로 옮겨야 했을 때, 그 일을 원활하게 추진하지 못했다. 그 원인들 가운데 하나는 맞벌이 부부에 있었다. 배우자의 직장을 그만 두면서까지 시애틀로 옮겨가려는 기술자가 적었던 것이다. 그래서 마이크로소프트는 실리콘밸리에 다른 사무실을 마련하여 잔류를 희망하는 연구자가 그곳에서 계속해서 일할 수 있도록 했다.

그런데 그 다음에는 그 사무실이 우수한 인재를 확보하는 거점이 되었다. 1993년에서 1994년에 걸쳐 애플 컴퓨터가 대량해고를 단행했을 때, 그 사무실 덕분에 해고자 가운데서 우수한 유저 인터페이스 기술자들을 채용할 수 있었다(Naobumi, 1995/1997 : 93~94).

일본의 파낙사는 1980년대 중반에 연구소를 동경의 히노에서 후지산 기슭으로 옮길 때 많은 어려움을 겪었다. 기초기술연구소보다는 상품개발연구소가 더 큰 문제였다. 파낙은 연구개발이 경영의 기본요소였고, 연구자 수는 모든 사원의 3분의 1 정도나 되었기 때문에, 만일 연구소가 잘못되면 전체가 무너져 내릴 것이 확실했다. 특히, 젊고 우수한 연구자들이 동경에서 시골로 옮겨가는 것을 달가워하지 않았기 때문에, 사장은 연구소의 이전을 쉽게 결정할 수 없었다. 그런데 뜻하지 않은 데에서 문제가 풀렸다.

1986년부터 동경의 땅값이 폭등하여 연구자들의 주거생활이 어려워졌던 것이다. 그러자 사장은 연구자들에게 "1988년 5월을 목표로 연구소는 이전한다. 그 대신 회사는 1인당 25평의 넓은 연구공간과 가족용으로 호화스런 사택을 준비하고, 연구자의 부인이 직장이 있는 경우는 파낙에서 채용한다"라고 제안했다. 이 제안은 500명의 연구자 가운데 400명 이상이 받아들였다. 토지가격의 폭등이 연구자들의 생각을 바꾸어 놓았던 것이다.

마침내 1988년 5월 상품개발연구소도 이전하게 되었다. 그렇지만 모든 연구자가 옮겨 간 것은 아니었다. 40~50명의 연구자들은 어쩔 수 없는 가정사정 때문에 동경 시내에 새로 설립된 소프트웨어개발센터에 배속되었으며, 22명은 결국 파낙을 떠났다(류재헌, 1994 : 58~59).

삼성전자가 256 케이 디 램 반도체를 개발할 때 해외연구소를 설치하는 방식을 이용했다. 당시 강진구 사장은 여러 문제를 상의하기 위해 일본 샤프사의 사사키 부사장을 만났는데, 그 자리에서 샤프의 고문으로 근무하던 이임성 박사를 소개받았다.

이임성 박사는 미국 스탠포드대학교에서 박사학위를 받고 GE와 IBM에서 근무한 경력을 가진 사람이었는데, 강진구 사장에게 "미국에는 한국인 과학자가 많습니다. 그런 사람들 가운데는 미국에서 전자공학을 전공해 박사학위를 받았으나 한국에는 자신의 지식과 능력을 발휘할 만한 곳이 없어 부득이 미국에 주저앉아 연구소나 기업에서 연구활동을 계속하고 있습니다. 그러한 고급두뇌를 한 곳에 모아 반도체를 연구개발한 것을 한국에서 양산하면 될 것입니다"라고 제안했다. 그러면서 아주 유능한 메모리 반도체 개발 전문가 몇 명의 동의를 얻어 주었다.

이에 따라 삼성전자는 1983년 7월 반도체 산업의 본고장인 미국의 실리콘밸리에 현지법인의 문을 열었다. 처음에는 트라이스터 세미콘덕터 (Tristar Semiconductor Inc.)라는 명칭으로 설립하였고, 1985년에는 삼성 세미콘덕터 인스티튜트(SSI)로 개칭했다. 이곳에 한국인 과학자와 중국 · 일본 · 베트남 · 인도 등 동양인 고급 두뇌 32명을 확보하고, 파이롯트 생산 설비도 최신의 것으로 구입해서 설치했으며, 개발에 필수적인 공정개발 전문 기술자와 개발된 제품을 시험 생산할 전문요원 75명도 함께 채용했다. 그런 다음에 256 케이 디 램 반도체를 개발하도록 임무를 주었다(강진구, 1996 : 214~217).

2) 고객과 가까운 장소

기술은 고객과 시장의 수요를 신속하고 체계적으로 수용해야 한다. 그래야만 잘 팔릴 수 있는 제품이나 서비스 개발로 이어질 수 있다. 이러한 목적에서 설치하는 연구소의 대표적인 형태는 해외현지 연구소이다.

물론 고객이나 시장의 수요는 전문가를 보내서 수집 · 분석할 수도 있지만, 연구개발팀이 직접 계속해서 접촉하는 것에 미칠 수 없다. 특히 시장의 수요규모가 크고, 수요의 질적 내용이 자주 변하고, 수요의 구성이 까다룹다면 현지에 연구개발센터를 만드는 것이 가장 효과적이다. 연구개발 수요는 문서로 파악하는 것보다는 연구자의 감각으로 파악하는 것이 한결 정확하기 때문이다.

사례

미국의 3M사는 세계 각국에 현지연구소가 있으며, 전체 연구개발인력 7,000명 가운데 3분의 1을 해외 연구소에 배치하고 있다. 그 해외연구소들은 고객에게 가까이 가고, 신속하게 대응하고, 비용을 절감하려는 목적이 있다. 또 현지의 기술적이고 경쟁적인 활동에 대한 귀와 눈의 역할도 담당한다(송현섭, 2001 : 15).

일본의 마쓰시타전기는 2001년에 13개의 해외연구소를 설치했는데, 그 중요한 이유는 해외현지의 생산부분이나 판매부분이 해결하지 못하는 수출품의 현지 적합화, 해외기술정보와 연구인력의 활용, 현지 플랜트에 대한 기술지원을 실시하기 위해서이다(송현섭, 2001 : 17).

3) 이공계 대학과 가까운 장소

좋은 이공계 대학의 인근에 자리잡은 연구소는 대학에서 많은 기술 영양소를 얻을 수 있다. 첫째, 연구개발능력이 뛰어난 대학은 우수한 교수, 학생, 실험시설을 외부에 제공할 수 있다. 둘째, 대학의 기초연구에서 나오는 여러 가지 지식은 수많은 응용기술의 개발과 산업화의 가능성을 열어준다. 셋째, 대학은 기업들 사이의 마찰을 해결하고 전문지식의 교환기회를 늘려주는 중재자의 역할을 한다. 이것은 영리를 추구하지 않는 대학의 속성에서 비롯되는 기능이다.

대학 주변에 몰려드는 기업들이 일정한 규모를 넘을 때는 집적효과까지 누릴 수 있는데, 스탠포드대학 주변의 실리콘밸리와 영국 대학 주변의 사이언스 파크(science park)가 그 전형적인 사례이다.

4) 생산현장과 가까운 장소

생산기술연구소는 생산현장에 양발을 딛고 있어야 한다. 생산현장이 아예 연구소여야 한다. 그래야만 생산현장과의 공식·비공식의 커뮤니케이션이 활발해질 수 있으며, 현장을 생각하는 마인드가 연구자에게 생길 수 있고, 생산현장의 조건에 적합한 기술을 개발할 수 있다.

생산현장과 가까운 연구소의 위력은 실로 대단하다. 연구개발에서 생산단계에 접속되는 시간을 크게 줄일 수 있고, 기존의 생산시설을 매우 경제적으로 활용할 수 있도록 신제품을 설계할 수 있다.

사례 ━━━━━━━━━━━━━━━━━━━━━━

일본의 기업들은 생산현장에서 기름을 묻혀 가면서 신기술을 창조해 내는데 익숙하다. 푹신한 의자를 멀리 하고 발로 뛰는 실험과 연구가 일본 기술의 상징이다.

5) 경쟁 연구소와 가까운 장소

연구소를 경쟁기업의 연구소 근처에 설립하는 것도 바람직하다. 이렇게 하면 연구자들이 스트레스를 더 받을 수 있지만, 경쟁연구소의 자극을 받아 나태해지지 않을 수 있다. 경쟁자를 의식하면 혁신동기가 끊임없이 유발될 수 있기 때문이다. 운동선수들이 가까운 곳에서 서로 경쟁할 때 기록이 좋아지는 것과 같은 이치다.

그러나 이렇게 하면 경쟁연구소만을 의식한 나머지, 시장의 고객수요에 둔감하지 않도록 각별히 주의해야 한다. 특히, 인근 연구소의 경쟁력이 높지 않을 때에는 연구개발 노력이 그 연구소와 함께 하락할 수 있다는 점에 주의해야 한다. 따라서 눈과 몸으로는 인근의 경쟁연구소를 밀치고, 머리와 마음으로는 세계 정상급의 연구소를 경쟁 상대로 겨냥해야 한다.

 사례 ____________________

미국 하버드대학교 경영대학원이 1996년 5월 29일 발간한《드러나지 않는 초우량기업 5백개 사의 성공 교훈》은 많은 초우량기업이 라이벌 기업과 인근 지역에서 경쟁하고 있음을 보여주었다.

2. 연구소의 건물구조와 배치

인간은 물리적인 환경에 따라 마음과 생각이 열릴 수도 있고 닫힐 수도 있다. 잘 설계된 공간은 집단 구성원들의 참신한 감각을 키워주고 그들에게 다양한 자극을 줄 수 있다. 개인과 집단 사이에 원활한 의사소통이 일어날 수 있도록 사무실과 작업환경을 설계하면, 그만큼 집단의 구성원 사이에 창의적 마찰이 왕성해지고, 이러한 과정으로 창의적 아이디어가 새롭게 피어날 수 있다.

작업자의 건강과 안전을 위해 기본적으로 갖추어야 할 사무실과 작업장의 조건을 살펴보면, ① 통풍이 적정하여 공기중의 먼지·악취·병균·유해가스가 기준치를 넘지 않아야 한다. ② 조명이나 채광이 적정해서 시력이 나빠지지 않아야 한다. ③ 작업할 때 몸을 자유스럽게 움직일 수 있도록 해주어야 하며, 사람이 왕래하는 통로에 장애가 없어야 한다. ④ 작업장의 소음을 막거나 줄여야 한다. ⑤ 작업환경이 전반적으로 위생적이어야 한다(오석홍, 2000 : 513~514).

연구소에서 특별히 신경써야 할 내용은 다음과 같다. 첫째, 연구소 건물은 연구자들이 연구개발에 전념하고 아이디어와 정보를 쉽게 교환할 수 있도록 설계해야 한다. 연구자들이 차분하게 일할 수 있도록 연구소의 분위기를 조용하면서도 밝게 연출해 주어야 한다. 연구자들이 연구개발생활의 단조로움을 극복하고 여유와 즐거움을 가질 수 있도록 실내 안팎의 공간을 다양하게 만들어 주어야 한다. 또 연구자들이 모여 휴식을 함께 취하면서 자유롭게 토론할 수 있는 접촉기회가 늘어나도록 실내의 중심부에 넓은 아트리움을 배치하는 것도 좋다.

둘째, 연구소는 연구개발의 기능적 특성과 맞도록 공간을 배정해야 한다. 뿐만 아니라 연구실의 장비나 실험과정이 햇빛에 영향을 받지 않도록 햇빛의 강약에 대한 민감도를 고려하여 연구실을 배정하는 것이 좋다. 예를 들면, 사무실과 회의실은 햇빛이 많이 드는 쪽에, 연구실은 햇빛이 들지 않거나 적게 드는 쪽에 배치하고, 그 가운데서도 화학실험실은 햇빛에 거의 노출되지 않는 쪽에 설치하는 것이 바람직하다.

셋째, 연구시설은 연구자에게 편리한 방식으로 관리해야 한다. 연구시설을 관리할 때 딱딱한 규정에 연구자를 맞추면 연구자에게 불편을 주어 연구개발의 생산성이 떨어진다. 따라서 항상 연구자 중심으로 생각하고 연구자 중심으로 판단해야 한다.

넷째, 연구시설에 대한 외부인사의 접근을 철저하게 막아야 하며, 때에 따라서는 내부인사의 출입까지도 통제해야 한다. 이것은 타인에게 방해받지 않으면서 연구개발을 하도록 보장해 주는 동시에, 연구개발할 때 기밀이 새나가는 것을 막도록하기 위해서이다.

 사례 ____

미국의 마이크로소프트사에서는 건물을 작은 규모로 짓고, 반 이상의 연구실에 창문을 만들어 주고, 모든 연구자에게 똑같은 크기의 연구실을 각각 제공한다. 작은 건물은 친밀한 환경을 유지하게 해주면서, 연구자들

에게 자신들의 노력이 회사 안에서 분명히 드러난다는 느낌이 들게 해주기 때문이다. 창문을 많이 만들어주는 것은 연구자들이 상쾌한 공기와 태양을 느껴 생리적이고 심리적인 욕구가 만족되도록 해주려는 취지이다(Thielen, 1999/1999 : 170~173).

미국의 애플컴퓨터사는 새로운 연구개발센터를 만들면서 재택근무를 전제로 한 칸막이형을 포기하고, 팀제를 바탕으로 한 개인사무실형으로 결정했다. 가장 혁신적인 아이디어는 개인별 재택근무에서 나오는 것이 아니라, 연구자 사이의 접촉과 의견교환을 통하여 형성될 수 있다는 판단에 입각한 조치였다(IMD International, 1997/1998 : 188).

LG화학기술원은 연구자의 정신적 안정과 능률 향상을 생각하면서 건물을 설계했다. 이 연구소는 인간과 공간의 관계 설정을 설계의 주안점으로 삼았다. 건물의 설계에서 완성까지 연구자의 의견을 최대한 반영했고, 연구개발의 효율을 높일 수 있도록 연구실과 파일럿 플랜트와 연구개발 지원시설을 유기적으로 연결하여 배치했다.

각 건물들을 연결하는 유리복도는 고딕 성당의 실내 분위기를 연출하여 연구개발활동에 전념하는 연구자들에게 쾌적한 공간을 제공하도록 설계되었다. 로비 후면의 여유 공간에는 돌 조각과 대나무를 자유롭게 배치하여 연구소 안에서 오아시스 같은 여유를 느끼도록 했다. 햇빛이 많이 들어오는 건물의 전면에 대형 호수를 만들고, 연구동과 연구동 사이에는 서로 주제를 달리하는 조경을 배치했다. 연구개발활동의 긴장을 풀어주기 위해 건물의 로비와 식당 사이, 행정동의 지붕 위에는 추상적이고 단순하면서도 아름다운 조경을 설치했다.

제2절 연구개발비의 지원체제

연구개발비는 적정한 규모를 적정한 시기에 지급해야 하고, 지급된 연구개발비는 경제적이고 투명하게 사용해야 한다. 그러나 어느 경우에도 연구자의 창의적인 연구개발활동에 지장을 주어서는 안 된다.

1. 연구개발비 규모의 결정

연구개발비는 사전에 어떤 품셈표에 따라서 정확하게 산출해 낼 수 있는 것이 아니기 때문에, 적정 규모의 연구개발비를 확보하기 위한 공방이 전개된다. 통상적으로 연구개발비를 쓰는 쪽에서는 방어적인데, 연구개발비를 지급하는 쪽에서는 공격적인 경향을 보인다.

이러한 공방의 내면에는 다음과 같은 원인이 자리잡고 있다. 첫째, 연구소에서 중요하게 생각하는 창조성의 잠재력에 대한 외부의 신뢰를 확보하기가 대단히 어렵기 때문이다. 둘째, 연구소의 공헌도를 증명해 줄 수 있는 데이터가 부족하기 때문이다. 셋째, 연구개발은 가치사슬의 상위에 속해 있는 반면에 생산과 마케팅은 하위에 속해 있기 때문이다. 넷째, 연구개발 활동은 다른 업무와 견주어 표준화되어 있지 않기 때문이다.

따라서 연구소가 연구개발비를 원활하게 확보하려면 다음과 같은 노력을 기울이는 것이 좋다. 첫째, 연구개발의 비전을 다른 부서의 업무와 연관될 수 있는 내용으로 설정해야 한다. 그렇게 하여 연구소와 다른 부서 사이의 문화적 장벽을 없애고 일체감을 형성해야 한다.

둘째, 비록 완전하지는 않을지라도 연구소의 역할과 성과를 정량화할 수 있는 지표를 개발하여 사용해야 한다.

셋째, 의미 있고 신뢰할 만한 데이터를 수집하여 제시해야 한다.

넷째, 연구소가 회사의 전략적 목표에 도움이 될 수 있다는 점을 입증할 수 있는 적절한 분석방법을 개발해야 한다(한국산업기술진흥협회, 1997. 12 : 66~70).

끝으로, 연구개발비는 연구자가 요구하는 금액을 존중해주는 것이 바람직하다. 연구개발비를 약간 절약하려다가 기술의 획득 가능성이 무산될 수 있기 때문에, 일단 어떤 기술을 확보해야 한다는 결심이 섰을 때에는 투입자원의 감축보다는 목표 기술의 확보에 더 역점을 두어야 한다. 더 나아가 연구자가 신청하는 금액보다 약간 많은 금액을 지급할 때에는 연구자의 사기가 올라가고, 연구개발의 성공가능성을 몇 갑절 더 높여줄 수 있다.

2. 연구개발비의 청구와 지급방식

연구개발비 사용의 질적 편의성은 연구개발생산성을 높이는 데 적지 않은 영향을 미친다. 연구개발비 지급의 두 가지 핵심요소는 투명한 회계처리시스템과 연구자 편의 중심의 지급시스템이다.

첫째, 연구개발비는 투명하게 사용해야 한다. 연구개발비는 해당 프로젝트를 위한 용도에만 사용해야 한다. 여기에는 두 가지의 의미가 담겨 있다. 하나는 해당 프로젝트를 수행하는 과정에서 발생된 비용은 전액 그 프로젝트에 부담시켜야 한다는 점이고, 다른 하나는 해당 프로젝트를 수행하는 데 들지 않은 비용은 어느 것도 그 프로젝트에 부담시켜선 안 된다는 점이다.

둘째, 연구개발비는 연구자에게 행정적·정신적 부담을 주지 않는 방식으로 지급·사용·관리해야 한다. 연구개발비는 신청받자마자 즉시 지급하고, 그 신청과 결과처리의 회계서류를 과다하게 요구하지 않아야 한다. 그 가운데서 연구개발비 사용에 따른 영수증의 제출여부는 연구자에 대한 신뢰와 행정부담 완화를 가늠하는 하나의 척도가 될 수 있다.

예를 들면, 일정한 액수 이하의 기자재나 소모품은 연구자가 신용카드로 자유롭게 구입하고, 그 영수증을 제출하면 결재가 되도록 하는 것이 좋을 것이다. 또한, 연구자들이 자주 사용하는 출장비를 간편한 방법으로 필요한 시기에 지급하는 것도 연구자의 사기에 적지 않은 영향을 줄 것이다.

한 가지 예를 더 들면, 실제로 쓰일 것으로 추산되는 금액을 사전에 지급하고, 그 금액으로 모자랄 때에는 모자라는 금액을 신청받아 추가로 지급하는 방식을 채택하여 금전적인 문제로 출장의 목적을 완수하지 못하는 사태를 막는다.

셋째, 연구개발비 사용의 투명성과 절차 간소화의 요구가 서로 어긋날 때에는 절차 간소화를 우선하는 것이 좋다. 연구자의 충성심을 확보하기 위해서는 그들에게 신뢰감을 심어주는 것이 가장 좋은 방책이기 때문이다.

 사례

미국의 휴렛 팩커드사는 직원들의 정직성을 신뢰하는 차원에서 1995년부터 영수증 제출의무를 면제했다. 이 회사가 채택한 '전자비용청구제'는 직원들이 해외여행이나 외부인사의 접대에 쓴 비용을 요약해서 컴퓨터를 통해 회사의 재정서비스센터로 보내면, 회사는 직원이 청구한 비용을 컴퓨터 온 라인으로 그의 은행계좌로 결재해주며, 그것으로 모든 과정이 끝난다.

한편, 휴렛 팩커드는 직원들이 전자비용청구제를 악용하지 못하게 방책을 세워 놓았다. 세계 각국 주요 도시들의 평균 생활비 리스트를 작성하여 비치한 후, 만약 해외출장을 다녀 온 직원들이 계속해서 리스트에 적힌 액수보다 비싼 식사비를 청구할 때에는 그들의 해외출장 활동에 대해 해명하도록 요구하는 것이다.

휴렛 팩커드는 이 같은 전자비용청구제를 채택한 뒤에 그 이전보다 돈을 절약할 수 있었다. 회사에 제출하는 영수증을 일일이 검사하는 회계담당직원을 미국에서는 56명에서 2명으로, 유럽에서는 25명에서 4명으로 크게 줄였기 때문이다. 이렇게 해서 절감한 비용은 연간 약 100만 달러에 달했으며, 1988년에 총매출액의 40퍼센트에 가까웠던 운영비가 1995년에는 25퍼센트로 줄었다(《시사저널》, 1996. 11. 21 : 96).

제3절 연구개발기자재의 지원체제

연구개발기자재와 소모품은 연구개발의 필수적인 도구이다. 핵심적인 시설과 장비를 갖추지 않고 목표로 제시한 성과를 창출하기 어렵기 때문이다. 시설과 장비를 직접 제작하여 연구개발에 사용하는 것이 바람직한 때도 많지만, 결과의 창출과 활용의 적시성이 강조되는 연구개발 프로젝트는 그만한 시간적 여유를 갖기가 어렵다.

연구개발기자재나 소모품에 관련된 가장 기본적인 문제는 지원의 적시성과 활용의 효과성이다. 첫째, 연구개발기자재와 소모품이 제때에 지원되려면 구입과 설치에 따르는 경직된 절차를 없애야 한다. 연구개발팀장이 원하는 기자재와 소모품을 원하는 시기에 원하는 방법으로 사용할 수 있도록 지원할 수 있는 체제를 갖추어야 한다. 여기에는 연구개발팀에서 직접 구입하는 방법을 포함한다.

둘째, 연구개발기자재의 활용도를 높이는 방안의 하나는 다른 연구자들과의 공동 활용이다. 그러나 이것은 결코 쉽지 않다. 연구자들은 기본적으로 자신의 일을 방해받기 싫어하며, 기자재의 공동활용으로 자신의 연구개발 프로젝트가 방해받을 수 있다고 걱정하기 때문이다. 따라서 기자재의 공동활용은 연구개발 프로젝트를 성공적으로 수행하는 데 지장이 없는 범위 안에서 적극적으로 이루어져야 한다.

사례

미국의 마이크로소프트사에서는 연구자가 어떤 물품이라도 마음대로 가져다 쓸 수 있도록 허용한다. 다시 말해 허가가 필요없다. 비치되어 있지 않은 물품은 전자메일로 신청하면 다음날 그 물품을 받을 수 있다. 회사가 연구자들을 완전히 믿는 이 방식은 연구자가 연구개발에만 집중할 수 있다. 문서에 기입하고 공급실의 직원이 건네주길 기다리는 것은 연구개발이 중단되어 시간이 늦어질 뿐만 아니라, 연구자들을 짜증나게 만들기 때문이다. 더구나 그 요구가 거부당했을 때에는 화가 치밀고 일할 마음이 생기지 않을 것이라는 판단에 입각한 제도이다(Thielen, 1999/1999 : 177~178).

2000년 7월 현재, 우리나라의 산업기술연구회에 소속된 7개 정부출연연구소는 7개 기업부설연구소와 견주어 연구개발기자재의 공동활용 노력이 낮다. 한편, 연구개발 소모품에 대해서는 7개 기업부설연구소 가운데 4개 연구소가 거의 통제를 하지 않는데, 정부출연연구소는 7개 연구소 가운데서 6개 연구소가 상대적으로 강한 통제를 실시하고 있는 것으로 조사되었다(최석식, 2000 : 102~104).

제4절 연구개발정보의 지원체제

세계적으로 연구개발하는 기술의 내용과 수준에 관한 정보는 연구자에게 대단히 중요하다. 연구개발정보는 창의적이고 실용성 높은 연구개발활동의 혈액이나 다름없다. 정보라는 혈액이 원활하게 흐르지 않으면 연구개발활동의 박동이 멈춘다.

연구자가 연구개발정보를 폭넓게 확보해야 할 필요성을 구체적으로 살펴보면 다음과 같다. 첫째, 이미 발견된 것에 대한 정보를 가지고 있으면, 그것의 재발견을 시도하는 시간과 자원의 낭비를 줄일 수 있다. 예컨대, 세계의 특허에 대한 정보가 있을 때에는 이미 특허가 등록된 기술을 중복개발하는 잘못을 범하지 않을 것이다.

둘째, 다른 연구자가 수행한 연구개발의 결과에서 자신의 연구개발에 필요한 단서나 자료를 얻을 수 있다. 자신의 연구개발에 응용해야 할 이론을 발견할 수 있으며, 효과적인 공동연구 파트너를 찾을 수도 있다.

셋째, 기관 전체에 도움이 되는 정보를 입수하여 다른 동료들에게 전달할 수 있다(McLeod, 1988 : 192).

양질의 정보가 되려면 다음 네 가지의 조건이 맞아야 한다. 첫째, 정보를 빨리 입수해야 한다. 그래야만 정보의 가치가 높아진다. 둘째, 믿을 수 있고 편견 없는 정보원에게서 나온 정보라야 한다. 그래야만 정보를 신뢰할 수 있다. 셋째, 필수적인 전달사항과 배경사항을 명확하게 구분해야 한다. 그래야만 사용자들이 편리하게 정보를 수용할 수 있다. 넷째, 사용자가 원하는 자료와 참고사항 등을 간편하고 체계적으로 준비해 주어야 한다. 그래야만 정보에 대한 접근이 쉬워진다.

칼 알브레히트(Karl Albrecht)는 정보의 품질을 개선하기 위한 5가지 핵심요소로 ① 데이터의 유통 : 데이터의 저장·복사·송신·수신·배부·관리를 위한 하드웨어·소프트웨어와 인프라, ② 데이터의 보호 : 데이터의 분실·파괴·도난·훼손·사보타주를 막는 모든 행위, ③ 정보활동 : 데이터와 정보를 처리하는 활동, ④ 정보의 디자인 : 원천정보를 의미 있는 정보와 지식의 형태로 바꾸기 위하여 소프트웨어 등의 도구를 사용하는 활동, ⑤ 지식의 창조 : 기존의 정보에서 새로운 결론을 이끌어내는 것, 새로운 것을 창조하는 것, 새로운 아이디어를 내는 것, 새로운 전략을 개발하는 것, 새로운 모델을 구축하는 것, 기존의 패러다임을 재검토하는 것을 제시했다(KTB n-Daily, 2001. 9. 24).

1. 연구개발정보의 수집체제

연구자들이 정보를 확보하는 방법에는 다음과 같은 여러 가지가 있다. 첫째, 각종 학술지는 최신의 이론과 연구결과를 신속하게 전달해 주는 가장 중요한 매체이다. 특히 전문분야의 학술지는 연구자에게 대단히 유용한 정보를 제공해 준다.

둘째, 국내와 해외에서 열리는 각종 학술발표대회는 최신의 과학기술정보를 깊이 있게 파악하고 토론할 수 있는 좋은 장소이다. 규모가 큰 국제학술대회뿐만 아니라, 작은 규모로 열리는 공식·비공식의 세미나와 심포지엄도 소중한 자리이다. 이 자리에서 발표하는 논문과 주고받는 질의·응답을 통해 궁금증을 풀 수 있으며, 그 자리에 모인 전문가들과 나누는 대화에서 유익한 아이디어를 포착할 수 있다.

셋째, 월드 와이드 웹사이트(www)는 다양한 과학기술정보를 가장 빨리 얻을 수 있는 유용한 공간이다. 연구자는 인터넷으로 과학기술 논문요약은 물론, 전문까지도 무료나 유료로 제공받을 수 있다.

넷째, 나라 안팎의 연구개발현장은 현상을 생생하게 관찰하고 체험할 수 있는 귀중한 기회를 제공해 준다. 그러나 대부분의 첨단연구개발현장은 기술기밀을 보호하기 위해 외부인의 접근을 허락하지 않기 때문에, 치밀하게 준비하고 교섭해야 한다.

다섯째, 생산현장과 판매현장에서 나누는 대화도 귀중한 연구개발정보이다. 생산현장에서는 생산현장에 적합한 기술의 아이디어를 얻을 수 있고, 판매현장에서는 고객의 소비성향에 맞는 아이디어를 얻을 수 있다.

끝으로, 기관 내부에서 열리는 각종 회의에서도 좋은 정보를 얻을 수 있다. 다른 부서의 연구개발이나 사업계획에 대한 정보는 내부 협력의 파트너를 찾는 데 유용하며, 기관의 경영방침과 맞는 연구개발을 수행할 수 있는 가능성을 높여 준다.

연구개발정보의 유용성 판단과 수집방법의 선택은 연구자에게 일임하는 것이 좋다. 연구자가 원하는 정보시스템을 구축해 주고, 연구자가 원하는 정보자료를 구입해 주고, 연구자가 원하는 학술대회 참가경비를 지급해 주는 것이 CEO/CTO가 할 일이다.

2. 연구개발정보의 활용체제

연구개발정보는 연구자가 원하는 시기에 양질의 형태로 빠르게 제공해야 한다. 이를 위해서는 수집한 다양한 정보를 정확하게 분석·가공해서

발 빠르게 제공하는 시스템을 구축해야 한다. 여기에는 다음과 같은 방법
이 있다.

첫째는 최고경영자 측근에 정보분석전담기구를 설치하고 정예요원을
배치하는 방법이다. 이 기구를 연구개발정보의 해석과 유통의 중추적인
거점으로 육성하는 것이다(조석준, 1999 : 194~195).

둘째는 지식창고를 설계하여 운영하는 방법이다. 모든 지식을 기관의
자산으로 등록하고, 관련자가 희망할 때에는 언제 어디서든지 손쉽게 열
람할 수 있도록 하는 것이다.

셋째는 인터넷 홈페이지에 기밀에 속하지 않는 주요 연구개발계획과 추
진방안을 공개하는 방법이다. 여기에 게시판 · 채팅방 · 질문방 등을 만들
어 주면 참여자들끼리 정보를 교환할 수 있을 것이다.

넷째는 정보제공자에게 특별한 인센티브를 주는 방법이다. 그렇게 되
면, '정보는 나눌수록 그 가치가 커지고 공유된 지식은 새로운 지식을 산
출한다' 는 정보사회의 기본명제를 더 효과적으로 실천할 수 있을 것이다.

칼 알브레히트(Karl Albrecht)는 정보의 품질을 높이기 위해 필요한 4가
지 단계를 제시했는데, ① 측정 : 정보품질에 관련된 문제와 기회의 탐색,
② 우선 순위 결정 : 투입 대비 효과가 가장 큰 문제와 기회의 선택, ③ 재
설계와 재교육 : 시스템, 프로세스, 관행을 바꾸고 직원을 재교육, ④ 재통
합 : 개선된 시스템과 프로세스가 부드럽게 돌아갈 수 있도록 하는 개선조
치가 그것이다(KTB n-Daily, 2001. 9. 24).

사례

미국의 GE사에서는 최고 의결기구인 기업경영위원회(CFC : Corporate
Executive Committee)를 통해 사업부서 사이의 업무지식 공유를 촉진한다.
이 회의에 참석한 사람들은 자기 사업에 응용할 수 있는 아이디어를 4, 5
가지씩 얻어 간다. 또 크론톤빌경영개발원을 통해서 토론과 정보공유의

기회를 폭넓게 주고 있다(유석진, 1999 : 4-5).

삼성코닝연구소는 고기능 브라운관 접착용 분말유리를 개발할 때, 종전에 분산되어 있던 관련 기술들을 모으고 축적하여 학습하는 장소를 사이버공간에 구축했다. 과거의 경험과 실패사례를 분석하여, 연구자들이 불필요한 반복실험을 생략하고 추가적인 실험만으로도 쉽게 문제를 해결할 수 있도록 했다(정원일, 2001 : 57).

제5절 연구개발 복지시설

연구자들에게는 연구개발공간뿐만 아니라, 생활공간 · 휴식공간 · 대화공간도 대단히 중요하다. 그런 공간들은 연구하고 싶은 의욕을 불러일으키는 정서적 측면과 밀접하게 관련되어 있기 때문이다.

소립자 연구로 일본 최초의 노벨상을 수상한 유카와 히데키 교수는 교토에 있으면 왠지 모르게 연구하고 싶은 충동이 솟아나더라고 술회한 적이 있다. 한국과학기술원(KAIST)이 공부하기 좋은 이유로 24시간 개방하고 완전 전산화된 도서관과 전산실, 다양한 실험장비, 언제든지 스트레스를 풀 수 있도록 개방하는 체육관을 꼽는 학생들이 많다.

일반적으로 조직원을 위한 복지시설에는 주택, 구내식당, 매점, 의복, 탁아시설, 통근차량, 공제조합, 오락실, 강당, 도서관, 체육관, 보건위생시설 등이 있다(오석홍, 2000 : 517~518).

1. 연구자의 휴식과 문화공간

연구개발생산성을 제고하려면 연구자들이 편안하게 머물 수 있는 휴식 · 주거 · 문화 공간이 필요하다. 시간이 흐름에 따라, 이 공간들의 중요성은 점점 더 커지고 있다.

첫째, 휴게실은 휴식과 만남의 공간이다. 휴게실은 잡담이나 하면서 시간을 허비하는 공간이 아니라, 연구자들이 잠시 머리를 식히면서 동료들과 좋은 정보를 교환하는 창조의 공간이다. 이곳에서 새로운 아이디어를 교환하고 협력방안을 모색한다. 그렇게 생각하고 활용하면, 연구개발생산성을 높이는 휴게실의 순기능이 살아날 것이다.

둘째, 식당은 연구자들에게 육체적 건강의 영양소를 공급하는 곳이다. 구내식당에서 연구자들이 음식섭취욕구를 채우면, 그들의 심리적 만족도가 올라가고, 좋은 음식을 찾아서 연구실을 벗어나는 시간을 줄여주고, 연구개발생산성을 높일 수 있을 것이다. 또 간부들이 일반 연구자와 같은 식당을 쓰면 서로의 일체감과 결속력까지 강해질 것이다.

셋째, 숙소는 연구자의 가정생활 안정에 대단히 중요하다. 미혼자와 기혼자를 위한 숙소를 연구소 인근에 충분히 마련해 주면, 출퇴근에 걸리는 시간을 줄여서 연구실 체류시간을 늘리고, 연구자의 생각을 더 오랫동안 연구개발에 붙잡아 두며, 외국에 장기간 머물다가 입국하는 연구자들의 절박한 숙소문제도 함께 해결할 수 있을 것이다.

넷째, 테니스 코트 · 수영장 · 체육관 등의 운동시설을 마련해 주면, 건강에 대한 연구자의 높은 관심과 맞아떨어져 그들의 사기를 크게 높일 수 있다.

다섯째, 연구자들이 창의적인 예술품을 감상하거나 예술활동을 몸소 체험할 수 있는 공간이 있으면, 정서적 행복을 우선하는 예술이 이성적 행복을 우선하는 과학의 허전한 부분을 채워 줄 것이다. 과학이 머리로 발전한다면, 예술은 가슴으로 발전하기 때문이다. 과학을 전파하는 데에는 설명이 필요하고 시간이 걸리지만, 예술은 인간의 감각과 감정에 곧바로 다가설 수 있기 때문이다. 과학이라는 이성은 딱딱하지만, 예술이라는 감성은 부드럽고 포근하기 때문이다.

 사례

서울대학교 물리학과 김진의 교수는 유럽원자핵공동연구소(CERN)의 카페테리아에서 많은 학자들을 만나고 쉽게 어울려서 커피 한 잔과 함께 당면한 물리문제를 이야기하는 즐거움을 만끽했다고 회고한다(김진의 외 11인, 1992 : 26).

국내의 메디슨에서는 회사가 공식적으로 술값의 전액을 결제해 주는 술집을 여러 곳 지정해서 직원들의 커뮤니케이션 장소로 제공하고 있다. 또 사내에 노래방을 설치하여 부서간의 거리감을 좁히고 직원들이 단합하게 한다.

미국의 마이크로소프트사에서는 여러 종류의 식당을 운영하고 있다. 어떤 식당은 채식주의자를 위한 것이고, 어떤 곳에서는 미식가를 위한 피자를 판매한다. 식당마다 다양한 음식이 준비되어 있으며, 맛과 분위기가 좋다. 따라서 연구자들은 식사하기 위해 연구실을 멀리 벗어날 필요가 없으며 즐겁게 일한다(Thielen, 1999/1999 : 181~183).

케플러는 '우주는 음악의 법칙에 따른다' 라는 신비주의적인 생각에 몰입해 있었던 과학자이다. 그는 태양이라는 지휘자가 중심에 있고, 각 행성들은 자기 고유의 화음을 내면서 태양의 주위를 운행하는 조화로운 우주를 상정했다. 지구가 내는 화음이 "미·파·미" 라는 슬픈 것이기 때문에 지구에서는 불행과 기아가 연속적으로 일어난다고 해석했다. 이와 같은 믿음은 1619년에 《우주의 조화》(*Harmonice Mundi*)로 출판되었는데, 여기에 담긴 제3의 법칙(조화의 법칙)은 나중에 뉴턴이 만유인력의 법칙을 유도하는 데 중요한 열쇠가 되었다.

2. 연구자 가족의 편의시설

연구자들이 연구개발에 전념하도록 이끌기 위한 방안의 하나는 가족 친화적인 경영을 펼치는 것이다. 예를 들면, 연구소에서 연구자 가족의 생활 편의시설을 마련해 주면 연구자의 연구개발생산성 향상에 좋은 영향을 미칠 수 있다.

그 근본적인 배경은 다음의 두 가지로 요약할 수 있다. 첫째는 직장인들이 일반적으로 바라는 여건이다. 직장인이 바라는 것은 직장과 가정 가운데 하나를 선택하는 것이 아니라, 둘 사이가 조화롭게 양립할 수 있는 여건이다. 따라서 가족지향의 문화를 지닌 조직들이 좋은 인재를 얻을 수 있는 것이다. 둘째는 연구자들의 보편적인 삶의 형태와 관계 있다.

일반적으로 연구자들은 자신의 일에 매달리는 경향이 다른 사람보다 강하며, 강박관념에 사로잡혀 있는 시간이 상대적으로 길다. 연구자의 이런 고달픔은 부인이나 자녀들의 고통으로 전이될 수 있다. 미국의 대학교수들이 이혼을 당하는 가장 큰 원인은 연구하느라 가족들과 함께 지내는 시간이 짧기 때문이라는 조사결과도 나와 있다.

따라서 가족친화적인 기관에서는 탁아시설, 육아 보조금, 융통성 있는 일정, 업무분담, 재택근무, 노인의료보험 지원, 충분한 출산휴가(남자 포함) 프로그램을 운영한다. 가족친화적 프로그램을 운영하는 조직에서는 일하는 방법, 일하는 시간, 일하는 장소 등에 대해 직원들에게 융통성을 발휘한다(Kaye & Jordan-Evans, 1999/2000, 58~59).

가족 친화적인 시설의 전형적인 사례는 자녀보육시설이다. 여성 연구자뿐만 아니라 남성 연구자에 대해서도 매우 중요한 시설이다. 만약, 연구소 안에 보육시설을 설치하여 운영한다면 대단히 좋은 결과를 얻을 수 있다. 부모(연구자)들은 잠시 보육시설에 들러 자녀들과 대화를 나눌 수 있고, 점심시간이나 휴식시간을 자녀들과 함께 보낼 수 있어 가정의 평화를 키울 수 있을 것이다. 그 보육시설을 24시간 동안 운영할 때에는 연구개발활동의 비정상적인 중단도 막을 수 있을 것이다.

📊 사례

미국의 날리지 어드벤처사는 직장 안에 아이들을 돌볼 수 있는 시설을 갖추었다. 그 회사의 최고경영자 빌 그로스(Bill Gross)는 다음과 같은 경영방침을 밝힌 바 있다. "우리는 아주 다양한 방법으로 가족의 삶을 일터로 연결시킨다. …… 우리는 직원들이 업무시간 이후에나 주말에 가족들을 회사로 데려올 수 있도록 하고 있다. 우리 회사에는 주말에도 일하는 사람들이 많은데, 그 때는 아이들이 주변을 뛰어 다니면서 논다. 아이들을 위한 놀이공간처럼 보일 정도이다. …… 우리는 함께 점심을 먹으러 나갈 수 있으며, 아이들은 자연스럽게 서로를 알게 되고, 부모들은 아이들과 함께 시간을 보낼 수 있으며 자식에게 어떤 일을 하는 지도 알게 한다. 나는 아이들에게 우리가 이곳에서 하고 있는 일을 보여 줄 수 있어 정말로 자랑스럽다. 그리고 아이들도 부모들이 하는 일에 자부심을 느낄 것이라고 생각한다."(James, 1996/1997 : 114)

일본의 파낙은 1989년 7월 1일 창립 17주년에 즈음하여 인간투자의 시작을 선언했다. 1989년도 설비투자의 절반을 생산투자로 하고, 나머지 절반은 생활투자로 하겠다는 내용이었다. 설비투자의 절반을 복리후생부문에 투자한다는 것은 실로 엄청난 일이었다. 이것은 우수한 인재를 확보하려는 뜻을 담고 있었을 뿐만 아니라, 업무 수행을 독려하려는 것이기도 했다. 그리하여 후지산 자락의 31만 평에 충분한 사원용 주택을 짓고, 각종 문화시설과 체육시설이 함께하는 파낙왕국으로 가꾸었다(류재헌, 1994 : 58~64).

미국의 듀퐁에서는 가정이나 가족 문제로 고민하는 직원들에게 깊이 있는 상담과 도움을 제공하는 적시보호프로그램(Just-In-Time Care Program)을 운영하고 있다(Kanter, Kao & Wiersema, 1997 : ⅹⅴ).

제6장 연구개발활동의 수행

연구개발비전과 전략계획을 정하고 연구개발 프로젝트를 선정하고 연구개발 프로젝트를 수행할 수 있는 인적·물적자원을 마련한 다음에는 연구개발활동에 본격적으로 착수할 수 있다. 이 연구개발활동단계에서 실패하면, 애써 마련한 연구개발비전이나 전략계획은 종이로만 남게 될 것이며, 연구개발 프로젝트를 위해 동원한 인적·물적자원은 의미 없는 낭비가 될 것이다.

연구개발활동을 수행하면서 유념해야 할 핵심적인 사항은 연구개발팀의 자율성과 모니터링, 연구개발활동의 경쟁과 협동을 각각 절묘하게 조화시키는 것이다. 또 연구개발의 성공에 대한 확신을 계속해서 견지하는 것도 대단히 중요하다. 자신의 연구개발 프로젝트에 대하여 의구심을 갖는다면 이미 성공에서 멀어진 것이나 다름없기 때문이다.

제1절 연구개발활동의 자율성

연구자들은 기본적으로 자율적인 분위기를 좋아한다. 대부분의 연구자는 연구개발 그 자체에서 삶의 의미를 찾으며, 관리자의 감독을 매우 싫어한다. 더욱이 자기가 좋아하는 연구개발에 푹 빠져서 자아의 실현을 추구하는 것을 좋아한다. 조직에 대한 충성심보다는 연구자 집단의 원칙과 윤리에 더 충실하며, 방향이 잡혔다고 생각하면 무섭게 집중한다. 따라서 연구자에게는 최대한의 자율성을 보장해 주는 것이 연구개발생산성의 향상을 위해서 바람직하다. 특히, 연구개발팀이 직면할 복잡·다양한 상황에 신속하고 탄력적으로 대응할 수 있도록 중요한 의사결정을 연구개발팀에 위임해야 한다.

조직론의 입장에서 볼 때, 일방적으로 지시하고 강요하고 통제하는 상황에서는 거짓보고를 하거나, 하고도 안 하는 척하는 등의 행동이 나오기 쉽다. 상층부에서는 이 거짓보고를 바탕으로 현실과 거리가 먼 의사결정을 하게 되고, 상층부에서 현실과 멀어진 차이를 뒤늦게 발견하면 개인의 거짓보고 등을 방지하기 위해 그 이전보다 점점 더 강력한 통제와 감시를 하게 되고, 이 때문에 개인은 더욱더 위축된다. 이러한 과정을 반복하면 비생산적인 개인의 행동이 점차 제도화한다. 이것이 〈그림 6-1〉에서 보는 아기리스(Argyris)의 '개인과 조직의 악순환 모형'이다(조석준, 1999 : 249 ~250).

〈그림 6-1〉 개인과 조직의 악순환 모형

생산의 저하	→	경영층의 더 강화된 압력, 강력한 리더십, 철저한 통제, 더 엄한 처벌
↑		↓
조직의 강화		비생산적 행동과 의의 제도화
↑		↓
정보의 왜곡	←	비생산적 행동과 제도를 보호하고 유지하기 위한 새로운 활동

자료 : 조석준, 1999 : 250.

미국 휴렛 팩커드사의 성공비결은 자치주의에 있다. 루이스 플랫 회장은 "우리 회사에서는 누구도 명령할 수 없다. 최고경영자가 할 일은 직원들을 격려하면서 그들이 자발적으로 협력하고 연구하도록 만드는 것이다. 우리는 직원을 뽑을 때 의욕적인 사람들을 선발했기 때문에, 그들에게 할 일을 명령하지 않는다"라고 그 배경을 설명한 바 있다.

그는 연구자 관리방법에 대한 자신의 생각을 "연구원들은 앞에서 일방적으로 끌고 간다고 해서 진심으로 따라오는 것이 아니다. 소를 물가로 끌고 갈 수는 있어도 물을 먹일 수 없는 논리가 여기에 적용된다. 특히 정량적으로 평가할 수 없는 연구개발분야에서는 더욱 그렇다. 이것은 방목지로 소들을 몰아 목장 우리 안으로 집어넣을 때 쓰는 방법이 활용될 수 있다. 즉, 소들의 후미에서 지속적으로 조심스럽게 압박을 가하는 것이 가장 효과적인 방법인 것이다. 그러다가 마침내 소 한 마리가 문으로 들어가게 되면 나머지 소들도 앞서 간 놈을 따라 우리로 들어간다. 너무 급하고 강하게 몰면 소들은 겁을 먹고 사방 팔방으로 흩어지는 것이다. 그랬다가 소들은 그대로 가만 두면 방금 전 풀을 뜯던 곳으로 되돌아간다"라고 비유하여 설명한 바 있다(Packard, 1995/1995 : 94~95).

1929년부터 1996년까지 미국의 3M사를 이끌었고 아직도 정신적 지주로 남아 있는 윌리엄 맥나이트도 연구개발의 자율성을 부여한 배경을 "자율에 의한 실수도 많이 발생하겠지만, 근본적으로 개인이 중요하다면, 그러한 실수를 경영진이 휘하에 있는 직원들에게 독재적으로 업무방식을 지시하여 일어나는 실수보다는 장기적으로 훨씬 심각성이 덜하다"라고 밝힌 바 있다(Ghoshal & Bartlett, 1995 : 122).

1. 권위에서 벗어난 자유

연구자에게는 지적인 사고를 할 수 있는 자유를 주는 것이 무엇보다도 중요하다. 이를 위해 필요한 방안은 다음과 같다. 첫째, 조직의 권위적인 풍토나 분위기를 없애야 한다. 권위적인 분위기에서는 젊은 두뇌들의 활동이 무디어지는 반면에, 자유로운 분위기에서는 신나게 일하는 사람들이 많아지기 때문이다.

둘째, 연구개발팀장과 참여자의 구분 말고는 어떠한 직급이나 직책의 구분도 없애야 한다. 모든 연구자는 누구나 동등한 입장에서 팀장의 지시를 직접 받고, 또 팀장에게 직접 보고하는 관계에 있어야 한다. 그렇게 해서 계층제와 관료제의 폐단을 막아야 한다.

셋째, 연구자들에게 조직을 위해 일하도록 압박하지 말아야 한다. 그렇게 되면 반발할 것이기 때문이다. 자신을 위해 일하도록 허용해도 아무런 문제가 발생하지 않는다. 연구자 자신을 위하는 일이 결국 조직으로 연결되기 때문이다.

넷째, 창의적인 연구자들을 가두어 놓아서는 안 된다. 새로운 아이디어를 찾아 나서도록 독려하여 역동적인 창조의 물결을 일으켜야 한다.

한편, 권위주의가 사라진 연구소에서는 독불장군이 많이 나타날 수 있다. 권력과 시류와 현실에 영합하지 않고 자신의 길을 굳세게 개척하는 연구자가 많아진다. 이런 연구자에게는 '때때로 상사에게 도전적인 사람이 가치 있는 결과를 많이 낸다'는 경험의 법칙을 적용하는 것이 바람직하다.

사례

미국의 마이크로소프트사에서는 구성원 사이의 격의 없고 솔직한 대화가 회사의 분위기를 지배한다. 연구자들은 전자우편으로 전하고 싶은 메시지를 지위 고하에 관계없이 회사의 어떤 사람에게도 전할 수 있다. 연구실은 말단 연구자에 이르기까지 직원 모두가 같은 크기이다.

회사 안에서 정장을 입은 직원을 찾아보기 어렵고, 복도에 주저앉아 동료와 얘기하는 자유분방한 모습을 흔히 볼 수 있다. 청바지를 입고 돌아다니는 빌 게이츠 회장이 구내식당에서 직원들과 담소하는 것은 전혀 이상하지 않으며, 연구자들이 회장실을 찾아가 친구처럼 인사하고 프로젝트에 대해 상담하는 것도 특별한 일로 여겨지지 않는다.

미국 보잉사의 7대 회장인 콘디트는 끈끈한 인간관계에서 우러나는 환상의 팀워크와 직원 하나 하나에 일할 신명을 불러일으키는 활기찬 조직을 만드는데 역점을 두었다. 대규모의 우리 사주 프로그램을 발표하고 회사 안에 탁아시설을 설치해서 종업원들의 사기를 북돋웠다. 지프를 직접 몰고 생산현장에 나타나 근로자들과 허물없는 대화를 나누고, 틈만 나면 직원용 식당을 즐겨 찾았다. 그렇게 하여 '우리 회장님'이라는 애칭이 직원들 사이에 널리 퍼졌다.

미국의 선(SUN : Stanford University Network)사에는 자기 주장이 강하고, 서로 소리를 지르고 대결하며, 독불장군처럼 행동하는 연구자들이 많다. 회사에서는 모든 사람들이 자기 주장을 내세우고 자신의 관점을 말하도록 유도한다. 이곳에서는 연구자가 하고자 하는 것은 무엇이든지 할 수 있고, 어떠한 제한이나 지침도 없다. 다만, 모든 것을 자신의 책임 아래 자신이 알아서 처리해야 한다.

일본의 혼다 소이치로는 "사장이라고 떠받들어 경의를 표하지 않아도 좋다. 자신을 위해 일하는 것이 사장에 대한 최대의 경의이다"라고 강조했다(Toshiaki, 1992/1992 : 130).

2. 비밀연구활동의 자유

연구자들에게는 대우나 복지도 중요하지만, 그들이 하고 싶은 연구개발을 마음대로 할 수 있도록 지원하는 것이 무엇보다 중요하다. 성취의욕이 강한 연구자일수록 자신의 일에 애착을 크게 갖는다.

연구개발의 자유를 주는 대표적인 제도는 비밀연구(under the table)이다. 비밀연구의 전형적인 특징은 연구개발 프로젝트의 선정에서 연구개발활동의 수행, 연구개발결과의 처리까지 전혀 간섭받지 않는다는 것이다.

상사에게 보고할 것인가의 여부도 연구자 각자의 판단에 일임하고, 회사의 평가도 받지 않는다. 연구자에게 비밀연구를 주는 형태에는 근무시간을 기준으로 하는 방식과 연구개발비를 기준으로 하는 방식이 있다.

그러나 비밀연구가 공식연구를 잠식하면 안 된다. 연구자들의 독립적인 비밀연구도 중요하지만, 연구자들이 팀을 만들어 현안문제를 해결하는 연구가 시간적으로는 더 급하기 때문이다.

사례

GE, IBM, 3M 등 미국의 초우량 기업에서 큰 기술적 비약의 바탕을 마련한 것은 모두 비밀연구였다((주) Urban Produce 출판부 편, 1988 : 150~151).

미국의 3M사에서는 연구자마다 근무시간의 15퍼센트를 자신이 선택하는 자유연구에 쓸 수 있도록 허용한다. 이 15퍼센트제도는 윌리엄 맥나이트가 확립한 경영전략이었다. 1923년 코팅 접착제 기술자였던 딕 드루는 차량도색 작업자들이 자동차를 2가지 색깔로 도색할 때 다른 색깔에 페인트를 묻히거나, 원하는 부분을 말끔하게 색칠하지 못하는 문제점을 발견했다.

그는 이 문제를 개선하기 위하여 마스킹(보호용) 테이프의 개발에 매달렸다. 회사가 연구중단을 지시했는데도, 딕이 마스킹 테이프를 개발하는 데 성공하고 새로운 사업을 창출하자, 당시 사장이었던 맥나이트는 연구자들에게 어떤 내용이든 자기가 원하는 일에 근무시간의 15퍼센트를 마음대로 사용해도 좋다는 방침을 정했다.

그 전통은 지금까지 이어져 내려오고 있으며, 매년 1천 개 이상의 특허를 3M에 안겨주고 있다. 3M의 15퍼센트제도는 모든 연구자들이 각자 독특한 장점이나 기술을 가지고 있으며, 남들이 보지 못하는 새로운 기회를 발견할 수 있다는 철학을 정립하는 데에도 크게 기여했다(차철용, 1998 :

23).

일본의 도시바사에서는 근무시간의 10퍼센트를 연구자의 비밀연구시간
으로 허용하고 있다.

미국의 머크사는 과학적 탐구와 실험 분위기를 만들기 위해 연구자들에
게 실용적인 결과에 상관없이 연구개발을 계속할 수 있도록 최대한의 폭
넓은 범주를 허용했다. 전망이 있어 보이는 실마리를 계속해서 집중적으
로 연구할 수 있도록 최상의 자유를 허용했다. 특히 확실한 개발단계에 접
어들기까지는 마케팅 측면의 의견이 연구개발과정에 개입하지 못하도록
금지했다(Collins & Porras, 1994/1996 : 274).

3. 연구수행방식의 자유

1) 연구개발시간의 자유

연구자의 근무시간은 탄력적이어야 한다. 특히, 자율근무시간제도
(flextime)[7]는 연구자에게 효용성이 매우 크다. 그것은 연구개발활동의 연
속성 보장과 관계 있다. 연구개발활동이 이, 삼 일씩 쉼 없이 계속되면 연
구자에게 그에 상응하는 휴식시간을 주어야 하기 때문이다.

또 화학자들은 밤에 실험하는 것을 좋아한다는 이야기가 있다. 이론적
으로는 낮과 밤의 실험결과에 차이가 날리 없겠지만, 밤에 실험을 하면 불
순물이 덜 들어 갈 것이라는 믿음이 작용한다는 것이다. 미세한 양의 시료

---

7) 자율근무시간제도는 조직 구성원의 개성과 인격을 존중하는 제도이다. 이 제도는
근무기간계획에 대한 조직 구성원들의 자율성을 높여 일하고 싶을 때 일할 수 있는
선택의 폭을 넓히고, 개인적인 편의를 위해 시간을 더 자유롭게 활용할 수 있도록
해주기 때문이다. 이 제도의 실천적 이점으로는 조직 구성원들의 직무 만족도 향상,
생산성 향상, 근무상황의 개선, 초과근무 경비의 절감, 관리층과 직원들 사이의 긴
장과 불신 감소 등을 들 수 있다. 출퇴근 시간의 교통난과 점심시간에 생기는 식당
의 혼잡을 피하는 데에도 도움이 된다(오석홍, 2000 : 505~506).

를 써서 수많은 단계를 걸쳐 실험을 해야 하는 화학자들에게는 장비의 조그만 이상으로도 몇 년 동안 공들인 실험이 물거품으로 돌아갈 수 있기 때문이다. 그렇게 믿고 그렇게 행동하는 화학자에게는 밤에 실험을 하고 낮에 쉴 수 있도록 근무시간제도를 바꾸어야 한다.

자율근무시간은 대부분 일정한 범위 안에서 허용하는 것이 바람직하다. 여기서 '일정한 범위 안'이라고 하는 것은 두 가지의 의미가 있다. 첫째는 기관에서 정한 근무시간의 총량을 반드시 지켜야 한다는 뜻이고, 둘째는 하루 근무시간 가운데 자유로운 변경을 허용할 수 있는 범위를 일정하게 한다는 뜻이다.

곧 하루의 근무시간을 공통근무시간(core time)과 자율근무시간(flexible time)으로 나누고, 자율근무시간에 대해서만 개인의 자율을 허용하는 방식을 택해야 한다는 뜻이다. 이 때 공통근무시간의 길이는 '업무의 상호의존도'에 따라 달라지는데, 연구개발업무 사이의 의존도가 낮을수록 근무시간 변경의 융통성은 높아진다.

더 나아가, 연구자에게 장기간의 휴가를 허락할 수 있는 여지를 주어야 한다. 이와 관련하여 다음의 일화는 음미할 가치가 높다. 거대 항공산업체에 근무하는 유능한 직원이 하루는 직속상사를 찾아가서 집을 짓기 위해 6주간의 휴가가 필요하다고 말했다. 그가 없으면 상당히 곤란한 지경에 처할 수도 있었지만 그 상사는 흔쾌히 허락했다. 6주 뒤, 사무실로 돌아온 그 직원은 계획했던 대로 집을 꾸미지 못했다며 4주간의 휴가를 추가로 요청했다. 상사는 그 문제를 곰곰히 생각하고 그 직원의 가치를 다시 한 번 고려한 다음, 자신의 상사에게 요청하여 마침내 허락을 받아주었다.

그 뒤 24년 동안 그 직원은 회사에서 가장 성실하고 헌신적으로 근무했다. 그리고 고위 경영진에 발탁되어 회사가 비약적으로 발전하는 데 크게 기여했다. 그는 과거에 자신이 요청했던 것을 회사에서 거절했었다면 아마 맡은 프로젝트만 마무리한 뒤 다른 회사로 떠났을 것이라고 말했다 (Kaye & Jordan-Evans, 1999/2000, 186).

 사례 ___________

미국의 머크사와 휴렛 팩커드사는 1주일에 5일, 하루 8시간의 근무를 규정하고 있다. 그리고 여기에 변형시간근무제를 추가하여, 아침에 2시간 늦게 출근하거나 오후에 2시간 일찍 퇴근할 수 있도록 허용하고 있다(Kaye & Jordan-Evans, 1999/2000, 190).

미국 파워소프트사의 연구자들은 주 3일, 4일, 5일 근무를 선택할 수 있으며, 회사에서 제공한 컴퓨터·전자메일·팩스 등을 통해 재택근무를 할 수도 있다(Kanter, 1995/1998 : 198).

일본 이화학연구소의 아리마 이사장은 1996년 한국과학기술연구원(KIST) 초청강연에서 "퇴근시간을 자유로 하니 오히려 연구소에서 밤 세우기가 일쑤입니다. 수요일을 정시퇴근의 날로 정해 가정에도 신경쓸 것을 강권하고 있지요"라고 말한 바 있다.

2) 연구자 복장의 자유

흥미로운 아이디어는 긴장을 풀 때 쉽게 나온다. 까만 양복에 넥타이를 매는 경직된 스타일에서는 파격적인 아이디어가 나오기 어렵다. 하이테크 회사에서는 창의적이고 똑똑한 두뇌를 가진 직원들이 이상야릇한 복장을 하고 근무하기도 한다. 그렇지만 똑같은 유니폼을 입으면 동일한 연구개발목표를 향한 사고와 행동의 일체감이 더 강해지는 장점도 있다.

따라서, 연구자의 복장은 각각 연구개발현장의 특성에 따라 결정해야 할 문제이다. 연구자의 긴장을 풀어주고 창의적인 아이디어를 진작하는 연구개발현장에서는 연구자의 복장을 자유롭게 허용하는 것이 바람직하지만, 정해진 시간까지 정해진 목표를 완수해야 하는 연구개발현장에서는 연구자의 복장을 통일하는 것이 유리할 수도 있다.

한편, 자유복장과 근무복장을 상황에 따라 혼합해서 착용할 수도 있다. 금요일이나 토요일에는 자유복장을 허용한다든지, 고객과 접촉하지 않는 연구자에게는 복장의 자유를 허용하는 등의 방법을 사용하는 것이다. 그렇지만, 복장의 자유를 전면적으로 허용하는 것이 업무의 능률을 올릴 수 있다는 점을 기억해야 할 것이다(Kaye & Jordan-Evans, 1999/2000, 187).

 **사례**

미국의 마이크로소프트사와 넷스케이프사에서는 대부분의 부서에 근무복장의 착용을 요구하지 않는다. 이들 회사에서는 원하는 옷을 입을 수 있도록 약간의 양보를 하는 대가로, 직원들의 높은 헌신과 생산성을 확보하고 있다(Kaye & Jordan-Evans, 1999/2000, 186~187).

2000년 7월에 7개 정부출연연구소와 7개 기업부설연구소를 대상으로 조사한 바에 따르면, 유니폼 착용의 의무화 정도에서 기업부설연구소가 정부출연연구소보다 약간 더 강한 것으로 나타났다(최석식, 2000 : 147~148).

3) 연구개발 공간 설계의 자유

최근에는 사무실을 자신들이 원하는 대로 설계할 수 있도록 허용해 달라고 요구하는 직원들이 늘어나고 있다. 자신들이 좋아하는 그림을 걸어놓거나 자신들이 원하는 방식으로 책상을 배치하길 원한다. 이것은 근무환경에 적지 않은 영향을 미친다.

이런 현상은 연구자도 마찬가지기 때문에, 연구자들이 사용하는 연구실의 장식을 자유롭게 허용하는 것이 좋다. 연구실의 치장을 마음대로 풀어주는 대신에, 창의적이고 효율적인 연구개발결과를 확보하는 것이 실리 있는 경영전략이기 때문이다.

 **사례** ________________________________

　미국 마이크로소프트사의 연구실 내부는 그야말로 개성의 극치를 보여
준다. 인형과 장난감으로 마치 어린이 놀이방처럼 꾸며 놓은 연구실이 있
는가 하면, 각종 미술품과 골동품을 들여놓아 화실을 연상케 하는 곳도 있
다. 어림잡아 백 개가 넘어 보이는 빈 캔을 쌓아 놓고 그 옆에서 작업에 몰
두하는 프로그래머가 있는가 하면, 컴퓨터 한 대만 덜렁 들여놓고 프로그
램을 짜는 연구자도 있고, 온통 꽃에 파묻혀 일하는 연구자도 있다.

　미국의 넷스케이프사에서는 사무실 비품 배치 등에 대해 직원들의 결정
을 따른다. 그 결과 어떤 직원들은 사무실에 소파 · 냉장고 · 오디오 · 어항
까지 들여놓았다(Kaye & Jordan-Evans, 1999/2000, 188).

4) 외부활동의 자유

　연구자의 외부활동은 기본적으로 연구자의 개인이익과 연구소의 집단
이익을 조화롭게 충족시키는 범위 안에서 결정해야 한다. 연구개발의 자
유를 치명적으로 손상하는 제한은 없어야 하지만, 연구소의 이익을 우선
하는 연구자의 자세는 필요하다. 그리고 일단 연구자의 외부활동이 허용
되면 그 시간을 정규 근무시간으로 합산해 주어야 할 것이다.

사례 ________________________________

　미국의 휴렛 팩커드사는 직원들이 사회를 유익하게 하는 프로젝트나 단
체에 참여하도록 격려해 온 전통이 있다. 휴렛은 1948년부터 당시 전기기
술자들의 전국 모임인 무선엔지니어링협회에서 활발하게 활동했고, 1954
년에는 회장으로 봉사했다. 이들 회원들은 휴렛 팩커드의 고객이 되었기
때문에 빌 휴렛이 그 협회의 회장으로 봉사했던 일은 회사에도 도움이 된

것으로 인정받았다(Packard, 1995/1995 : 196~197).

미국의 델컴퓨터에서는 정기적으로 바자회를 후원한다. 그렇게 해서 모인 자선헌금을 직원들의 자원봉사활동 자금으로 지원하여, 회사와 사회의 관계를 긴밀하게 한다. 자선활동으로 회사와 관련이 많은 계층을 도와주면 기업의 이미지가 좋아지고, 그 계층을 회사의 후원집단으로 만들 수 있다는 생각이 그 배경에 깔려 있다.

5) 연구개발결과 대외발표의 자유

연구개발결과를 외부에 발표할 수 있는 자유는 연구개발비의 제공자에 따라 다르다. 국민의 세금으로 조성된 연구개발비에서 나온 결과는 불특정 다수인에게 널리 알리는 것이 원칙이지만, 특정한 개인이나 기업의 연구개발비에서 나온 결과는 그 특정인에게만 제공해야 한다. 그러나 구체적으로는 연구소의 규정이나 연구개발계약에서 정하는 바에 따라야 한다.

2000년 7월에 7개 정부출연연구소와 7개 기업부설연구소를 대상으로 조사한 바에 따르면, 정부출연연구소 가운데는 3개 연구소가 연구개발결과의 대외발표에 대한 연구개발팀장의 자유를 허용하고 있었고, 기업부설연구소는 모든 연구소가 강력하게 통제하고 있었다(최석식, 2000 : 150~151).

제2절 연구개발활동의 협동과 경쟁

조직과 조직 사이의 관계에 대한 전략을 살펴보면, 연구개발활동의 협동과 경쟁원리에 대한 시사점을 얻을 수 있다.

먼저, 톰슨과 맥웬(Thompson & McEwen)은 조직이 의사결정과정에서 환경을 다루는 전략을 다음의 4가지로 나누어 설명한다. ① 경쟁(competition) : 같은 고객을 상대로 2개 이상의 조직들이 경쟁하는 관계, ② 협상(bargaining) : 일부를 양보하고 다른 일부를 획득하는 관계, ③ 흡수(coaptation) : 자기에게 반대하는 세력을 약화시키는 수단, ④ 연립(coalition) : 2개 이상의 조직들이 공동목표를 위하여 결합하는 관계이다.

밴슨(Benson)은 조직 사이의 관계를 정치적인 과정으로 보는 시각에서 협조전략, 방해전략, 조종전략과 권위전략의 4가지로 나누어 설명한다.

첫째, 협조전략(cooperative strategy)은 모든 조직들이 거의 대등한 위치에 있을 때나 힘이 약하더라도 다른 조직이 원하는 것을 갖고 있을 때 쓰는 전략으로서, 공동 참가자들이 선택권을 행사하여 합의와 공동계획 등을 만드는 방법이다.

둘째, 방해전략(disruptive strategy)은 한 조직이 상대조직의 자원공급능력을 위협하는 전략으로서, 이를 통하여 네트워크의 변화를 유도하려는 방법이다.

셋째, 조종전략(manipulative strategy)은 자원의 흐름에 대한 환경의 제약조건들을 의도적으로 변경하려는 전략이다.

넷째, 권위전략(authoritative strategy)은 한 조직이나 그 조직을 대표하는 사람이 다른 조직과 맺는 관계를 일방적으로 권위에 따라 규율하려는 전략이다(조석준, 1999 : 39~43).

연구개발활동에도 연구개발 프로젝트의 규모, 목표성취의 완급성, 관련 지식의 축적 정도, 연구개발 참여자의 역량, 참여 연구자의 성향 등에 따라 적합한 전략을 선택하여 구사해야 한다. 구체적인 전략을 선택할 때에는 지나친 협동과 지나친 경쟁의 문제점을 치밀하게 고려해야 한다. 지나친 경쟁분위기는 불안감을 조성해서 창의적인 연구개발을 막고, 연구자 사이의 지식과 자료의 공유를 차단할 수 있기 때문이다. 연구개발의 협동을 지나치게 강조하면 '내가 안 해도 남이 할 테니까' 라든가, '내가 아무리 노력해도 독자성을 인정받기 어렵다' 는 등의 이유로 연구자들의 열성이 사라질 수 있기 때문이다.

또 연구자 개인의 성격도 고려하여 결정하여야 한다. 개인의 성격을 형성하는 것으로 알려진 다섯 가지 요소인 ① 감정(민감 또는 둔감), ② 외향성(외향적 또는 내향적), ③ 개방성(개방적 또는 폐쇄적), ④ 친밀성(우호적 또는 냉소적), ⑤ 성실성(성실 또는 자유분방)을 충분히 고려하여 각 연구자를 협동연구개발이나 단독연구개발 가운데서 어느 편에 배치할 것인가를 결정하는 것이 합리적이다.

1. 연구개발의 협동적 수행

1) 연구개발협동의 촉진요인

연구개발의 협동은 ① 개인들의 특성을 섞어 주고, ② 돌파(break-through)를 위한 횡적 연계를 형성해주고, ③ 학제적인 경계에서 일어나는 변화를 유발하고, ④ 부족한 자원을 한 곳에 집중하여 여러 사람들이 사용할 수 있도록 제공할 수 있기 때문에 대단히 유용하다(Floyd, 1997 : 194).

연구개발의 협동을 전략적으로 활용하려면 협동연구개발을 촉진하는 요인들을 강화하고, 협동연구개발을 막는 요인을 약화하는 노력을 전개해야 한다.

오니다와 멜러바(Onida & malerba, 1989)에 따르면, 연구개발협동을 촉진하는 요인은 ① 첨단기술 습득의 창구로 활용하려는 의도, ② 위험을 분담하려는 의도, ③ 비용을 절감하려는 의도, ④ 부족한 기술과 장비를 보완하려는 노력, ⑤ 경쟁자의 지식에 대한 간접적 접근의 수단, ⑥ 내부 연구자의 창조성을 자극하려는 의도, ⑦ 고급 연구자를 새로 채용한 경우, ⑧ 새로운 연구개발센터를 설립한 경우, ⑨ 기술표준의 탐색 필요성에 대한 인식, ⑩ 정치적 이미지를 관리하려는 의도 등이다.

반면에 연구개발협동에 참여할 수 없도록 가로막는 요인은 ① 내부의 능력 부족, ② 투입 비용에 대한 생산성의 격차, ③ 보유 기술력의 부족, ④ 장비의 부족, ⑤ 자금의 부족, ⑥ 비밀유지의 필요성, ⑦ 지적재산권의 독점적 이용 필요성, ⑧ 관료적·행정적 문서주의, ⑨ 법적 제약, ⑩ 의사전달의 곤란, ⑪ 학문적 접근방법의 차이이다.

플로이드(Floyd, 1997 : 195~198)는 연구개발협동을 강화할 수 있는 수단으로서 ① 연구자들의 부서 이동, ② 연구개발팀에 대한 보상, ③ 게임규칙의 변화, ④ 물리적인 공간과 구조의 변화를 제시했다.

2) 연구개발팀 내부의 협동

연구개발팀 내부에서 협동은 마땅히 이루어지는 것처럼 보이지만, 잘 이루어지지 않는 경우도 많다. 이것은 연구개발팀장의 리더십에 달려 있지만, 참여 연구자의 수와 구성 인자, 팀의 공간적인 존재 양태에 따라서도 많은 영향을 받는다.

연구개발팀 내부의 협동을 강화하려면 팀장에게 참여 연구자의 선정권을 위임해야 한다. 연구개발팀장은 서로 잘 어울릴 수 있는 연구자들로 팀을 구성해야 하며, 가끔 연구개발 외적인 활동을 통해 구성원 사이의 인간적인 친밀도를 높여야 한다. 또한 연구개발팀이 같은 시간 동안 같은 공간에서 활동할 수 있도록 이끌고, 팀 단위의 활동에 중점을 두는 인센티브 시스템을 확충해야 한다.

사례

미국의 마이크로소프트사에서는 대부분의 연구개발을 한 장소에서 추진하며, 중요한 연구개발은 전부 본사에서 하는 전통을 고수하고 있다. 극

소수의 예외가 과도기적으로 있었을 뿐이다.

빌 게이츠는 얼굴을 맞대고 문제점을 해결하고 기술의 상호의존을 도모하라고 독려한다. 전자우편을 사내에서 편리한 방법으로 널리 사용하고 있지만, 팀 구성원들은 한 장소에 모여 생각을 정리하면서 개발한다. 이로써 커뮤니케이션이 자주 이루어져서 어려운 문제가 지속되거나 나빠지는 것을 막을 수 있다. 데이브 마리츠는 모든 사람의 안색을 하루에 한 번씩 살피지 않으면 문제가 생긴다고 해서 이런 현상을 '안색의 법칙'이라 불렀다(Cusumano & Selby, 1995/1997 : 402~403).

3) 다른 부서 사이의 협동

다른 부서와 연구개발을 협동하는 것은 다른 연구개발팀, 생산부서, 판매부서와 협동하는 것이 있다. 실제로 탁월한 경영자는 평소에는 연구자들을 고유업무에 종사하게 하다가 더 우선 순위가 높은 일이 나타나면 곧바로 그 일에 투입한다(McLeod, 1988 : 20).

첫째, 서로 다른 연구개발팀 사이의 협동은 분업의 효과와 연계의 효과를 추구하기 위해 실시한다. 먼저, 분업의 효과는 거대 프로젝트를 여러 연구개발팀이 역할을 분담하여 공동으로 추진할 때 추구한다. 연계의 효과를 위한 연구개발 협동은 다른 팀에서 창출한 지식이나 수집한 정보로 연구개발 프로젝트의 성공 가능성, 부가가치와 자원 투입의 경제성을 높일 수 있을 때에 추진한다. 특히, 복합기술의 개발을 목표로 구성된 연구개발팀은 다른 연구개발팀과 연계하는 것이 매우 큰 효과를 볼 수 있다.

둘째, 연구개발현장과 생산현장의 협동을 강화하기 위해서 필요한 단계별 접근전략은 다음과 같다. 먼저, 연구개발 프로젝트를 새로 시작할 때에는 핵심 연구자를 프로젝트 시작 전 1, 2개월 동안 생산현장에 머물게 하면서 특수한 상황을 익히게 하는 것이 바람직하다. 프로젝트가 진행중일 때에는 생산현장의 핵심 기술자가 연구개발현장에 합류해 생산현장의 특수 상황을 반영해야 한다. 그리고 연구개발이 끝나서 생산단계로 이관될 때에는 핵심 연구자를 1, 2개월 동안 생산현장에 함께 보내서 기술을 완전히 전수해야 한다. 일반적으로 설계 기술자는 제품의 성능을 높이는 데 주력하고 생산 기술자는 제품의 비용을 절감하는 일에 매달리기 때문에, 서로의 생각을 교환하고 접목해야 한다.

셋째, 연구개발팀은 마케팅과 판매부서와도 긴밀하게 협동해야 한다. 연구개발의 모든 과정을 통하여 마케팅과 판매현장의 특수성을 반영하지 않으면 연구개발 결과의 상업성이 낮아지기 때문이다. 고객의 수요와 동떨어진 기술지상주의를 경계해야 할 이유가 여기에 있다.

넷째, 연구개발에서 제조, 마케팅, 판매 부문까지 전체의 과정을 유기적으로 연계하는 것이 가장 바람직하다. 이 때 그 연계의 매개체로는 전문기술인력이 가장 적합하다. 전문기술인력을 연구개발 → 생산 → 마케팅과 판매의 단계로 이동시키고, 판매단계까지 기술전수가 끝나면 새로운 기술의 연구개발로 되돌리는 방식이다. 사람의 두뇌에서 생기고 사람의 감각에 체화되는 기술은 사람의 두뇌와 감각에 담아서 이전해야만 제대로 전수될 수 있기 때문이다.

사례

미국의 마이크로소프트사에서는 프로그램 관리가 개발이나 마케팅과 지나치게 구별되는 것을 원치 않는다. 역할 공유와 분리를 함께 하는 작은 규모의 팀에서 개발자와 나란히 일하길 원한다. 이러한 민첩성 없이 기능을 분리하는 것은 실패를 의미한다고 빌 게이츠는 믿는다(Cusumano & Selby, 1995/1997 : 109~117).

미국의 머크사에서는 소속 연구소의 제품개발 프로젝트에 대해서는 별도의 연구개발비를 책정해 주지 않는다. 관련 사업부서에서 그 프로젝트에 필요한 재원을 조달하라고 요구한다. 그런 시스템을 통해서, 최상의 프로젝트를 살리고, 부실한 프로젝트를 없앤다. 연구개발 프로젝트 적자생존의 원리를 가동하고 있는 것이다.

미국의 3M사에서는 '제품에는 소속 부서가 있지만, 기술은 회사 전체에 속한다' 는 금언이 통용되고 있다(Coyne, 1997 : 53~55). 또 기술개발계획을 연구개발부서가 아닌 각 사업부서(business unit)에서 수립하도록 규정하여 연구개발부서와 사업부서를 제도적으로 묶는다(Mitsch, 1993 : 26). 더 구체적으로 살펴보면 다음과 같다.

첫째, 3M은 실무자들 사이의 과학적 의견 교환이 쉽도록 각 연구소에서 뽑힌 과학자와 기술자들로 기술회의(Technical Forum)를 구성하여 운영하고 있다. 이 회의에 참석하는 연구자들은 특정 전문분야에 관심이 있는 사람끼리 어울려 분회를 결성하고, 외부의 전문가들과 정기적으로 세미나를 갖는다.

둘째, 3M은 연구자들이 개발한 기술이나 아이디어를 전시하여 동료들에게 선 보이는 기술박람회를 매년 3일 동안 연다. 모든 연구자들은 이 자리를 통하여 지식을 넓히고 개인적인 지식정보 네트워크를 확장한다. 이런 노력으로 3M에서는 보통 2, 3개 부서가 협력하여 새로운 기술을 만들어내고, 그 기술을 응용할 수 있는 많은 종류의 상품을 시장에 나가 높은 경쟁력을 확보하면서 판다(Ghoshal & Bartlett, 1995 : 127).

셋째, 자신이 개발한 새로운 기술을 다른 부서와 공유한 연구자에게는 상을 준다.

미국의 GE사에서는 1989년부터 3가지 벽이 없는 조직을 만드는 데 착수했다. 첫째는 건물의 물리적 벽을 없애는 것이었다. 부서 사이의 벽이나 칸막이를 허물어 커뮤니케이션을 자유롭게 해주면, 창의력이 왕성하게 표출될 수 있을 것이라는 기대에서 출발했다. 둘째는 부서 사이의 심리적 벽을 허무는 것이었다. 예컨대, 마케팅부서와 생산부서 사이의 의견 차이를 해소할 수 있도록 돕는 시스템을 운영하는 것이다. 셋째는 외부와 벽을 허무는 것이었다. GE와 소비자 사이, GE와 거래기업 사이의 벽을 없애는 것이다. GE에는 이런 3가지 벽을 효과적으로 없애야만 눈앞의 생존을 유지하고 미래에도 세계 정상의 기업이 될 수 있다는 인식이 자리잡고 있다.

실제로 GE에서는 경계를 없앤 경영자를 포상하고, 그들의 급여 인상과 다른 보상을 실시한다. 이것은 잭 웰치 회장이 어느 중역회의에서 '경계 없는 행동'을 시범적으로 보인 몇 사람에게 거액의 상금을 건네 준 것에서 유래했다. 이와 대조적으로 경계 없는 환경을 조성하는 데 실패한 고위 간부들을 파면한다는 원칙을 잭 웰치 회장이 천명한 바 있다(Edelheit, 1997 : 113). 또 GE에서는 다른 사업부의 팀 전체를 다른 사업부로 자유롭게 이동시키며, 개발된 기술의 학제적 활용에 중점을 둔다. 예를 들면 의료사업부의 단층촬영스캐너 원격모니터링기술을 항공기, 기관차 엔진, 산업시스템(배전 · 모터), 발전설비 부문과 공유하는 형태이다.

끝으로 연구소의 연구개발비는 본사의 재정지원 25퍼센트, 각 사업부서의 프로젝트 50퍼센트, 외부 프로젝트 수주 25퍼센트로 구성하도록 요구하고 있다(유석진, 1999 : 4).

미국의 듀퐁사에서는 실험연구센터에 4천 명을 함께 입주시키고 있다. 공동체 의식은 가까운 곳에서 일할 때 커진다는 인식에 따른 것이다. 더구나 실험연구센터는 복합기술의 효과적인 협동개발에 크게 도움을 주는 것으로 나타났다.

예를 들면, 의약품 · 화장품, 음식과 같이 세균 감염성이 높은 제품에 있는 박테리아 오염의 원인을 추적하는 기술을 개발하려고 할 때, 미생물학자 · 분자생물학자 · 화학자 · 화학공학자 · 전기기술자 · 소프트웨어기술자 등을 그 연구센터 내부에서 동원하여 합동 연구개발팀을 구성하는 데 전혀 어려움이 없다고 한다. 그리고 듀퐁에서는 연구개발부서와 사업부서 사이를 정례적으로 순환시키고 있다(Miller, 1997 : 82~83).

미국의 휴렛 팩커드사는 조직 개편으로 연구개발 · 제조활동과 구매업무를 한 사람의 부사장 밑에 배치했다. 한 사람의 최고 책임자가 결정을 내리기 때문에 각 부문별 의견 충돌에서 나오는 갈등이 최소한으로 줄어들고, 신제품의 혁신이 효율적이고 빠르게 추진되는 효과를 거두었다. 이 것이 다기능 팀(cross-functional team) 전략이다. 고객이 원하는 제품을 신속하게 만드는 신제품 혁신에는 이런 조직이 가장 큰 효율을 발휘할 수 있다는 점에 착안한 전략이다(《한국경제신문》, 1999. 1. 30).

미국의 쉬론사에서는 카오스관리를 한다. 어느 한 프로젝트에서 일하던 연구자가 매우 긴박한 다른 프로젝트에 참여하고, 자신의 프로젝트는 잠시 연기할 수 있도록 허락하는 제도이다. 이렇게 해서 프로젝트 사이의 경계를 없애며, 연구자들이 신나게 연구할 수 있는 풍토를 만든다(한국산업기술진흥협회, 1996. 11 : 55~58).

미국의 액손사에서는 연구개발과 사업을 연결하기 위하여 여러 가지의 방법을 사용하고 있다. 첫째, 연구개발부문과 사업부문의 관리자를 대상으로 하는 사업 · 연구개발부문 공동 워크샵을 연다. 둘째, 사업 · 응용연구 통합 전략연구팀, 기동팀이나 기능통합팀 등에 기초연구자들이 참여하는데, 기초연구에 새로운 기회를 실시간으로 제공한다. 또 기초연구자들은 '수렁에서 황소를' 구하는 데 도움을 주는 것같은 만족을 경험하며, 사업부문에 대한 직접적이면서도 가시적인 영향력을 지닌다(한국산업기술진흥협회, 1997. 5 : 57).

일본 히다찌시에서는 연구자의 60퍼센트 이상이 생산라인에서 연구한다. 또 연구소의 전체 예산 가운데 35퍼센트를 본부에서 지원하고, 약 60퍼센트는 사업본부와 연구개발계약을 통해 충당한다. 그리고 약 4퍼센트는 정부 프로젝트를 통해 확보하고, 나머지 1퍼센트 정도는 지적자산이나 서비스 판매를 통해 확보한다. 최근에는 본부의 지원비중을 낮추고 사업부서와의 연구개발계약이나 정부프로젝트 참여 등의 비중을 높이려는 노력을 가속적으로 기울이고 있다(한국산업기술진흥협회, 2000. 8 : 72).

일본의 소니사에서는 다양한 제품과 아이디어의 원천은 연구개발 · 생산 · 마케팅기능 사이의 유기적인 조화에서 비롯된다고 판단하고, 조직원의 지속적인 부서 이동을 장려한다. 약 50퍼센트에 해당하는 연구자가 입사 뒤 3년 안에 다른 부서로 옮겨가며, 10년째에는 그 비율이 80퍼센트에 달한다(《매일경제신문》, 1997. 10. 14).

일본의 NEC사에서는 연구자의 90퍼센트 이상이 공장에서 실험을 하면서 그곳에 머문다. 또 유망한 연구개발성과를 담당할 사람이 사업부에 없으면 그 담당 연구개발실장이 그 성과를 가지고 사업부로 옮겨가서 사업부의 기술부장이 되어 계속해서 그 일을 담당한다.

그것은 1979년에 Acos-250 소형 범용 컴퓨터를 만들 때로 거슬러 올라간다. 그 때까지 하드웨어는 컴퓨터기술본부에서, 소프트웨어는 기본소프트웨어개발본부에서, 제품을 만드는 일은 컴퓨터사업부에서, 영업은 시장계획본부에서 각각 독자적인 사고방식으로 추진했다. 따라서 어떤 문제가 생기면 서로가 다른 부서로 책임을 넘겨 문제를 복잡하게 만드는 결과를 낳았다. 이러한 폐단을 없애기 위해서 조직의 울타리를 허물어 내리는 작업을 진행했다. 서로 신뢰하고 서로 돕는 정신을 고취하기 위해 체제를 바꾸었다(나카가와 야스조, 1993 : 176, 332).

일본의 닛산사에서는 한 사람의 연구자가 서로 다른 여러 팀의 연구개발활동에 참여하도록 유도하고 있다. 이렇게 하여 연구개발결과를 자연스럽게 교환하고, 이를 통하여 연구개발결과의 실용화를 촉진한다.

일본의 가오사는 회사의 실험실·공장·판매부서와 행정부서 등에 흩어져 있는 자원과 전문성을 서로 연결하기 위하여 밀접한 커뮤니케이션과 의사결정시스템을 구축했다. 그런 조직망을 이용하여 비누와 세제 부문의 선두 주자에서 단 7년 만에 화장품 시장의 2인자로 변신했다.

가오에서 목표로 삼았던 것은 생물의 자율신경과 같은 반응을 보이는 조직의 구성이었다. 다시 말해, 사람의 몸이 위기에 반응하는 것처럼 새로운 정보에 즉각 반응하는 조직이다. 이를 위한 장치의 하나가 부가가치전산망(VAN)이다. 이 전산망으로 새로운 정보가 빠르고 널리 유통되기 때문에, 연구개발부서·생산부서·마케팅부서의 직원들이 모여서 밀도 있는 토론을 진행한다.

또 하나의 장치는 직원들이 직접 얼굴을 맞대는 수많은 회의이다. 예를 들면, 연구개발부서는 월례기술회의에 온세계의 어떤 과학자라도 초빙하여 의견을 들을 수 있도록 허용하며, 주제별로 인사·연구개발·생산·마케팅부서의 직원들이 함께 참여하는 프로젝트팀을 구성하여 운영한다. 그 결과 관련 부서들이 신속하게 연계되었다. 예컨대, 어느 화장품 팀이 테스트 마켓에서 입수한 새로운 정보에 따라 화장품 샘플 구성을 바꾸기로 결정하는 바로 그 순간에, 공장에 근무하는 엔지니어도 그와 관련된 새로운 작업에 곧바로 착수한다(Ghoshal & Bartlett, 1995 : 124~125).

일본의 샤프사에서는 시장조사결과를 토대로 상품 컨셉트를 만들어내는 '생활소프트기획본부'에 사업본부연구소의 기술자와 연구자를 6개월에서 1년 동안 파견하는 제도를 운영하고 있다. 생활소프트기획본부와 기술본부 사이의 인사교류를 통해 서로를 자극하고 마케팅과 기술을 겸비한 인재를 키우려는 포석이다(《한국경제신문》, 1999. 1. 30).

일본의 이화학연구소에서는 연구소 안의 다양한 전문분야 사이의 교류를 권장한다. 그 형태는 연구자 교환·공동연구·위탁연구·정보교환 등으로 다양하다. 1997년에는 40개 이상의 연구실이 참여하는 9개의 프로젝트를 수행한 바 있다(McKinsey & Company, 1998 : 78).

스웨덴의 ABB사는 연구개발부서와 사업부서를 접목하기 위하여 3가지의 기본적인 접근방식을 채택하고 있다. 첫째, 지역연구소의 연구소장을 기술적으로 유능한 사업부서 출신자 가운데서 선임한다. 그 연구소장은 연구자들이 수용할 수 있는 능력의 소유자로서, 이공계 박사학위 소지자에 국한하지 않는다.

둘째, 연구개발목표를 통합하는 방법으로 강력한 순환보직프로그램을 운영한다. 예를 들면, 개별 사업부서가 연구자들을 약 1년 동안 자신의 소속 직원으로 선택하여 활용할 수 있으며, 우수한 젊은 연구자를 사업부서에 파견하여 약 3개월 동안 고위임원이 동행하면서 회사 차원의 마인드를 배우게 한 적도 있다.

셋째, 기술전략계획을 세울 때에는 연구개발부서 소속의 기술진과 사업부서의 핵심 중역이 함께 관련 기술의 현황과 경쟁업체의 활동 등을 분석한다(한국산업기술진흥협회, 1997. 1 : 87).

4) 외부기관과의 연구개발협동

연구개발협동의 보편적인 유형은 외부기관과 협동하는 것이다. 자기 기관의 부족한 기술능력을 외부의 기관을 통해 보완하기 위해 많이 선택한다. 대체로 기업에서 대학이나 공공연구기관에 연구개발 프로젝트를 의뢰하는 형태가 일반적이다.

그러나 최근에는 일류기업들끼리 협동연구개발사업을 활발하게 추진하고 있다. 연구개발분야의 '적과의 동침' 현상이다. 일류기업일수록 일류끼리 담합하여 이류의 추격을 확실하게 뿌리치고, 일류들 사이에서만 이익을 나누어 가지려는 전략이다. 연구개발단계에서는 공동의 이익을 위해 협동하고, 생산과 판매의 단계에서는 각자의 이익을 위해 경쟁하는 전략이다.

외부기관과 연구개발협동을 추진하는 방법을 항목별로 구분하여 살펴보면 다음과 같다. 첫째, 외부기관 협동의 참여주체는 대학 · 공공연구소 · 기업연구소와 해외기관이다.

둘째, 연구개발협동의 양태에는 특정 주제의 연구개발을 전적으로 위탁하여 개발하는 형태, 일부의 연구개발만을 위탁하는 형태, 같은 공간에서 함께 연구개발을 수행하는 형태가 있다.

셋째, 연구개발협동의 단계는 연구개발에 그치는 경우, 디자인 · 생산 또는 마케팅단계로 확산되는 경우가 있다.

넷째, 연구개발결과의 활용을 위한 협동에는 참여 연구자를 파견 · 전출하는 형태, 기업 사이에 연구개발 제휴를 맺는 형태, M&A를 단행하는 형태, 새로운 기업을 공동으로 설립하는 형태가 있다.

끝으로, 서로 다른 기술을 가진 중소기업들이 각자의 강점기술을 합쳐 새로운 기술이나 새로운 상품을 개발하는 협력 형태도 있다.

 사례 ________________

일산텔레콤은 컴퓨터용 세라믹 소재를 생산하는 회사로서, 수중펌프업체인 동해엔지니어링과 협력하여 한방용 저주파치료기를 개발했다. 이것은 한방용 침에 모터를 단 것으로서, 모터와 연결된 침이 일정한 속도로 움직여 치료부위를 계속해서 자극하는 기능을 갖추고 있다(《조선일보》, 2001. 7. 10).

터보테크는 공작기계업체로서, 초음파진단기 업체인 메디슨과 기술제휴를 통해 태아의 얼굴을 조각품 목걸이로 만들어 주는 사업을 시작했다. 메디슨이 3차원 초음파진단기로 태아의 이미지를 찍어 인터넷을 통해 터보테크에 제공하면, 터보테크는 이를 받아 3차원 얼굴 조각기로 동전 크기의 목걸이에 태아의 얼굴을 만드는 방식이다(《조선일보》, 2001. 7. 10).

5) 해외기관과의 연구개발협동

세계 정상수준의 첨단기술을 확보하려는 집념은 국제공동연구를 촉진하고 있다. 국내의 기관에서 부족한 연구개발능력을 해외의 기관을 통해 보완하려는 전략이다. 더구나 최근에는 정보통신기술의 발달로 국경을 넘는 연구개발활동을 매우 활발하게 추진하고 있다.

국제적 차원에서 추진하는 연구개발 프로젝트의 관리는 한 지역 안에서 수행하는 연구개발 프로젝트의 관리와 견주어 매우 복잡하고 비용도 많이 든다. 따라서 국제공동연구의 이점이 비용을 초과하는 범위 안에서 국제공동연구의 정당성을 인정한다. 그 이점은 시장 진입시간의 단축, 효율성의 향상, 학습능력의 증대 등에 걸쳐 광범하다.

(1) 연구개발활동의 국제화 요인과 반국제화 요인

연구개발의 국제화는 각 기관이 처한 상황에 비추어 신중하게 결정해야한다. 세계화시대의 당연한 활동으로 받아들여서는 안 되며, 기관의 이익을 극대화하는 범위 안에서 선택해야 한다. 연구개발 활동의 국제화에 관한 방향을 결정할 때 고려해야 할 요소로서, OECD에서 권고하고 있는 내용을 살펴보면 다음과 같다(김기국 · 홍성범 · 김병선, 1999 : 51).

먼저, 연구개발활동의 국제적 분산을 적극적으로 추진해야 할 17가지의 경우는 다음과 같다.

① 해외 자회사의 높은 생산수준과 현지시장의 수요에 적합하게 제품을 개선해야 할 필요성이 지속되는 경우, ② 국내에서 고급 과학기술인력 채용에 어려움이 있는 경우, ③ 해외 유명대학이나 연구소에 근접할 필요성이 있거나 현지 과학기술 하부구조가 우수한 경우, ④ 국제경쟁에 광범하게 노출된 분야에서 지속적인 해외투자의 필요성이 있는 경우, ⑤ 현지 자회사의 활동분야에서 연구개발 집약도가 높은 경우, ⑥ 자회사들이 여러 나라에 분산되어 있어 모기업과 자회사를 긴밀하게 연결해야 할 필요성이 있는 경우, ⑦ 경쟁기업의 현지시장에 연구개발센터를 설립하거나 유사한 전략의 채택이 필요한 경우, ⑧ 한 그룹이나 네트워크에 속한 모기업, 자회사와 다른 기업의 복합시스템을 총괄적으로 관리하는 기업의 능력이 갖추어져 있는 경우, ⑨ 보완적 연구개발활동을 수행하는 해외기업을 인수할 경우, ⑩ 해외기업과 공동연구소를 설립할 경우, ⑪ 제품의 차별화와 품질경쟁이 가속화되는 경우, ⑫ 국내 연구개발의 비중이 지나치게 높은 경우, ⑬ 현지국의 자본을 신속하게 사용해야 할 필요가 있는 경우, ⑭ 해외 생산시설에 근접할 필요로 생긴 기술확산 비용이 클 경우, ⑮ 혁신지원

과 인력교육에 관한 현지국 규제와 기술정책이 우호적인 경우, ⑯ 현지국 지적재산권을 적절히 보호해야 할 경우, ⑰ 현지국이 제공하는 금전적 인센티브가 클 경우.

반면에, 연구개발활동의 국제적 분산을 억제하고 본국 집중을 촉진하는 9가지 요인은 다음과 같다.

① 해외에서 쉽게 재생산하기 어려운 규모의 경제가 모기업에만 존재하는 경우, ② 연구개발결과를 최대한 보호할 필요가 있고 해외 경쟁기업으로 유출될 수 있는 경우, ③ 모기업에 전적으로 기술을 의존하는 해외기업을 설립할 경우, ④ 해외에서 개발한 기술의 국내이전 비용이 너무 비싼 경우, ⑤ 연구소가 설립된 국가의 관련 분야에서 연구개발활동을 하는 것이 더는 중요한 역할을 하지 못하는 경우와 현지 수요에 맞게 제품을 개선할 필요가 줄어든 경우, ⑥ 연구개발 중복문제가 생길 수 있는 해외기업의 인수ㆍ연구개발 조정ㆍ통제비용을 줄여야 할 경우, ⑦ 특정 분야의 고급 기술인력을 해외에서 채용하기 어려운 경우, ⑧ 국내 과학기술인력의 수준이 해외 현지국보다 뛰어난 경우, ⑨ 해외에서 하는 연구개발활동을 조직ㆍ통제할 수 있는 능력을 모기업이 보유하고 있지 않는 경우.

보우텔리어, 개스맨과 제트위츠(Boutellier, Gassmann & Zedtwitz, 2000 : 45)는 연구개발활동의 해외진출을 억제하는 요인을 2가지 측면에서 고찰하였다. 하나는 연구개발 집중화 촉진요인이고, 다른 하나는 연구개발 국제화 저해요인이다.

첫째, 연구개발 집중화 촉진요인은 ① 규모의 경제, ② 시너지 효과, ③ 수준 높은 인적 잠재력, ④ 연구개발 비용과 개발시간의 최소화, ⑤ 연구개발결과에 대한 통제력의 향상, ⑥ 강력한 커뮤니케이션, ⑦ 법적 보호, ⑧ 공통적인 연구개발 문화를 포함한다.

둘째, 연구개발 국제화 저해요인에는 ① 고위층의 이동 저항, ② 임계규모 미달, ③ 중복 개발, ④ 언어와 문화적 차이, ⑤ 인터넷으로 활용 가능한 풍부한 해외과학기술정보, ⑥ 지원이 중단될 때 쉽게 없어지는 특수한 노하우, ⑦ 정치적 위험성, ⑧ 제3국가의 임금 이점의 소멸, ⑨ 값비싼 조정과 정보 비용이 들어 있다.

사례

스위스의 호프만 라 로쉬사는 연구개발활동을 세계 5개 지역에서 나누어 수행하고 있다. 1997년도 연구개발투자의 분포를 보면, 스위스 바젤 31퍼센트, 미국 너틀리 23퍼센트, 미국 팔로알토 31퍼센트, 일본 카마쿠라 8퍼센트, 영국 웰윈 7퍼센트였다(Boutellier, Gassmann & Zedtwitz, 2000 : 238).

(2) 국제공동연구개발의 조직체제

연구개발활동의 국제화를 수행하는 조직에는 다음과 같은 유형이 있다(김기국 · 홍성범 · 김병선, 1999 : 64~70). 첫째는 본국중심적 연구개발조직이다. 전형적으로 자원의 한계, 범위의 경제와 규모의 경제, 전문화 우위 등의 요인을 고려하여 소규모의 다국적기업에서 주로 채택하는 방식이다. 이러한 형태는 효율의 고도화 · 연구개발비용의 축소, 개발기간의 단축, 핵심기술을 보호하는 데 유리하다. 그러나 현지 시장에 대한 민감성이 떨어지고, 외부의 지식을 외면할 수 있으며, 조직을 경직적으로 운영할 가능성이 크다는 단점이 있다.

둘째는 세계중심적 연구개발조직이다. 이것은 본국에서 갖고 있는 연구개발활동의 노하우를 해외의 연구개발거점으로 이전하여 현지의 연구개발활동을 확충하는 형태이다. 이 해외연구개발거점은 본국에서 개발된 기술과 아이디어를 지역시장에 적용하는 매개체 역할을 한다. 이 유형은 현지시장에 대한 민감성이 높고 연구개발 국제화의 비용이 낮은 장점이 있으나, 연구개발국제화의 체계성이 떨어질 수 있는 단점도 있다.

셋째는 현지중심적 연구개발조직이다. 이런 형태의 연구개발조직은 현지 고객의 수요에 적절히 반응하기 위해 설립하며, 현지의 수요를 충족하기 위한 연구개발활동을 독자적으로 수행한다. 따라서 현지국 시장에 대한 민감도 측면에서는 최적의 조직구조이지만, 다른 연구개발 거점과 통합하는 측면에서는 효율성이 떨어진다.

넷째는 연구개발 허브(hub)모형이다. 이것은 엄격하게 중앙집권적인 다국적기업에서 볼 수 있는 전형적인 형태이다. 이 모형에서는 본국의 연구개발센터와 해외의 연구개발거점이 수행하는 기능이 확연하게 다르다. 본국의 연구개발센터는 관련 기술분야에서 세계 선도자의 위치를 가지고 모든 연구개발활동의 주력기능을 담당하며, 해외의 연구개발거점은 정해진 기술영역의 연구개발활동을 집중적으로 수행하는 형태이다. 이러한 유형의 연구개발조직은 연구개발투자의 효율성이 높고, 시너지효과를 극대화할 수 있는 장점이 있다. 그러나 조정에 따른 비용과 시간이 많이 들고, 해외현지 연구개발센터의 창조성과 유연성이 압박받을 위험성이 잠재하고 있다.

다섯째는 통합적 연구개발 네트워크 조직이다. 이것은 범세계적 차원의 효율성과 현지의 적응력과 혁신능력을 동시에 달성하려는 조직유형이다. 해외의 각 연구개발조직은 서로 독립적인 기능을 하면서도 본사와 상호의존적이며, 본사를 중심으로 통합돼 있으면서도 각각 독립된 활동을 수행한다. 따라서 전문화와 시너지효과를 동시에 확보할 수 있는 장점이 있으나, 조정비용이 많이 들고 제도적인 규칙과 의사결정과정이 복잡하다는 단점이 있다.

(3) 해외현지 연구개발활동의 관리방식

해외현지의 연구개발센터와 본부의 관계는 대체로 다음 3가지로 나누어진다(김돈일, 2001 : 50~51). 첫째는 본부관리방식(top-down approach)

으로서, 본부에서 중요한 권한과 책임을 갖고 연구개발활동을 관리하는 방식이다. 해외 연구개발센터의 전반적인 사항은 본부의 지침에 따라 결정하며, 본부에서 모니터링하고 평가한다. 이를 위하여 본부의 연구개발관리자는 연구소 본부와 해외 연구개발센터 사이에 조직적이고 공식적인 채널을 만들어서 운영한다.

둘째는 해외현지의 독자적인 관리방식(bottom-up approach)으로서, 해외 연구개발센터에서는 스스로 자신들의 연구개발목표를 설정하고 연구개발프로젝트를 결정한다. 따라서, 해외현지 연구개발관리자의 역할 범위는 매우 넓다.

셋째는 본부와 해외현지에서 공동으로 연구개발활동을 관리하는 혼합방식(mixed approach)이다. 이 방식의 성공여부는 본부의 연구개발관리자와 해외현지의 연구개발관리자가 얼마나 효과적으로 역할을 분담하고 서로 밀접하게 업무를 수행하느냐에 달려 있다.

예를 들면, 본부의 연구개발관리자는 해외현지 연구개발의 목표를 설정해주고, 해외현지의 연구개발관리자는 그 정해진 목표에 맞춰 프로젝트를 계획하고 실행하는 형태가 있다. 또 본부와 해외현지 사이에 연구개발위원회를 구성하여 운영하거나 다양한 형태의 회의로 연구개발 프로젝트를 전략적으로 선정하고 관련 정보를 교환하는 형태도 있다.

 사례 ━━━━━━━━━━━━━━━━━━━

스웨덴의 에릭슨은 동일한 목적을 가진 2개 이상의 연구개발팀을 '이어달리기'의 방식으로 24시간 연계하는 연구개발체제를 운영하고 있다. 이것은 첨단 정보기술을 이용한 네트워크 연구개발체제이다. 이 네트워크를 통해 에릭슨의 연구자들은 미국의 댈러스와 스웨덴의 스톡홀름 그리고 호주의 멜보른에서 동일한 프로젝트를 24시간 동안 릴레이식으로 쉬지 않고 수행한다.

스톡홀름의 연구자가 근무를 마칠 때, 이제 막 출근한 댈라스의 동료에게 자신이 진행한 프로젝트를 넘긴다. 댈라스의 연구자는 자신이 이어받은 프로젝트를 계속 진행하다가 퇴근하면서 멜보른의 연구자에게 다시 인계한다. 이런 과정은 계속된다. 그야말로 글로벌 연구개발시스템을 가동하고 있는 것이다(《매일경제신문》, 1996. 10. 14).

2. 연구개발의 경쟁적 수행

연구개발의 협동에 적합하지 않은 성격의 프로젝트는 단독으로 수행해야 한다. 또 동일한 주제에 대한 연구개발팀을 2개 이상 구성하여 동시에 운영할 수도 있다. 경쟁연구는 외부기관과 일반화되어 있지만, 기관 내부에서도 동일한 주제에 대한 연구개발 임무를 2개 이상의 팀에게 경쟁적으로 줄 수 있다.

동일한 주제에 대한 기관 내부의 경쟁연구는 다음과 같은 때에 유용한 결과를 창출할 수 있다. 첫째, 새로운 기술의 씨앗을 창출해 내는 연구, 새로운 이론을 탐색하는 연구는 경쟁적인 단독연구에 더 적합하다. 이것은 개인의 창의성에 크게 의존하는 경우이며, 성공가능성을 다원적으로 탐색하기 위한 방책이다.

둘째, 개발연구일지라도 정해진 일정 시점까지는 반드시 결과를 창출해야만 하는 때에는 경쟁적으로 중복 지원하는 것이 효과적이다. 투입 자원의 경제성보다는 목표 달성의 적시성과 효과성을 더 우선하는 경우에 한하여 취할 수 있는 전략이다.

셋째, 협동정신이 부족한 연구자에게는 단독연구를 경쟁적으로 부여하는 것이 효과적이다. 협동정신은 부족하지만, 창의력과 전문지식이 출중한 연구자를 유용하게 활용할 수 있는 처방이다.

 **사례**

일본의 혼다사에서는 똑같은 기술을 여러 팀이 중복해서 개발하는 방식을 아예 공식적으로 채택하여 운영하고 있다. 약간의 낭비가 있더라도 회사 안에서 어느 단계까지는 중복해서 지원한다. 경쟁은 반드시 필요하고, 멀리 떨어져 있는 다른 기업과 경쟁하는 것보다는 옆방의 기술진과 경쟁하는 것이 더욱 절박한 상황을 만들 수 있다는 판단에 따른 것이다. 각 팀이 개성 있는 마무리 단계에 접어들면 모든 기술진들을 한 자리에 모아 각자의 성취 결과를 발표한 다음에, 각각의 장점을 결합하여 새로운 기술로 발전해 나간다.

삼성전자가 1메가 디 램 반도체를 개발할 때 미국 현지법인과 기흥연구소팀이 동시에 자원했다. 일을 나누어서 함께 추진하라는 권유를 뿌리치고 서로가 전담하겠다고 주장했다. 양측은 조금도 양보하지 않았다. 미국 현지법인은 메모리 반도체를 개발하기 위해 특별히 스카우트한 사람들이었기에 당연히 자기네가 담당할 줄로 알고 있었으나, 기흥연구소 팀들도 자신 있다고 주장하면서 나섰던 것이다.

이렇게 되고 보니 어찌해야 좋을지 망설이게 되었다. 특별히 초빙한 미국 현지법인 기술자들을 소외시킬 수도 없고, 기흥연구소 기술자들의 의욕을 꺾을 수도 없는 노릇이었다. 따라서 양쪽에서 함께 연구개발에 착수하도록 허락했다. 연구개발비는 두 배로 들어가지만, 성공의 위험부담은 반으로 줄어든다는 계산에 바탕을 두고 있었다. 1메가 디 램 반도체 공장은 3,500억 원의 예산으로 이미 돌관작업에 들어간 상태였기 때문에 개발기간이 늦어지면 사업이 통째로 실패할 수 있다는 걱정이 앞섰던 것이다.

이렇게 경쟁을 시킨 결과 양쪽에서 모두 온 힘을 쏟아 부었다. 그러는 동안에 기흥연구소팀이 먼저 성공적인 결과를 내 놓았다. 착수 10개월 만인 1986년 7월이었다(강진구, 1996 : 224~226).

제3절 연구개발활동의 모니터링

모니터링은 사업의 운용과 관련한 구체적인 정보를 수집하여 제공하는 활동이다. 특정 사업의 무엇이 일어나는가에 관련된 정보뿐만 아니라, 그것이 왜 일어나고, 왜 일어나지 않는가에 관련된 정보도 제공한다. 또한 사업 그 자체에 관한 정보뿐만 아니라, 사업의 추진환경에 관한 정보와 사업의 대상집단에 미치는 효과에 관한 정보까지 포함한다(노화준, 1997 : 113).

연구개발은 대체로 다음 두 가지의 목적에서 모니터링을 실시한다. 하나는 연구개발의 성공적 추진을 위해서 필요한 사항을 발견 · 지원하려는 목적이고, 다른 하나는 연구개발 프로젝트를 중단 · 축소하거나 방향을 전환하기 위한 목적이다.

전자의 목적을 추구할 때에는 연구개발 범위나 접근방법의 적정성에 대하여 외부의 전문가에게 점검을 받을 수 있어 연구개발팀에게 대단히 유용하다.

자신의 실패에 대한 깊은 성찰기회를 갖지 못해 실패의 고리를 빨리 차단하지 못한 경험을 가진 어느 과학자는, "한 두 차례의 실패는 견딜 수 있는 좌절이었다. 하지만 같은 실험이 수회 계속 실패할 때는 아집 외에는 남는 것이 없었다. 실패의 원인은 분석하지 않은 채 다시 재실험을 시도하는 잘못을 범했다. 빨리 좋은 결과만을 얻고 싶었지 실패한 원인 따위는 알고 싶지도 않았다. 실험을 다시 하기보다는 실패한 실험의 결과를 잘 분석해 보는 것이 중요하다는 조언을 주위에서 듣기도 했지만, 원하는 결과만을 얻어내려는 급한 마음에 무시해 버렸다. 결국은 돌아가는 길이 더 빨랐다. 문제 해결은 다루는 대상을 깊이 이해하고 있을 때에만 가능하다. 막연한 기대만으로 행한 실험이 좋은 결과를 내지 못한다는 것을 직접 몸으로 느꼈다"(채희준 외 15인, 1995 : 21~22) 라고 고백한 바 있다.

언제나 정상적인 연구개발활동을 방해하는 성격의 모니터링은 금지해야 한다. 그 대신, 연구개발에 성공할 때까지 끈기있게 기다려 주는 것이 바람직하다. 미국의 루스벨트 대통령은 "가장 훌륭한 경영자란 원하는 것을 해 줄 수 있는 우수한 사람을 선발할 수 있을 정도로 감각이 있고, 그 사람이 일을 진행하는 동안에는 간섭하지 않을 정도로 자제력이 있어야 한다"라고 강조한 바 있다.

1. 연구개발 모니터링의 주체

연구개발활동에 대한 모니터링의 주체는 일반적으로 연구개발팀을 감독하는 상급자이다. 프로젝트에 따라서는 CTO나 CEO가 직접 모니터링을 할 수 있으며, 하위 관리자에게 위임하여 실시할 수도 있다. 모니터링을 실시할 때에는 안팎의 관련자와 전문가를 많이 참여하게 하는 것이 좋다.

또 상급자가 하급자 등에게 모니터링을 위탁할 때에는 결과보고서의 제출을 요구해야 한다. 그 결과보고서에는 당초 계획과 다른 점, 개입해야 할 시기, 조치해야 할 사항 등에 관한 정보가 담겨 있어야 한다(McLeod, 1988 : 178).

2. 연구개발 모니터링의 시기

일반적으로 기초연구의 모니터링 주기는 길고, 응용연구나 개발연구의 모니터링 주기는 짧게 정할 수 있다. 그러나 모니터링의 구체적인 시기는 평가의 대상물이 확정되어 관찰 가능한 시점이어야 한다. 구체적으로는 연구개발팀장과 모니터링 수행자가 협의해서 정하고, 연구개발계획서에 분명히 밝혀서 약속해야 한다.

 **사례**

2000년 7월에 7개 정부출연연구소와 7개 기업부설연구소를 대상으로 조사한 바에 따르면, 기업부설연구소는 1, 2주에 한 번씩, 늦어도 한 달에 한 번씩 연구개발 진행과정을 점검하고 있었다. 반면에 정부출연연구소는 모니터링의 주기가 길었으며, 1년에 한 번씩 점검하는 연구소도 2개나 되었다(최석식, 2000 : 151~152).

3. 연구개발 모니터링의 방법

연구개발 모니터링은 계획과 실적을 비교하는 형태로 이루어진다. 모니터링의 일반적인 방법과 유념해야 할 점을 살펴보면 다음과 같다.

첫째, 연구개발 모니터링을 수행하는 방법에는 서면평가, 회의평가, 현장평가 등이 있다. 어느 것이나 목표와 실적을 비교하는 데에는 차트 방식을 많이 사용한다.

둘째, 연구개발 모니터링의 대상물에는 중간보고서, 연구개발일지, 연구개발 산출물 등이 있다. 연구개발 보고서는 모니터링의 전형적인 대상물로서, 어떠한 때라도 연구자 자신이 꼭 작성해야 한다(McLeod, 1988 : 276).

연구개발일지는 연구자 개인별 또는 연구개발팀 단위로 작성하며, 실험활동별로 기록하는 방식과 시간대별로 기록하는 방식이 있다. 많은 연구자들은 여러 가지의 이유로 자신의 연구개발활동을 시간대별로 기록하는 것을 싫어하지만, 프로젝트를 적절하게 통제할 수 있는 방법이 없는 현실의 필요성 때문에 기록을 요구할 수밖에 없다(McLeod, 1988 : 178).

연구개발일지는 다음과 같은 유용한 점이 있기 때문에 항상 성실하게 작성해야 한다. ① 연구개발활동에 대한 진도관리의 기초자료가 된다. ② 연구개발 자료의 보존과 결과활용에 기여한다. ③ 연구자가 바뀌더라도 연구개발을 계속할 수 있는 토대를 제공해 준다. ④ 외부와 기술분쟁이 발생하면 유용한 증거자료로 활용한다. ⑤ '주인 의식'이 철저한 연구개발문화가 효과적으로 정착할 수 있다. 한편, 연구개발 모니터링의 가장 확실한 대상물은 연구개발의 유형적인 산출물이다.

셋째, 모니터링의 주안점은 연구개발 프로젝트가 당초의 계획대로 진행되고 있는지, 수정할 필요는 없는지, 추가로 지원할 필요는 없는지, 또는 중단해야 할 사유는 없는지 등에 두어져야 한다.

끝으로, 모니터링은 연구개발의 신축성과 탄력성을 존중하는 방식으로 수행해야 한다. 연구개발 행동의 하나 하나에 얽매이지 말고, 최종목표의 달성이라는 거시적인 관점에서 시간, 비용, 파급효과를 검토해야 한다.

사례

미국의 국립과학재단에서는 연구개발 프로젝트를 계획대로 잘 진행하는지에 관한 시행평가(implementation evaluation)와 목표의 성취여부에 관한 진도평가(progress evaluation)로 나누어 실시한다.

먼저, 시행평가의 항목은, ① 적정한 연구자를 선정하고 교육하여 계획에 따라 연구하고 있는가? 참여자들이 의도한 목표를 향해 움직이고 있는가? ② 실제로 채택한 활동과 전략이 당초 계획한 것들과 일치하는가? 만약 그렇지 못할 때에는 변경된 활동이나 전략이 정당할 수 있는가? ③ 참여자들을 적정하게 고용하고 적정하게 훈련했는가? 그리고, 그들이 제안된 계획과 같게 연구하고 있는가? 적정한 재료와 장비들을 확보했는가? ④ 연구개발활동을 계획된 시간 일정과 자격을 갖춘 사람들이 하는가? ⑤ 연구개발관리계획을 개발해 집행하고 있는가? 등이다.

한편, 진도평가의 항목은, ① 참여자들이 예상한 프로젝트의 목표를 향해 움직이고 있는가? ② 어떤 행동과 전략이 참여자들이 목표를 향하여 움직이도록 돕고 있는가? 이다(Frechtling, 1993 : 12~13).

　삼성종합화학연구소에서 실시하는 중간평가에는 연구자가 연구소장에게 보고하는 월별보고, 대표이사에게 분기별로 보고하는 연구개발회의, 반기별 부서평가가 있다. 월별보고는 프로젝트의 개발단계, 전월의 계획 대비 실적, 익월의 계획, 특허출원의 현황, 경쟁사 동향을 포함한다. 개발 범위의 변경과 종료 여부 등 프로젝트 수행에 대한 정성적 평가를 한다. 연구개발회의에는 영업팀과 생산팀이 모두 참석한다. 신규 프로젝트의 수행, 기존 프로젝트의 최종 보류, 중요한 투자 결정 등을 동시에 한다(강신태, 2000 : 23~24).

4. 연구개발 모니터링 결과의 처리

　모니터링의 결과에 따른 조치는 연구개발의 성공적 진행을 지원하는 부분에 초점을 두어야 한다. 예를 들면, 모니터링에서 발견한 문제점은 곧바로 시정해야 한다. 예컨대, 연구개발비가 부족하거나 연구개발인력 · 시설 · 기자재 · 정보 등의 공급이 원활하지 못할 때에는 이를 보강해 주어야 한다. 어떤 연구자가 비생산적인 일에 지나치게 많은 시간을 투입하면 이를 시정해야 한다. 한 사람이 너무 많은 다수의 프로젝트에 참여하면 한 프로젝트에서 다른 프로젝트로 옮기는 데 적지 않은 정신적 · 시간적 낭비가 뒤따르기 때문이다(McLeod, 1988 : 180).

　한편, 성공가능성이 희박하거나 성공에 대한 수요가 없어진 프로젝트에 대해서는 가급적 빨리 중단조치를 단행해야 한다. 성공가능성이 희박한 때는 당해 연구개발팀의 불성실 때문이며, 성공에 대한 수요가 없어진 때는 당해 연구개발팀이 성공적으로 수행했더라도 수요여건이 변한 것이다.

　그렇지만 프로젝트를 중단하는 결정은 매우 신중해야 한다. "만약 이 프로젝트에 연구개발비를 계속 배분한다면 더 가치 있는 프로젝트가 사장될 것인가?"라는 중요한 질문에 대답해야 한다(Boer, 1999 : 251~252). 프로젝트를 중단한다면 그 프로젝트에 혼신의 노력을 기울여온 연구자들에게 실망을 안겨주고, 그 프로젝트에 숨겨져 있는 뜻 밖의 발견 기회와 기술발전의 씨앗을 사멸하며, 프로젝트의 중단에 관한 결정 그 자체도 불확실성을 내포하기 때문이다.

끝으로, 연구개발 프로젝트를 중단하려면 기존에 축적된 지식을 적극적으로 활용하려는 노력을 기울여야 한다. 중단된 프로젝트는 전혀 기대하지 못했던 새로운 아이디어와 기술진보의 단서를 제공할 수 있고, 그 프로젝트를 수행했던 연구자들의 지식이 날카롭게 다듬어져 있는 경우도 많기 때문이다.

제7장 연구개발성과의 관리

연구개발비전과 전략계획을 설정하고 연구개발 프로젝트를 선정하고 인적자원과 물적자원을 동원하여 연구개발활동을 원활하게 수행하면 당초에 기대했던 연구개발 산출물의 창출이 성공할 가능성이 높다.

연구개발성공의 결과는 다양한 형태로 나타난다. 이론연구의 결과는 양질의 학술논문으로 나타나고, 응용연구의 결과는 특허와 노하우의 형태로 나타나며, 개발연구의 결과는 신제품이나 새로운 공정으로 나타난다. 그러나 그것으로는 아직 진정한 성공에는 이르지 못한다. 연구개발성과를 효과적으로 활용해 이익을 시현할 때에야 성공이라고 말할 수 있다.

연구개발성과의 관리는 이익을 극대화하는 방법으로 이루어야 한다. 여기에는 기술의 상태로 판매하는 경우, 그 기술로 상품이나 공정을 제조하는 경우, 새로운 기업을 설립하는 경우가 있다.

제1절 연구개발성과의 형태

1. 연구개발성과의 이론적 형태

연구개발성과의 형태에 관한 학자들의 견해를 예시적으로 살펴보면 다음과 같다. 첫째, OECD의 프라스카티, 오슬로와 캔버라(Frascati, Oslo & Canberra) 매뉴얼에서 사용하는 산출지표는 ① 출판, ② 특허, ③ 혁신, ④ 고도기술의 수출, ⑤ 기술의 수지상황, ⑥ 생산성과 부가가치 등 6가지이다(Gabolde, 1998 : 99~100).

둘째, 제인과 트리안디스(Jain & Triandis, 1997 : 46)는 과정지표, 결과지표, 전략지표로 나누어 설명한다.

과정지표는 연구개발조직에 따라 하루하루 수행한 활동과 관련한 것으로서, 기술지원의 회수, 내·외부의 반응 회수, 방문자의 수, 행정활동의 회수 등이다.

결과지표는 연구개발조직에 따라 창출된 가시적이고 측정 가능한 산출물로서, 기술보고서의 수, 인용논문의 수, 특허의 수, 상업화 건수, 외부연구개발비의 확보 규모, 연구개발투자의 회수 정도 등이다.

전략지표는 연구개발조직의 장기적이고 전략적인 측면으로서, 연구개발조직의 명성, 고급 과학자의 유치 역량, 연구개발산출물의 고객 만족도, 연구개발비의 안정적 확보 능력, 위험도가 높은 신규 프로젝트에 대한 지원의 확보 능력, 연구자의 직업 만족도 등이다.

셋째, 프리맨(Freeman, 1982 : 8~9)은 연구개발의 과정을 연구·발명·개발·혁신의 4단계로 구분하고, 각각의 산출 요소를 〈표 7-1〉과 같이 설명한다.

<표 7-1> 연구·발명·개발·혁신의 산출물

단계별	유형 산출물	무형 산출물
기초연구	연구보고서와 메모	새로운 과학지식·가정·이론 새로운 과학문제와 돌출정보 새로운 실질문제와 아이디어
발 명	특허출원과 등록 기술문서와 메모 보고서와 메모	원초적 발명(특허·비특허, 출판·비출판 등)
개 발	새롭고 향상된 제품과 공정을 위한 설계도	개발된 발명·사양서·견본 새로운 과학문제와 돌출정보 새로운 실질문제와 아이디어 의 결합
혁 신	새로운 공장·참신한 제품 더 좋고 더 값싼 제품의 생산 라인	새로운 실질문제와 아이디어 의 결합

자료 : Freeman, 1982 : 8~9.

2. 연구개발성과의 제도적 형태

1) 학술논문

학술논문은 과학기술의 기초연구를 통하여 바로 얻을 수 있는 1차적인 성과물이다. 이것은 연구결과를 서론·본론·결론의 순서로 체계화한 문서이다.

학술논문의 기능은 다음과 같다. 첫째, 학술논문은 연구자가 발견한 원리나 논리를 담는 그릇이다. 연구자는 학술논문에 자신의 연구결과를 담는다. 둘째, 학술논문은 연구결과의 최초성에 대한 표식이다. 연구자는 자신의 연구결과를 학술논문으로 작성하여 학술지나 학술대회에 발표하여 최초성을 공개적으로 인정받는다. 셋째, 학술논문은 지식의 확산을 위한 수레이다. 연구자들의 지식은 논문이라는 수레를 타고 학자들 사이에 퍼진다. 넷째, 학술논문은 연구자들 사이에 이루어지는 커뮤니케이션의 매개체이다. 연구자들은 자신의 주장뿐만 아니라 상대편의 주장에 대한 비판이나 지지를 논문을 통해 말한다.

2) 특허

특허는 발명을 하여 직접 얻을 수 있는 대표적인 성과물이다. 우리나라의 특허법에 따르면, 산업상 이용할 수 있는 발명에 대해서는 특허권을 부여[8]하고(제29조), 특허권의 존속기간은 특허권의 설정등록이 있는 날에서 20년이 되는 날까지이며(제88조), 특허권의 설정 등록을 한 특허권자에게는 특허증을 교부한다(제86조).

특허를 획득하려면 기술의 내용을 공개해야 하는 단점도 있지만, 다른 사람의 부당한 사용에서 보호받을 수 있는 장점이 있다. 특허기술은 제품이나 서비스로 발전하여 큰 이득을 얻을 수 있을 뿐만 아니라, 직접적인 거래의 대상이 되기 때문에, 가장 역사가 깊고 가장 의미 있는 지적재산권의 자리를 굳히고 있다.

특허를 받으려면 신규성·진보성·선원성의 요건을 반드시 갖추어야 한다. 첫째, 신규성은 개발한 기술이 세계 최초여야 한다는 요건이다. 따라서 외국에는 있는데 우리나라에 없는 제품을 개발하여 특허를 출원하면 신규성이 없어 특허를 받을 수 없다. 둘째, 진보성이란 이미 나와 있는 기술과 비교할 때 일정 수준 이상으로 진보한 것이어야 한다는 요건이다. 셋째, 선원성이란 먼저 출원한 사람에게 특허권을 부여한다는 요건이다(고

---

8) 다만, 특허출원 이전에 국내에서 공지되었거나 公然히 실시된 발명, 특허출원 이전에 국내나 국외에서 반포한 간행물에 기재된 발명에 대해서는 특허권을 부여하지 않는다.

영회, 2001).

특허는 제품을 출시하기 이전에 출원해야 한다. 제품을 먼저 출시하여 시장 반응을 타진해본 후 반응이 좋으면 특허권을 확보하겠다는 접근방식은 허용하지 않는다. 이미 제품출시가 되어 신규성이 없어졌기 때문이다.

특허권의 활용가치는 다음과 같이 높다. 첫째, 특허발명을 직접 실시할 때에는 시장에서 우위성 있는 제품이나 서비스를 출시하여 경쟁력을 크게 높일 수 있다.

둘째, 특허권을 보유하고 있으면 그 권리에 대한 다른 사람의 침해행위를 배제할 수 있으며, 침해로 손해를 입을 때에는 그 손해배상에 관한 법적 조치를 취할 수 있다.

셋째, 특허권을 전략적으로 활용할 수 있다. 여기에는 ① 자사의 기업방침에 따른 전략적 라이센스, ② 기업들이 보유한 특허권을 상호 교차적으로 실시하도록 허여하는 크로스 라이센스, ③ 자사가 실시하지 않고 있는 특허권을 적극적으로 제공한 후 그것의 개량기술에 대한 무상 실시권을 확보하는 행위, ④ 소수의 기업들이 자신들의 특허를 공동으로 사용할 수 있는 풀의 형성, ⑤ 유사한 특허를 보유한 기업들끼리의 제품 규격화 등을 포함한다(김경옥 · 이병목, 1997 : 263~273).

한편, 특허를 받지 못하면 특허가 거절된 이유를 알 수 있어 연구개발의 방향 수정에 도움을 얻을 수 있다.

3) 노하우

노하우(know-how)는 '산업상 기술의 이용 및 적용을 위한 지식과 생산방법'이며, '제품의 생산방법과 기술적 실행에 관한 전문지식과 경험의 총체'이다(박동현, 1997 : 23). 우리나라의 부정경쟁방지법 제2조 제2호에는 '공연히 알려져 있지 아니하고 독립된 경제적 가치를 가지는 것으로서, 상당한 노력에 의하여 비밀로 유지된 생활방법, 판매방법 기타 영업활동에 유용한 기술상 또는 경영상의 정보'로 규정하고 있다. 노하우의 명칭은 기술정보·무역기밀(trade secret)·사업기밀(business secret)·비공개정보 등으로도 불리고 있다.

노하우는 정상적인 이전의 대상이며 기술료를 받는 재산권으로서, 설계 방법·설계도면·실험데이터(실패한 실험 데이터 포함)·제조기술·연구보고서 등의 형태이며, 특허의 요건을 갖추지 아니한 정보가 주축을 이룬다.

4) 반도체 배치설계권

반도체 배치설계는 집적회로를 제조하기 위해 각종 회로소자와 그들을 연결하는 도선을 평면 또는 입체로 배치한 설계도면을 말한다. 우리나라에서는 1993년 9월부터 시행된 반도체배치설계에관한법률에 따라 보호하고 있다.

반도체배치설계에관한법률에 따른 보호의 대상은 반도체 배치설계 그 자체, 배치설계에 따라 제조한 반도체 집적회로, 컴퓨터·통신기기 등 반도체 집적회로를 사용하여 제조한 물품이다. 반도체 배치설계권은 창작성이 있는 배치설계를 설정하고 등록하면 발생하며, 배치설계권의 존속기간은 설정 등록일에서 10년이 원칙이다.

등록설정을 위해서는 신청인과 창작자의 서지적 사항, 반도체 칩의 명칭, 창작 및 상업적 이용일, 반도체 칩의 구조·기술·기능과 간단한 설명, 배치설계 도면이나 사진, 반도체 집적회로 샘플 4개 등의 서류가 첨부된 설정등록신청서와 소정의 수수료를 첨부하여 특허청 담당부서에 제출하면 된다. 특허청에서는 등록요건을 검토하여 2주일 안에 등록을 해준다 (송봉식, 2001 : 22~23).

5) 컴퓨터프로그램

컴퓨터프로그램은 1986년에 제정한 컴퓨터프로그램보호법에 따라 저작권의 테두리 안에서 보호를 받고 있다. 정부는 불법 소프트웨어의 사용을 금지하고, 위반행위를 지속적으로 단속하고 있다.

한편, 컴퓨터프로그램보호법에 따른 저작권으로는 창안자의 지식재산을 효과적으로 보호할 수 없는 한계가 있었다. 정부는 이를 보완하기 위해 컴퓨터프로그램을 특허법에서 정한 발명의 대상으로 인정하는 조치를 1998년 8월 1일자 출원분부터 취했다. 컴퓨터프로그램은 인간의 머릿속에서 수행하는 정신적·지능적 수단이나 과정에 불과하고, 자연법칙을 이용한 발명이 아닌 일종의 계산방법에 불과하기 때문에 특허성이 부정되어야 한다는 주장도 있었지만, 선진국의 추세를 감안하여 도입하였다(송봉식, 2001 : 23~24).

제2절 연구개발성과의 활용

연구개발활동을 수행하여 우수한 학술논문을 발표하거나 특허 또는 노하우를 확보하는 것만으로 연구개발의 목적을 달성했다고는 볼 수 없다. 인류의 지식창고를 키우는 데에는 기여했지만, 연구개발자원의 투입과 연구개발활동에 대한 가시적인 보상으로는 아직 부족하다. 따라서 그 연구개발성과들이 시장에 진출해서 경제적 이익과 생활의 편익을 가져오도록 노력해야 한다.

연구개발결과의 가장 효율적인 활용은 충분한 이윤과 편익을 얻는 것이다. 개발된 기술로 직접 상품을 생산할 것인지, 아니면 그 기술을 다른 기업에 판매할 것인지 등의 판단은 당해 기술의 라이프사이클 특성에 입각해야 한다. 왜냐하면, 모든 기술의 일생은 S-커브(도입기 → 성장기 → 성숙기 → 쇠퇴기)를 그리면서 전개되고, 각 단계의 지속기간은 당해 기술에 대한 수요자와 경쟁자의 태도에 따라 달라지기 때문이다.

한편, 연구개발성과의 활용도를 계속 높이려면 기술이 낡아지는 것에 대응하는 새로운 연구개발 프로젝트를 사전에 준비하고 착수해야 한다. 예를 들면, 반도체의 경우에는 집적도가 18개월마다 2배로 늘어난다는 무어의 법칙을 적용하고 있기 때문에, 18개월 뒤에 전개될 새로운 성능의 반도체 경쟁에 미리미리 대비하는 노력이 필요한 것이다.

1. 기술의 이전

연구개발결과가 제품이나 서비스로 변환되어 고객에게 팔리려면 개발된 기술을 연구실에서 생산현장으로 신속하고 빈틈없이 이전해야 한다. 때에 따라서는 기술의 상태로 판매하여 이익을 얻을 수도 있다. 이와 같은 기술이전은 '과학과 기술이 인간의 활동을 통하여 확산되어 가는 과정' (Brooks, 1966), 또는 '기술적 지식의 계획적이고 전략적인 이동' (김현구, 1989 : 409)으로 정의한다. 기술이전은 그 형태를 막론하고 개발한 기술의 효과적인 활용과 기술개발에 투입된 가치의 효과적인 회수에 기여한다.

기술이전을 둘러싼 가설을 살펴보면 다음과 같다. 첫째, 임무지향적 연구개발조직이 자신의 임무를 효과적으로 수행하기 위해서는 연구개발결과에 관한 기술이전이 필수적이다. 둘째, 기술이전의 효과성은 임무지향적 연구개발조직의 생산성을 측정하는 필수 도구이다. 셋째, 효과적인 기술이전은 기술혁신에 대한 수요자 참여를 늘리고, 연구개발생산성에 적극적으로 영향을 미치며, 길게는 수요자 그룹의 재정지원에 도움을 준다. 넷째, 제도적·조직적 제약뿐만 아니라 부적절한 기획이 기술이전의 과정을 가로막는다. 다섯째, 기술이전의 기법이나 접근방법은 개발할 수 있다 (Jain & Triandis, 1997 : 201).

기술이전을 활발하게 추진하려면 기술이전에 영향을 미치는 요인을 고찰해야 한다. 세트론(Cetron, 1973 : 11)에 따르면, 국가의 정책·법률·규제, 기업의 정책, 시장의 수요, 국가와 산업계의 과학적 기반, 연구개발 노력의 수준, 교육수준과 재정능력이 기술이전에 중요한 영향을 미친다.

기술이 이전되면, 기술제공자는 기술이전계약에 따라 기술을 제공할 의무와 보증책임을 갖는 대신에 기술료를 수취할 권한이 있다. 반면에 기술도입자는 기술의 사용권한을 갖는 대신에 기술료를 지급하고 관련 비밀을 준수할 의무가 있다.

1) 기술이전의 매개체

기술이전의 매개체는 대단히 다양하다. 사람, 문서, 시설, 제도로 나누어서 고찰하면 다음과 같다. 첫째, 기술이전을 매개하는 사람은 연구개발 프로젝트의 도출과정에 참여하는 전문가와 관계자, 연구개발활동을 수행한 연구자이다. 그 밖에도 연구개발 프로젝트에 대한 평가자와 모니터 요원도 부분적으로 기술이전을 매개할 수 있을 것이다. 둘째, 기술이전을 매개하는 문서는 연구보고서, 연구개발일지, 사용자 매뉴얼, 설계기준 등이다. 셋째, 기술이전을 매개하는 시설과 조직은 통신수단, 기술이전조직, 기술훈련조직 등이다. 넷째, 기술이전을 매개하는 제도는 특허, 라이센싱, 시범 프로젝트 등이다. 기술을 이전하려는 사람은 자신의 여건에 가장 적합한 방식을 복합적으로 선택하여 사용해야 한다.

사례

미국의 국립항공우주국(NASA)은 기술이전 전담부서를 설치하여 운영하고 있다. 그 부서에서는 NASA가 후원하여 개발한 기술을 공공문제의 해결에 활용할 수 있도록 필요한 정보를 제공한다. 또 온라인 데이터베이스를 구축하여 일반인이 접근할 수 있도록 개방하고 있다(McKinsey &

Company, 1998 : 24).

우리나라 정부출연연구소는 기술이전 성과에 대한 평가시스템, 인센티브와 보상시스템을 구축하여 기술이전 활동을 촉진해야 한다는 견해가 있다(이민형, 2000 : 112).

2) 기술이전의 유형

기술이전에는 라이센싱과 양도의 두 가지 형태가 있다. 라이센싱은 기술제공자(licensor)가 본원적 권리를 가진 채, 그 권리의 실시만을 기술도입자(licensee)에게 허락하는 형태이다. 이와 견주어, 양도(assignment)는 권리 그 자체를 통째로 기술도입자에게 이전하는 형태이다.

기술 라이센싱의 핵심을 이루는 실시권에는 다음과 같은 유형이 있다(박동현, 1997 : 9~18). 첫째, 전용실시권과 통상실시권으로 분류한다. 전용실시권은 기술도입자만이 기술의 실시권한을 독점적으로 갖는 형태인 반면에, 통상실시권은 기술제공자가 스스로 특허권을 실시할 수도 있고 제3자에게도 동일한 내용의 통상실시권을 허락할 수도 있는 형태이다.

둘째, 명시적 실시권과 묵시적 실시권으로 분류한다. 명시적 실시권(specified license)은 서면이나 구두 등 명시적으로 허락한 실시권인데, 묵시적 실시권(implied license)은 해석에 따라 당연히 허락하는 실시권이다.

셋째, 재실시권(sub-license)이 있는데, 이것은 기술도입자가 기술을 제3자에게 다시 라이센스할 수 있는 권리이다.

넷째, 두 가지 형태의 크로스 라이센스(cross license)가 있는데, 하나는 라이센스 기술을 실시하는 동안에 취득한 특허권을 교환하는 형태이고, 다른 하나는 쌍방이 보유하고 있는 우수한 기술을 호혜의 원칙에 따라 서로 교환하여 사용하는 형태이다.

3) 기술료의 산정과 지급방법

기술료(royalty)의 액수를 결정할 때에는 대단히 많은 요인들을 주의 깊게 고려해야 한다. 그 가운데서 중요한 요인들은 ① 제품의 시장성 유무와 정도 : 대상기술의 완성도, 상업화 정도, 생산활동의 유지 가능성 등, ② 기업화의 난이도 : 기술의 상업적 완성도에 영향을 주는 원재료·부품 등의 취득 난이도, 기업화에 필요한 설비투자액의 규모, 판매단계에서 발생하는 광고비의 정도, 타인이 소유한 특허권과의 관계 등, ③ 라이센스의 내용 : 라이센스의 종류와 성격(특허·노하우의 독립성과 배타성 정도), 허락범위(대상지역), 기간, 대상기술의 구성 내용, 제3자의 특허·노하우 등의 관계, 대가에 관한 사항 등이다(박동현, 1997 : 18~19).

한편, 기술료의 종류에는 경상실시료, 고정기술료, 선불금, 최저실시료, 최대실시료 등이 있다. 첫째, 경상실시료(running royalty)는 대상기술이 판매와 직결되면 적용하는 기술료로서, 정액법과 종률법으로 나누어진다. 정액법(per unit royalty)은 제품의 단위당 금액으로 판매량 등에 부과하는 방식이며, 종률법(percentage royalty)은 실제 매출금액의 몇 퍼센트에 해당하는 금액을 기술료로 산출하는 방식이다.

둘째, 고정기술료(fixed payment)는 경상실시료와 대칭되는 개념으로서, 계약제품의 판매액 등과는 관계없이 고정금액으로 지급하는 방식이다. 지급방식에는 일시에 지급하는 lump-sum payment와 분할해서 지급하는 installment payment가 있다.

셋째, 선불금(initial payment)은 제품 판매와는 아무런 관계없이 계약체결 시점 또는 계약에 정한 시점에서 기술제공자에게 지불하는 기술료이다. 이것은 기술제공자의 정보이전 경비, 노하우의 조기 공개에 대한 대가, 노하우의 제공에 대한 보증 등의 명목으로 주어진다. 그 명칭도 license issue fee, guarantee fee, advance royalty, down payment로 다양하다.

넷째, 최저실시료(minimum royalty)는 계약기간의 전체 또는 소정의 기간에 대하여 지불해야 할 기술료의 최저액을 말한다. 시장변화에도 일정 금액의 기술료를 지불하기 때문에, 기술제공자의 위험부담을 줄여 주는 효과가 있다.

다섯째, 최대실시료(maximum royalty)는 기술료의 최고 상한액으로서, 실제로 발생되는 기술료에 구애받지 않고 사전에 합의하여 결정한 상한선의 금액만을 지불하는 효력을 가진다.

2. 상품과 서비스의 제조·판매

새로운 기술은 실용적인 제품, 공정 또는 서비스로 전환되어야 진정한 가치를 발현할 수 있다. 공공기술도 생산·가공과정을 거쳐야만 국민들에게 전달될 수 있다.

새로운 기술의 상품화와 판매는 일반적으로 도전적인 저항에 취약한 특성을 갖고 있다. 이러한 저항의 원인은 대체로 ① 다수의 소비자에게 성공적인 제품으로 폭넓게 검증되지 않았기 때문이며, ② 최초의 제조비용과 신기술로 전환하는 비용이 비싸고 유통경로가 부족하기 때문이며, ③ 친숙한 기존의 것에서 벗어나 더 나은 것으로 전환하기를 꺼리는 심리적 요소가 있기 때문이다.

신제품에 대한 저항을 없앨 수 있는 우선적인 방법은 획기적으로 새로운 성능이나 품질을 구현하고 가격을 인하하는 것이다. 또 다수의 경쟁자들을 통해 변화의 폭과 깊이를 자극하고, 관련 기업과 제휴를 맺어 기업화와 시장 진출의 길을 열어야 한다.

3. 벤처기술창업

벤처기술창업은 새로운 기술을 모태로 새로운 기업을 모험적으로 설립하는 활동이다. 기술집약형 벤처기업의 창업은 대단히 중요한 혁신활동으로서, 그 기업은 기술혁신의 돌파구를 지속적으로 확충한다. 슘페터 (Schumpeter, 1949 : 66)가 제시했던 혁신[9]의 5번째 항목에도 '산업조직의 변화'를 포함한다.

1) 벤처기술창업에 대한 기본인식

벤처기술창업은 개발한 기술을 활용하는 방법 가운데 위력이 가장 크다. 그러나 벤처기술창업은 다음과 같은 점을 고려해야 한다.

첫째, 벤처기술창업의 매력은 성공하면 투자액의 100배 정도를 회수할 수 있지만, 그 성공확률이 5~10퍼센트에 불과하다는 근본적인 제약을 극복하지 않으면 안 된다.

둘째, 정부출연연구소 등 비영리기관에서도 벤처기업에서 더 많은 이익을 얻도록 노력해야 한다. 그 이익을 통해 연구소의 운영기반 강화, 장기적인 기초연구의 안정적 추진, 연구자에 대한 인센티브 등을 위한 재원을 확보할 수 있기 때문이다.

셋째, 벤처기술창업을 지원할 때에는 다음 두 가지 논쟁에 대하여 지혜롭게 대처해야 한다. 하나는 대학교수가 하는 실험실 창업의 타당성에 대한 논쟁이다. 실험실 창업은 연구와 현장교육을 자연스럽게 연계하고 이론과 아이디어를 상품화할 수 있는 좋은 기회라는 찬성론이 있는가 하면, 학생들의 수업에 지장을 주고 기초학문에 대한 연구를 소홀히 하여 대학 본연의 역할 수행이 소홀해진다는 비판론도 있다.

다른 하나는 창업 연구원의 급여를 일정기간 동안 연구소에서 지급하는 지원조치에 대한 논쟁이다. 연구소의 연구개발 프로젝트에 실질적으로 참여하면 그 참여 정도에 따른 인건비를 받을 수 있지만, 그렇지 않은 연구

---

9) 슘페터가 제시했던 혁신의 5대 요인은 ① The introduction of a new commodity, ② The introduction of a new method of production, ③ The opening up of a new market, ④ The conquest of a new source of supply of new materials, ⑤ The change in the organization of any industry이다.

자에게 인건비를 지급하는 것은 다른 연구자에게 피해를 줄 수 있다는 비판을 제기하고 있다.

2) 벤처기술창업의 유형

개발된 기술을 이용하는 벤처창업은 사내벤처와 사외벤처의 두 가지 유형이 있으며, 사내벤처로 시작했다가 사외벤처로 전환하는 형태도 있다.

사내벤처는 특정한 테마를 중심으로 사장 직속에 설치한다. 일반적으로 기술·제조·영업분야의 전문가 3인 이상으로 결성하며, 팀장은 사장이 지명한다. 팀장은 구성원을 자유롭게 선정할 수 있고, 연구개발에서 생산·판매와 이에 필요한 설비투자에 이르기까지 일체의 책임과 권한을 가지며, 개발비는 본사에서 부담하고, 성과는 그 팀에 귀속한다. 그래서 소사장제나 사내창업제도로 불린다.

사내벤처를 육성해 주면, 팀 구성원들은 새로운 아이디어에 몰두하여 유망한 신규사업을 찾을 수 있으며, 기술수준을 크게 높일 수 있다. 또한 기술개발에서 제품출하에 이르는 전체적인 과정을 몸으로 체험할 수 있기 때문에, 회사 전체의 균형 있는 발전에도 기여한다((주)Urban Produce 출판부 편, 1988 : 138~140). 더구나 벤처팀과 유관부서 사이의 갈등이 없어지기 때문에, 경영자들은 상충하는 우선순위를 놓고 고민할 필요가 없어지며, 직원들도 충성심의 분열 때문에 고민할 필요가 없어진다. 또 그 팀은 시장의 요구를 인식하고 충족시키는 단 한 가지의 과업만을 수행하기 때문에, 시장의 변화를 더 빨리 감지하고 결정을 빠르게 내릴 수 있다.

반면에, 벤처팀의 운영이 전적으로 팀장의 자질에 따라 좌우되기 때문에, 용기 있는 구성원과 고객을 제외하고는 팀장을 견제하고 조정할 수단이 별로 없는 단점이 있다(Maynard, Jr & Mehrtens, 1993/1993 : 125~126). 따라서 사내벤처팀장의 독립성과 자율성을 인정하면서도 본사의 조직과 연계하여 제어할 수 있는 네트워크를 구성하는 것이 바람직하다.

사외벤처는 신제품이나 신기술을 개발하기 위해 소규모의 회사를 본사와 독립적으로 설립하고, 모회사와는 종적인 관계가 아니라 시스템이나 네트워크로만 관련을 갖는 형태이다. 이렇게 결성된 소회사는 의사결정을 유연하고 신속하게 내릴 수 있는 장점이 있다(김원수, 1978 : 376). 사외벤처는 원래 회사나 연구소에 근무하는 사람이 그곳에서 특정 분야의 기술을 익힌 뒤 외부에 나가서 창업하는 것을 뜻하였는데, 최근에는 대학이나 연구소 등에서 교수나 연구자들에게 창업휴직을 허용하고 언제든지 복직할 수 있도록 보장하는 형태로 변형되었다. 교수나 연구자들은 창업의 실패로 생기는 실직 위험을 줄이고, 대학이나 연구소는 유능한 인재를 계속해서 보유할 수 있기 때문이다.

사례

미국의 SRI 인터네셔널사에서는 유망한 기술을 개발하면 금융기관 등과 공동으로 기업을 설립하고 경영에 직접 참여하여 기술을 상업화한다(한국산업기술진흥협회, 1999. 8 : 57).

독일의 프라운호퍼연구소에서는 퇴직대책의 일환으로 창업을 적극 지원한다(McKinsey & Company, 1998 : 22).

일본의 후지쓰사는 퇴직금 등으로 50퍼센트 이상을 출자해서 벤처기업을 설립하려는 사원들에게 나머지 50퍼센트 수준의 출자금을 지원하고, 법률관계나 경리기법도 지도해준다. 이러한 벤처기업들이 3년 안에 흑자를 기록하는 등 성공적으로 정착하면, 사원들의 출자자본을 원래 가격의 10배 정도 높은 가격으로 사 들이고 복직도 허용한다. 그러나 실패하면 아무런 혜택도 주지 않는다(《한국경제신문》, 1994, 6. 27).

일본의 이화학연구소(RIKEN)에서는 ① 연구원의 겸직, ② 벤처기업과 연구원 교환, ③ 연구원의 벤처기업 파견, ④ 연구시설의 무상 사용, ⑤ 특허 실시권의 일정기간 우선 부여, ⑥ 모험자본 알선 등을 통해 창업을 지원한다.

한국 사람한테 가장 익숙한 초기의 대표적인 사내벤처팀은 팡이제로라는 제품을 출시했던 당시 (주)유공의 바이오텍 사업부였을 것이다. 1992년 12월 1일 출범한 이 벤처팀은 1994년 6월에 직원이 25명이었는데, 그들의 평균연령은 28세였다. 유공에 입사한 뒤 8년 동안 근무하면서 10여 건의 발명특허를 취득한 어느 연구자가 주도하였다. 자신의 개발성과가 상품화되지 못하는 것을 심히 안타깝게 생각하던 그는 회사의 경영층을 끈질기게 설득하여 30억 원의 한도에서 자유롭게 투자해도 좋다는 지원약속을 받아냈다. 그리고 사장에게 전권을 위임받아 자신의 판단 아래 모든 업무를 독자적으로 꾸려 나갔다. 그 팀은 사업 1차 연도인 1993년에 90억 원의 매출을 올렸다.

3) 벤처기술창업의 성공조건

새로운 기술로 벤처창업에 성공하려면 여러 가지의 난관을 극복해야 한다. 여기서 피터 드러커는 경영의 중요성을 강조한다. 벤처기업이 아무리 우수한 아이디어·기술·제품과 풍부한 자금을 확보하고 있더라도 하나의 기업으로 철저하게 경영하지 않으면 살아남기 어렵다는 뜻이다. 사업 초기에는 시장에 초점을 두고 시장지향적인 활동을 해야 하며, 성장단계에서는 현금의 흐름과 미래 자본수요 등의 재무계획을 세워 대처해야 하며, 성숙 단계에서는 CEO를 보좌하는 팀을 만들어서 가동해야 한다는 것이다.

정현권(2001)에 따르면, 성공한 벤처기업인들은 기술력을 확보한 후 직접 전국 방방곡곡을 누비면서 사업을 일군 사람들이다. 들풀처럼 끈질긴 생명력을 갖고 영업일선을 누벼서 회사를 반석에 올려놓은 사람들이다. 이들은 하나같이 머리가 비상한 아이디어맨이나 기술자라기보다는 성실한 영업맨이다.

김 홍(2001)은 벤처기업의 어려움과 대처방안을 다섯 번의 고비로 구분하여 정리한 바 있다. 첫 번째 고비는 제품개발의 완료단계에서 나타나는 자금난으로서, 이를 방지하려면 창업 초기단계에서 제품개발비·시제품개발비·설비비·운영비 등의 소요금액과 조달계획을 항목별·시기별로 세워야 한다.

두 번째 고비는 개발한 제품을 판매하려고 할 때 나타난다. 제품을 개발하고 있을 때는 좋은 평가를 하다가도 막상 제품을 납품하려고 할 때에는 제품의 디자인·품질·가격 등을 문제삼아 계약을 하지 않거나 결정을 유보하는 사람들이 있기 때문이다. 이에 대비하기 위해서는 초기단계부터 목표시장을 냉정하게 설정하여 분석해야 하며, 소비자의 입장에서 기능·디자인·가격 등을 결정해야 한다.

세 번째의 고비는 회사를 확장할 때 나타난다. 회사가 보육센터를 떠나 자가공장을 마련할 때 불필요하게 큰 규모의 부지나 건물을 확보하여 자금난에 빠지는 경우이다. 이에 대비하기 위해서는 상환 가능성이 확실한 차입자금만을 사용해야 한다.

네 번째 고비는 후속 제품이나 수익모델이 없는 경우에 나타난다. 회사 전체는 흑자를 내고 있지만, 매출액이 감소하고 발전 가능성이 낮은 경우이다. 이를 예방하려면 창업초기에 한 가지 제품으로 사업을 시작해서는 안 되고, 3~5년 정도의 제품개발 계획과 일련의 아이디어를 갖고 있어야 한다.

다섯 번째 고비는 전문경영능력의 결핍에서 비롯된다. 창업자가 회사를 지속적으로 성장하게 할 능력이 없을 때에는 전문경영인에게 회사의 운영을 맡겨야 한다.

한편, 소규모의 벤처기업을 위한 분야별 전문기관을 활용하면 좋은 효과를 거둘 수 있다. 첫째, 벤처기업들이 당하기 쉬운 지적재산권 소송과 분쟁해결 등 종합적인 법률서비스를 제공하는 기관들이 많다.

둘째, 벤처기업들의 인수와 합병을 자문해 주는 전문기관들도 많다. 이들은 벤처기업들의 원활한 M&A를 위한 경영전략과 M&A 서비스(매도와 매수)를 제공한다.

셋째, 기술력은 좋으나 회계관리가 부실해서 투자유치에 어려움을 겪고 있는 벤처기업들을 도와주는 기관들도 적지 않다. 이 기관들은 벤처기업의 자금조달·회계·세무 서비스 등을 온라인으로 제공하며, 증자와 코스닥 등록을 위한 재무컨설팅도 대행해 준다.

넷째, 벤처기업이 개발한 제품을 시장에 성공적으로 진입시키고 지속적으로 영업관리를 도와주는 전문기관들도 있다. 다섯째, 벤처기업의 중요한 기업성장 전략 가운데 하나인 홍보를 대행해 주는 기관도 있다.

끝으로 해외에 진출하려는 벤처기업들을 돕는 전문기관들이 있다. 이들은 시장정보를 제공하고, 해외지사의 업무를 현지에서 대행해 주기도 한다(《내외경제》, 2001. 1. 15).

사례

미국의 벤처기업협회에서는 CEO의 중요한 기능을 세 가지로 규정하고 있는데, 첫째는 돈을 구해 오는 것이고, 둘째는 인재를 모으는 것이며, 셋째는 인재들이 일할 수 있도록 만들어 주는 것이다(박재광·신현암·정권택, 2000 : 8).

제3절 연구개발성과의 발표

연구개발 프로젝트의 성공이 해당 기관의 이익과 연결되려면 외부에 널리 알려져야 한다. 그것은 당해 기술이나 기술제품의 판매를 확대하고, 기관의 이미지를 향상시키고, 연구개발팀의 사회적 명예를 고양시켜 사기를 진작하는 데 많은 도움을 줄 수 있다.

예를 들면, 일본의 NEC는 4메가 디 램 반도체 개발을 1985년 11월에 완료했다. 그런데 이 성과의 발표시기를 둘러싸고 의견이 대립하였다. 시기상조를 주장하는 쪽에서는 256케이 디 램 반도체 폭락의 후유증이 남아 있고, 미국과 무역마찰 문제에도 영향을 미친다는 입장이었다. 그러나 담당 임원은 굳이 연내 발표를 서둘렀다. 최초의 4메가 디 램 개발이라는 발표를 통해 불황무드를 단숨에 회복하고 반도체 생산분야에서 세계 제일의 자리를 계속해서 유지하려는 의도였다.

NEC의 발표가 있은 뒤에 담당 임원의 예감은 적중했다. 1메가 디 램 반도체에서 NEC를 앞섰던 도시바가 4메가 디 램 반도체의 개발에서는 NEC를 추종하는 모습을 보여주었기 때문이다. 이렇게 되자 NEC의 연구자들은 자신들이 세계 최고의 기술을 세계 최초로 개발했다는 자부심과 긍지에 도취하였고, 외부에서도 그렇게 인정을 받았다(나카가와 야스조, 1993 : 243~244).

따라서 연구개발성과는 발표의 시기, 발표의 형태, 발표의 내용 등을 신중하게 검토하여 발표의 효과를 높여야 한다.

1. 학술발표

연구개발성과의 학술발표에는 내부발표와 외부발표가 있다. 우선, 기관 내부에서 연구개발성과 발표회를 1년에 몇 차례씩 정례적으로 개최하면 다면적인 효과를 거둘 수 있다. 젊은 연구자는 자신의 성과에 대한 선배와 동료의 인정을 받아 자신감을 갖게 되며, 연구자 사이의 지식 교류와 연구개발협력의 끈을 강화하는 동시에, 연구개발 지향적인 기풍을 폭넓게 진작시킬 수 있다. 이 자리에 CEO나 CTO가 참석하여 경청하고 격려하면 더 큰 효과를 거둘 수 있다.

대외적인 학술발표는 국내외의 학술대회와 학술지에 논문을 발표하는 형태로 이루어진다. 현재 세계에서 가장 널리 권위를 인정받고 있는 학술지는 SCI 데이터베이스에 등재된 학술지이다.[10] 그렇지만 SCI 학술지는 논문의 투고에서 게재에 이르기까지 1, 2년이 걸리고 국제학술대회에 논문을 발표하는 기간보다 길기 때문에, 국제학술대회에 연구결과를 발표하는 경우도 많다(최호남, 1999 : 3).

연구개발성과에 관한 학술논문을 발표하면 그 성과의 수요자를 찾는 데 많은 도움을 받을 수 있다. 언론보도로 이어지면 다중을 향한 홍보효과까지 거둘 수 있다.

2. 홍보

연구개발성과의 홍보는 홍보의 시기, 홍보의 대상, 홍보의 수단 등에 대한 체계적인 전략을 수립하여 필사적으로 전개해야 한다(최석식, 1998). 첫째, 홍보의 시기는 기관의 홍보목적에 가장 부합하는 시기를 선택해야 한다.

예를 들면 주주총회를 앞둔 시점이나 주가를 크게 끌어올려야 할 시점을 선택하는 것이다. 그러나 일반적으로는 연구개발성공의 단계별로 나누어서 연구개발에 성공한 시점, 기술을 판매하거나 기업화한 시점, 기술제품이 시판되는 시점에 각각 홍보하는 것이 효과적이다. 이것은 홍보의 반복효과를 극대화하는 전략이다.

둘째, 홍보의 주체는 다양할수록 좋다. 가장 전형적인 홍보주체는 CEO/CTO와 홍보전담요원이다. 홍보전담요원으로는 기관의 전반적인 업

---

10) SCI 데이터베이스는 ISI(Institute for Scientific Information)에서 색인하는 인용 정보 데이터베이스 가운데 과학기술분야의 학술지를 대상으로 색인한 것이다. ISI는 1958년에 설립한 미국의 민간연구소로서, 매년 엄격한 심사를 거쳐 기술적으로 기여도가 높은 학술지를 선정하여 색인과 인용정보를 데이터베이스에 추가하고 있다. SCI 데이터베이스는 발표한 논문이 다른 사람의 연구에 얼마나 도움이 되었는가에 대한 척도를 제공하고 있으며, 국가나 연구기관 사이의 연구능력을 비교하는 객관적 자료로 활용된다(한선화 · 김태희 · 김선호, 1999 : 10)

무에 대한 지식이 풍부하고, 표현능력이 탁월하고, 대인관계가 원만하고, 성실한 인재를 배치해야 한다. 가장 위력적인 홍보주체는 기관의 모든 구성원이며, 가족과 친지들까지 동원한다면 홍보의 파급 범위를 훨씬 더 넓힐 수 있다.

셋째, 홍보의 대상은 특정 상대와 불특정 다수로 구분하여 접근해야 한다. 기업을 예로 들면, 특정한 홍보의 대상에는 주주·고정 고객·부품업체·원자재 납품업체 등이 있으며, 기업에 대한 충성심을 더욱 공고하게 다지는 데 초점을 맞추어야 한다. 한편, 불특정 다수에는 일반 투자자·미래 고객 등을 포함하는데, 이들은 기업의 주주로 참여하거나 고정 고객이 되도록 유인하는 데 역점을 두어야 한다.

넷째, 홍보의 매체는 홍보의 주체와 대상에 적합한 형태를 각각 선택해야 한다. 특정한 상대에 대해서는 우편이나 전자메일을 통해서 개별적으로 전달하는 것이 바람직하다. 그렇게 되면 다른 사람에게 자신의 위상과 노력에 대한 인정을 받는다는 인상을 주어 애착을 강하게 할 수 있다. 불특정 다수에 대해서는 언론매체(신문·방송·잡지 등), 광고 전단, 광고 전광판 등 다양한 매체를 이용한다.

끝으로 홍보의 내용은 홍보의 대상에 따라 다르게 편성해야 하며, 제공하는 자료에 대해서는 시간적·공간적 일관성을 유지해야 한다. 그래야만 신뢰를 얻을 수 있다.

제4절 연구개발성과의 보호

'기술스파이 행위는 가장 확실한 연구개발활동'이라는 이야기가 있다. 경쟁기업의 기술을 단시일에 따라 잡으려는 노력 가운데 하나로 자행되는 기술의 불법적인 절취행위가 급증하고 있다. 기술정보의 절도에 동원하는 방법은 ① 기술인력 스카우트, ② 위장취업, ③ 합작투자 상담, ④ 투어그룹

이탈, ⑤ 인터넷 메시지 가로채기, ⑥ 쓰레기와 폐기물품의 탐색 등이 있다.

연구개발성과물에 대한 대표적인 보호조치는 다음과 같다. 첫째, 연구개발성과물의 관리를 전담하는 부서를 설치하고 전문가를 배치하여 연구개발성과물의 존재와 이동을 빈틈없이 추적해야 한다. 여기서 말하는 전문가는 법률지식과 과학기술지식을 겸비한 인재이다.

둘째, 기술비밀누설금지규정을 제정하여 시행해야 한다. 연구자 자신이 개발한 기술뿐만 아니라, 다른 프로젝트에 대하여 지득한 기밀을 재직중은 물론 퇴직한 다음에도 제3자에게 누설하지 않도록 서명을 받는다.

셋째, 연구자가 일정기간 동안 경쟁업체로의 전직이나 창업을 하지 못하도록 사전에 연구자의 동의를 얻어 제한할 수 있다.

넷째, 연구소에 외부인사가 무단으로 침입할 수 없도록 경계근무를 강화해야 한다.

다섯째, 컴퓨터 해킹을 당하지 않도록 방호벽을 튼튼하게 설치해야 한다.

끝으로 소외된 곳의 연구자를 특별히 격려하고 챙겨서 그들에 의한 기술유출을 방지해야 한다.

한편, 우발적인 사고나 외부의 폭력 등에서 핵심 연구자와 기술자를 보호해야 하며, 불의의 사고를 당했을 때의 대비책이 있어야 한다. 중요한 기술기밀을 보유하고 있는 핵심인사들은 경쟁자가 테러를 가할 위험성이 크고, 그들의 안위는 그 개인의 차원을 떠나 기업의 생존과 번영에 직결되기 때문이다. 또 우리나라에서는 교통사고 사망률이 높아서 이에 대한 대비는 항상 필요하기 때문이다.

사례

미국의 사법당국은 2001년 5월 9일 오하이오주 클리블랜드병원에서 알츠하이머병 치료용으로 개발한 시료와 DNA 샘플 등을 훔쳐 일본으로 가져 간 혐의로 일본 이화학연구소 뇌과학종합연구센터 연구자 한 명과 이

물품들을 보관하거나 국외로 반출하도록 도와준 미국 캔사스대학 의학대학원 조교수 한 명을 기소했다(《중앙일보》, 2001. 5. 11).

중국계 과학자 두 명은 세계 최대 전화장비업체인 미국 루슨트 테크놀로지사의 기밀을 훔쳐 중국 국영통신회사에 넘긴 혐의로 2001년 5월초 체포되었다(《문화일보》, 2001. 5. 15).

삼성전자는 2001년 4월 미국의 라스베이거스에서 열리는 국제방송장비 전시회에 전시하기 위해 현지의 힐튼호텔로 보냈던 63인치 초대형 PDP TV를 도난당했다. 호텔 로비에서 협력사 직원을 사칭한 사람이 그것을 인수해 달아났던 것이다. 이 PDP TV는 화면의 크기가 세계 최대이면서 두께가 8.3cm 밖에 안 되는 것으로서 세계에 3대밖에 없는 제품이었다. 1개월이 지난 뒤에 그 사건의 용의자가 붙잡혔고, 도난당했던 제품도 회수했다. 그에 앞선 2001년 3월 LG전자는 독일 프랑크프르트 공항에서 60인치 PDP를 도난당하였다(《국민일보》, 2001. 5. 25).

L씨는 자신이 퇴직한 벤처기업이 25억 원을 투자하여 개발한 무선신호 위치 추적시스템 등 정보통신기술을 몰래 노트북 컴퓨터에 저장하여 빼낸 뒤, 이를 새로 취업한 (주)SNTR의 인터넷 홈페이지에 게재하고 전자메일로 중국회사에 팔아 넘기려다 적발되었다. 이 사건으로 L씨는 업무상배임죄로 징역 2년을 선고받았다(《문화일보》, 2001. 6. 22 및 《한국일보》, 2001. 6. 23).

LG정보통신의 선임연구원 K씨는 초고속통신망 관련 기술을 빼내 중국에 팔아 넘기려고 한 혐의로 서울지법 형사합의23부로부터 징역 1년 6월에 집행유예 3년을 선고받았고, 재미교포 등 공범 3명은 징역 1년에 집행유예 2년씩을 선고받았다(《한국일보》, 2001. 6. 23).

미국의 코카콜라사는 20세기 미국문화의 상징으로서 브랜드의 가치가 세계 최고 수준인데, 특이한 방법으로 핵심기술자를 보호한다. 다시 말해, 코카콜라는 99퍼센트가 설탕물이고 나머지 1퍼센트의 처방만이 특유한 제조비법에 속한다. 그런데 코카콜라의 특유한 맛을 내는 처방을 알고 있는 사람은 어느 때나 두세 명을 넘지 않는다. 더 많은 사람들에게 알려지면 외부로 유출될 우려가 있기 때문이며, 단 한 사람에게만 전수하면 그 사람이 갑자기 죽을 경우에 코카콜라의 제조비법이 전승되지 않고 끊길 수 있기 때문이다. 또 제조비법을 알고 있는 사람들이 동시에 동일한 장소로 출장을 가야하면 각각 다른 교통편으로 분산한다(Pendergrast, 1993/1995 : 363).

제8장 연구개발성과의 평가관리

　연구개발비전과 전략계획을 설정하여 프로젝트를 선정하고, 인적 · 물적자원을 동원하여 연구개발활동을 효과적으로 수행하고, 좋은 성과를 창출하여 생산적으로 활용한 다음에는, 그 전체의 과정과 결과를 평가하는 단계로 넘어가야 한다. 그래야만 진정으로 성공했는지 아니면 실패했는지를 분간할 수 있게 된다. 그래야만 처음에 최고경영자가 약속했던 보상을 연구자에게 부여할 것인지 아니면 취소할 것인지를 판단할 수 있다.

　연구개발성과의 평가는 연구개발목표의 달성도를 점검하고, 과학적 · 기술적 · 산업적 · 경제적 · 사회적 · 문화적 · 정치적 파급효과와 영향력의 정도를 측정하는 활동이다. 사람은 기대하는 대로 움직이고, 평가받는 대로 움직이는 성향이 있기 때문에, 연구개발성과에 대한 엄격하고 공정한 평가는 대단히 중요하다.

제1절 연구개발성과의 평가방법

1. 연구개발성과의 평가척도

연구개발성과의 평가척도는 연구자에게 많은 영향을 준다. 어떤 평가지표를 사용하느냐에 따라 평가받는 연구자가 연구개발의 중점을 이동하기 때문이다.

평가를 합리적으로 실시하려면 ① 평가의 대상물을 정확하게 측정할 수 있는 평가척도, ② 의미가 분명한 평가척도, ③ 서로 중첩이 없는 평가척도가 필요하다. 이상의 요건을 모두 충족할 수 있는 평가척도는 성격·태도와 같은 추상적인 것보다는 업적·행동·결과와 같이 구체적으로 관찰할 수 있는 것이어야 한다(박동서, 1997 : 570~571).

카플랜과 노턴(Kaplan & Norton, 1996)은 점수카드(balanced scorecard)를 사용하는 연구개발성과 측정방법을 제시했다. 재정, 고객, 내부절차, 혁신과 학습의 4가지 관점에서 전략목표를 설정하고, 각각의 목표에 대하여 하나 또는 그 이상의 측정기준을 마련하는 방식이다.

첫째, 재정의 관점은 ① 생존 : 연구개발성과의 현재가치／연구개발비, ② 성공 : 신제품의 매출이 전체 매출에서 차지하는 비중, ③ 번영 : 연구개발에 따라 얻어진 시장 점유율에 중점을 둔다.

둘째, 고객의 관점은 ① 높은 수준의 고객 만족도 : 고객 만족도 점수, ② 내·외부 고객의 요구에 대한 기대 : 고객지향적 프로젝트의 비중, ③ 높은 수준의 디자인 : 프로젝트를 위한 엔지니어링 시간／프로젝트와 문제해결을 위한 엔지니어링 시간, ④ 연구개발 히트 비율 : 시행 이전에 마무리한 프로젝트의 비중을 중심으로 한다.

셋째, 내부 절차의 관점은 ① 생산성 : 프로젝트에 투입된 시간／전체 연구개발 시간, ② 시장진입 속도 : 현행 시장 진입시간／참조시장 진입시간, ③ 기술과 디자인의 재사용 : 기존 디자인의 재사용 비율／입증된 기술, ④ 믿을 수 있는 산출 시간 : 수정된 프로젝트 수행시간의 합계/계획된 프로젝트 수행시간의 합계, ⑤ 산출의 품질 : 재작업 시간의 정도이다.

넷째, 혁신과 학습의 관점은 ① 기술적 지도력 : 연구개발에 투입한 원단위당 특허 출원 가능한 발견의 정도, ② 장기적인 초점 : 기초와 응용연구에 내·외적으로 투자한 예산의 비중, ③ 고도의 흡수능력 : 제3자와 협동으로 수행하는 프로젝트의 비율, ④ 학습조직 : 기존 프로젝트 평가에서 얻어진 아이디어가 새로운 프로젝트에 응용된 비율에 있다.

그리핀과 페이지(Griffin & Page, 1993 : 291~308)는 제품개발의 성공과 실패를 회사 차원, 프로그램 차원, 그리고 프로젝트 차원으로 나누어 진단하는 측정기준을 제시했다.

첫째, 회사 차원에서는 신제품의 매출이 전체 매출에서 차지하는 비율, 전체 사업에 대한 전략적인 적응, 미래의 기회 개막, 신제품의 이익이 전체 이익에서 차지하는 비율을 측정한다.

둘째, 프로그램 차원에서는 신제품 목표의 달성도, 회사의 성과에 대한 신제품 프로그램의 영향을 측정한다.

셋째, 프로젝트의 결과 차원에서는 개발비의 규모, 판매개시 일정계획의 충족도, 제품성과의 수준, 품질목표의 달성도, 시장진입의 속도, 혁신성의 정도, 기술적 성공의 정도를 측정한다.

넷째, 프로젝트의 재정차원에서는 손익분기 시점, 판매수익목표의 달성도, 이익목표의 달성도, IRR/ROI, 고객의 수용성, 고객의 만족도, 수입목표의 달성도, 수입의 성장도, 시장점유율 목표의 달성도, 세트단위 판매목표의 달성도, 고객의 숫자, 고객에 대한 가치 대 가격 비율로 측정한다.

플로이드(Floyd, 1997 : 208~210)는 연구개발결과의 평가방법으로 세 가지를 제시했다. 첫째는 효율성·효과성·생산성 모델이다. 이것은 절차의 효율성, 결과 도출의 효과성, 그리고 투입자원에 대한 산출의 생산성을 측정하는 방법들을 포함한다. 이 방법들은 개발절차를 설명하고 전반적인 성과를 측정할 수 있게 해주지만, 낮은 효과성이 프로젝트를 잘못 선정하여 나온 것인지 아니면 프로젝트 관리의 잘못에서 나온 것인지를 분명하게 밝혀내지 못하는 단점이 있다.

둘째는 성과에 초점을 두는 측정방법이다. 여기에서는 고객의 수용성, 연구개발 수행의 경비 · 시간 및 품질, 그리고 자금 회수를 중점적으로 분석한다. 이 방법은 신제품에서 얻은 수익을 측정할 수 있어 대단히 유용하지만, 그 성과가 어디에서 나온 것인지를 설명해주지 못하는 한계가 있다.

셋째는 손익분기점에 따른 측정방법이다. 비용 · 시간 · 판매 규모 · 이익을 종합적으로 반영하고, 산출물의 품질과 혁신성까지 측정할 수 있다. 이 방법은 동일한 부서 안에서 여러 개의 프로젝트를 비교하는 데에는 탁월하지만, 사업단위에서의 비교가 어렵고 기술개발의 효과성에 대한 지침을 주지 못하는 단점이 있다.

한편, 1992년에 미국 스퀘어사의 부사장 겸 기술책임자였던 프랜시스(Francis, 1992 : 16~23)는 연구개발효과성(R&D effectiveness)을 '기술적으로 도출된 기준'(technically driven criteria)과 '전문가로서의 인정'(professional recognition)으로 나누어 설명했다.

먼저, '기술적으로 도출된 기준'은 ① 연구개발부서에서 사업부서로 공식적으로 이전된 기술의 수와 종류, ② 회사의 내 · 외부에서 연구개발 부서에 요구한 보고서의 수, ③ 사업부서에 대하여 연구개발부서의 요원들이 제공한 프로젝트 자문, ④ 특허의 출원과 등록수, ⑤ 연구개발부서에 들어오기로 약속했거나, 연구개발부서의 영향력에 따라 사업부서에 들어오기로 약속한 외부 자금의 규모, ⑥ 기타 회사의 업무 구조 변경에 대한 연구개발부서의 영향 정도 등이다.

다음, '전문가로서의 인정'은 ① 전문가 포럼, 연설, 논문과 저서, 정부 위원회와 각종 단체의 참여활동 등에 따라 회사 외부의 연구개발부서 요원들에게 주어진 특별한 인정, ② 연구개발부서 요원들에 대한 수상, 학술단체 임원 선임, 명예와 포상, 언론보도 등을 통한 인정 등을 포함한다.

 사례

미국의 국립과학재단(NSF)에서 사용하는 연구개발 종료평가의 측정지표는 ① 그 프로젝트가 성공적으로 수행되었는가? 그것의 강점과 약점은 각각 무엇인가? ② 그 프로젝트가 전반적인 목표를 어느 정도까지 달성하였는가? ③ 참여자들은 그 프로젝트에서 이익을 얻었는가? 얻었다면 어떤 방법으로 이익을 얻었는가? ④ 어떤 요소가 가장 효과적인가? ⑤ 얻어진 결과는 비용을 지출할 만한 가치를 지녔는가? ⑥ 그 결과를 재생할 수 있고 이전할 수 있는가?를 중점적으로 검토한다(Frechtling, 1993 : 13).

미국의 3M사에서는 뚜렷한 정량기준으로 평가한다. 각 사업 부서에서는 최근 4년 동안 시장에 내 놓은 신제품과 서비스의 매출액이 연간 총매출액의 30퍼센트 이상이어야 한다는 원칙이다. 이것은 신제품의 끊임없는 개발을 자극하려는 것으로서, 만약 30퍼센트 원칙을 충족하지 못하면, 다른 점에서 모두 좋더라도 긍정적인 평가를 받지 못한다(Collins & Porras, 1994/1996 : 207).

미국 모토롤라사의 국방계약부에서는 고객의 만족도에 대한 평가비중을 전체 성능평가의 20퍼센트로 설정하여 시행하고 있다(Ellis, 1997 : 167).

미국의 웨스팅하우스사에서는 목표 달성도, 고객 만족도, 사업 기여도 등을 기준으로 연구개발 프로젝트를 평가한다. 첫째, 프로젝트를 시작할 때에는 관련 사업부서와 연구개발인력이 함께 모여 도전적이고 정량적인 기술목표를 수립한다. 그런 다음 관련부문이 주기적으로 만나 프로젝트의 진척상황을 검토·평가하며, 연말에는 프로젝트별 목표 달성도를 평가하여 점수화한다.

둘째, 고객 만족도의 경우에는 내부의 사업부서를 고객으로 설정하고, 사업부서의 만족도와 연구개발 수행자의 평가결과를 비교하여 산출한다. 곧 사업부서의 만족도가 연구개발팀의 만족도보다 높을 때에는 고객 만족도가 높은 점수를 받은 것으로 간주하는 방식이다.

셋째, 사업 기여도는 예상 주문량·매출액·원가 절감액 등에 대한 연구개발결과의 기여도며, 특허나 논문발표 실적은 최소한의 범위 안에서 반영한다. 그러나 사업성과에는 연구개발팀에서 통제할 수 없는 요인을 많이 포함하기 때문에, 평가지표 전체를 구성하는 한 가지의 평가지표로만 사용된다. 웨스팅하우스의 평가지표는 연구개발성과를 철저하게 평가하여 성공률을 높였으며, 연구소에서 일하는 모든 부서장, 연구개발팀장과 구성원의 연봉 액수를 결정하는 데 중요한 요소로 반영하고 있다(장선근, 1999 : 54).

일본 히다찌사의 연구소에서는 $T = B + P$, $P = P_1 + P_2$라는 공식을 사용한다. 여기서 T는 Total Merit로서 연구개발부문의 성과 총액이다. B는 Base Merit로 지식의 축적, 인재의 양성, 특허 등 연구개발의 잔존 가치이다. P는 Proportional Merit로서 연구개발의 결과로서 생기는 가치를 뜻한다. 한편, P_1은 연구개발 종료시점까지 이미 나타난 P이고, P_2는 연구개발 종료시점 이후에 나타날 것으로 예상되는 P이다. 이때, P의 계산 항목에는 9개를 포함하는데 ① 매출기여 효과, ② 원가절감 효과, ③ 로열티 수입, ④ 수탁연구 수익, ⑤ 외주비용 삭감효과, ⑥ 보상예방 효과, ⑦ 노하우 취득효과, ⑧ 영업지원 효과, ⑨ PR 효과이다((주) Urban Produce 출판부 편, 1988 : 119~122).

삼성종합화학연구소에서는 연구개발 프로젝트의 사후평가와 반기별 부서평가를 실시한다. 먼저, 프로젝트의 사후평가는 완료프로젝트 평가와 개선프로젝트 평가로 구분한다. 완료프로젝트는 완료보고서를 제출하여 평가를 받기도 하지만, 연 1회 실시하는 완료프로젝트 발표회를 통해 이루어진다. 발표회는 매년 9월에 개최하며, 핵심기술부문·기반기술부문·응용개발부문에 따라 평가기준이 다르다. 핵심기술부문의 평가기준은 경영기여와 기술성과를 5 : 5로 평가하며, 기반기술부문은 경영기여와 기술성과를 2 : 8로 평가한다. 그리고 응용개발부문은 경영기여와 기술성과를 8 : 2의 비율로 평가한다.

개선프로젝트는 개선금액으로 평가를 받는다. 이 때의 개선금액은 전년도에 대비한 이익의 개선 정도로 평가하며, 신제품은 (당해 연도 매출량 – 전년도 매출량) × (개선등급 이익 – 기준등급 이익)으로 구한다.

둘째, 반기별로 시행하는 부서평가는 중간평가와 사후평가의 성격을 지닌다. 여기에서는 핵심역량의 확보 노력에 대한 평가와 경영개선 프로젝트에 대한 평가를 각각 실시한다. 핵심역량의 확보 노력에 대한 평가항목은 특허 출원과 프로젝트 진척도 등이며, 경영개선평가는 성과평가 · 신장률 평가 · 참여율 평가로 구성한다. 성과평가는 평가기간 안에 끝낸 양적 · 질적 프로젝트의 총평가점수를 부서의 인원으로 나누어 1인당 성과점수를 산출한 뒤 부서별 상대평가로 구하고, 신장률 평가는 프로젝트의 양적 개선금액에 대한 전년 대비 신장률로 절대 평가하며, 참여율 평가는 평가기간 안에 제안된 프로젝트를 부서 인원으로 나누어 1인당 제출건수를 도출하여 부서별로 상대 평가한다(강신태, 2000 : 23~24).

2000년 7월에 조사한 우리나라 11개 연구소의 연구개발결과 평가기준은 〈표 8-1〉과 같다. 5개 정부출연연구소는 연구개발목표의 달성도와 질적 수준에 중점을 두고 있는 반면에, 6개 기업부설연구소는 그 기술의 기업화와 그 때문에 나타날 매출과 이익에 중점을 두고 있다(최석식, 2000 : 186~189).

〈표 8-1〉 연구개발성과의 평가지표

연구소별	전형항목의 비중
정부출연A연구소	논문 20%, 특허 10%, 기술수출 10%, 기업화 40%, 매출 10%, 이익 20%
정부출연B연구소	연구수행결과 50%, 목표달성도 50%
정부출연C연구소	기업화 25%, 목표달성도 30%, 질적 수준 20%, 파급효과 25%
정부출연D연구소	연구수행, 질적 수준, 창의성, 연구성과
정부출연E연구소	최종보고서의 내용
기업부설A연구소	특허 5%, 기업화 50%, 매출 30%, 이익 15%
기업부설B연구소	논문 10%, 특허 20%, 기술수출 20%, 매출 30%, 이익 20%
기업부설C연구소	Quality · Cost · Delivery 70%, 지식재산 20%, 기관장 등의 주관적 평가 10%
기업부설D연구소	논문 10%, 특허 10%, 매출 50%, 이익 30%
기업부설E연구소	기술성 30%, 상품생산성 13.5%, 시장성 13.5%, 수익성 18%, 체계성 5%, 전략성 20%
기업부설F연구소	논문 10%, 특허 10%, 목표달성도 80%

자료 : 최석식, 2000 : 187.

2. 연구개발성과의 평가자

연구개발성과의 평가는 전문성과 도덕성을 겸비한 평가자가 한다면 타당성과 신뢰성을 확보할 수 있다. 평가의 객관성과 질을 높이는 데에는 외부 전문가가 하는 평가가 중요한 역할을 담당한다(이무신 · 김영배, 1993 : 301).

일반적으로 기초과학연구에는 그 분야의 석학들이 평가에 참여하는 동료평가(peer review)방식이 널리 쓰이며, 응용연구와 개발연구는 잠재고객 중심의 평가체제가 발전되어 있다. 기업은 프로젝트를 발주하거나 관련이 있는 사업부서, 그 기술로 생산할 제품이나 서비스를 판매해야 할 부서, 그리고 제품이나 서비스를 구매할 외부의 잠재고객을 평가요원으로 참여하게 해야 한다. 외부의 고객은 이미 존재하는 고객뿐만 아니라 앞으로 새롭게 창출될 신규 고객까지를 고려해야 한다. 세상에 처음 나오는 첨단기술 제품은 기존 수요에 의존하는 것으로는 부족하기 때문이다.

한편, 평가받을 연구자에게 평가자의 추천권한을 부여하는 것도 좋다. 평가자로 참여해야 할 사람들의 근무부서와 활동분야 등에 대한 일반적인 기준을 제시하고, 그 기준에 맞는 평가자를 추천하도록 요청하는 방식이다. 정실에 입각한 비정상적인 평가의 가능성을 없애기 위하여 대부분 평가자를 사전에 공개하지 않지만, 그 반대의 입장을 취하면 뜻 밖의 효과를 거둘 수 있다. 특히 자신의 연구개발결과를 평가할 능력의 소유자가 없다고 호언하는 연구자나, 타인이 선정한 평가자의 적격성을 부정하는 연구자에 대해서는 매우 좋은 방법이다. 또 해당 연구개발팀이 하는 자체평가도 외부에서 파악하기 어려운 부분의 자체 진단과 책임의식 배양에 기여할 수 있다. 여기에는 연구개발팀장에 따른 자체평가와 참여 연구자 전원에 따른 자체평가가 있다.

사례

미국의 웨스팅하우스사에서는 사업부서의 고객들을 대상으로 만족도를 조사하여 평가한다. 사업부서에서는 기획·준비사항, 대응능력, 기술적 성과 등의 측면에서 연구소를 평가한다. 조사표는 사업부서 수준의 관리자와 기술인력에게만 보내는 것은 아니다. 연구소 안의 책임연구원에게도 보낸다. 이것은 고객의 연구에 대한 의견과 연구자 자체의 의견에 차이가 있는지를 알아보기 위해서다.

조사항목은 ① 기획과 준비 : 제안서의 내용, 프로젝트에 고객 요구를 반영한 정도, 전체적인 기획과 준비, ② 대응능력 : 중간 이정표에 대한 대응능력, 예산에 대한 대응능력, 프로젝트 현황에 대한 관련자 사이의 의사소통, 연구개발인력의 니즈에 대한 대응능력, 전체적인 대응능력, ③ 기술적 성과 : 프로젝트 요구사항에 대한 부응 정도, 직무 관리와 조정 능력, 프로젝트에 적용된 기술지식의 수준, 개발 가능한 제품과 서비스의 품질, 연구개발결과의 의사소통, 전체적인 기술적 성과다. 평가척도는 1에서 10까지이다(한국산업기술진흥협회, 1996. 7 : 62~63).

미국의 이튼사에서는 주요 프로그램에 대한 진척평가를 경영진회의에서 실시한다. 매년 2, 3회 정도 열리는 이 회의에는 최고경영자(CEO), 최고운영관리자(COO), 최고재정관리자(CFO), 최고기술관리자(CTO)와 부사장 등이 참석한다(한국산업기술진흥협회, 1997. 3 : 61).

일본의 이화학연구소(RIKEN)는 연구개발사업의 평가에 외부전문가를 적극적으로 활용한다. 예를 들면, Frontier Research Program의 연례검토는 외국인 과학자 10명을 포함한 15명의 외부전문가 자문위원회에서 실시하며, 중간검토는 최대 10명의 외부전문가팀에게 의뢰한다(McKinsey & Company, 1998 : 44).

3. 연구개발성과 평가의 한계

연구개발성과를 정확하게 평가하는 데에는 많은 어려움이 있다. 그로젤랜과 쿡(Drongelen & Cook, 1997 : 347~349)은 그 요인을 4가지로 정리하고 있다. 첫 번째는 어느 조직이 거둔 전체적인 성취에서 연구개발이 기여한 부분을 가려내는 것의 어려움이다. 어느 특정한 신제품에서 나온 이익에 대하여 연구개발이 기여한 부분을 분리하는 것은 매우 어렵다. 특히, 기초연구와 응용연구의 결과가 어디에 활용될 것인지를 분간하거나 예측하기는 더욱 어렵다.

두 번째 어려움은 연구개발 노력과 잠재 수익 사이의 시간 지체(time lag)에서 비롯한다. 이 어려움은 기초연구에 가장 심각하고, 응용연구나 개발연구에도 나타난다.

세 번째의 어려움은 연구개발 프로젝트를 서로 비교할 수 있는 정확한 기준의 부재에서 비롯한다. 연구개발 프로젝트들 모두 동일한 과정을 반복하는 것이 아니기 때문에, 이질적인 두 개 이상의 연구개발 프로젝트가 지닌 생산성에 대한 직접비교의 정확성은 떨어진다.

네 번째 어려움은 측정결과의 수용성 문제이다. 많은 과학자와 엔지니어들은 연구개발성과의 측정에 반대한다. 고도로 교육받은 과학기술자들은 성과평가가 창의성과 동기를 깎아 내린다고 불평한다. 그렇지만 내면적으로는 자신들이 이루어낸 연구개발성과의 부족함이 드러날 수 있기 때문이며, 자신들의 연구개발결과가 부적절한 정책결정에 의도적으로 악용될 수 있기 때문이다.

한편, 프랭클(Frankel, 1990 : 66)은 기술혁신의 성과측정에 따른 문제점을 9가지로 정리하였다. ① 생산성 측정기준은 때로 주관적인 요소를 가지고 있다. ② 생산성 측정기준은 대체로 산출(output)에만 초점을 맞추고 최종결과(outcome)에는 관심을 두지 않는다. ③ 생산성이 가치의 개념으로 측정될 때 질적인 측면은 자주 무시한다. ④ 산출의 가치에 관한 정보는 거의 항상 주관적이다. ⑤ 생산성 측정은 정태적인 조건에서 이루어지고 생산성의 역동성을 나타내는 증가율을 반영하지 못한다. ⑥ 생산성을 측정하기 위해서는 접근방법의 일관성이 있어야 한다. ⑦ 생산성의 측정에서는 투입과 산출의 가치화가 연동되어야 하며, 양이나 가치로 환산할 때 투입과 산출요소들을 이중으로 계산하거나 생략하면 안 된다. ⑧ 다른 형태의 투입 요소들을 하나의 공통적인 기준으로 전환하는 것은 가끔 위험하며 불가능하다. ⑨ 생산과정과 환경이 항상 역동적이기 때문에 투입과 산출은 투입요소와 요소가격 등에서 시간의 흐름에 따라 다르다.

미국의 산업연구소(Industrial Research Institute)에서는 평가시스템의 문제점으로서 ① 내부 평가에 대한 지나친 강조, ② 행동에 대한 지나친 집중, ③ 결과적 회사 기여에 대한 평가 미흡, ④ 지나치게 복잡한 평가시스템, ⑤ 지나치게 주관적인 평가시스템을 제시했다(한국산업기술진흥협회, 1999. 7 : 51~53).

4. 연구개발성과 평가의 개선방안

연구개발 프로젝트의 성과평가에 관련된 문제점을 개선하려면 첫째, 내부뿐만 아니라 외부평가를 실시해야 한다. 외부평가는 연구개발산출물의 사용자에 따른 평가를 의미한다. 예를 들면, 미국 알코아사의 평가시스템은 연구개발산출물에 집중하는 매우 특이한 형태를 취하고 있다.

둘째, 연구개발평가는 연구자의 행동이 아니라, 산출물이나 결과에 중점을 두어 질·양·비용의 3가지 측면에서 실시해야 한다. 연구자의 행동은 연구자를 평가할 때에는 유용할 수 있으나, 연구소 전체나 연구개발성과를 평가하는 데에는 적합하지 않다.

셋째, 가치 있는 성취나 산출물만을 평가해야 한다.

넷째, 평가시스템을 단순화하여 6~8개 핵심지표에 대한 데이터의 수집에 집중해야 한다.

다섯째, 평가시스템을 객관화해야 한다. 성능을 완전히 객관적인 방법으로 평가하는 것은 불가능하지만, 가급적 외부 데이터를 사용하여 주관성을 줄여야 한다(한국산업기술진흥협회, 1999. 7 : 53~55).

제2절 연구개발성과 평가결과의 처리

연구개발성과에 대한 평가는 투명하게 해야 한다. 이를 위해서는 평가결과를 당해 연구개발팀과 제한된 다중에게 공개하는 것이 가장 좋다. 평가결과를 공개할 때에는 프로젝트의 연구개발목표, 평가자, 평가기준, 평가절차 등에 대해서도 소상하게 밝혀야 한다. 다만 외부에 공개하면 안 될 사항은 제외한다.

평가기준·평가자·평가과정·평가결과 등을 공개할 때에는 다면적인 효과를 얻을 수 있다. 첫째, 연구자의 자세를 성숙시킬 수 있다. 연구개발에 투입된 자원과 그것에서 성취한 결과를 공개하기 때문에 연구개발비의 요구 수준이 적정화되고, 연구개발성과의 수준도 높아질 것이다.

둘째, 연구개발의 성공과 실패에 대한 구분이 비교적 가능해지고, 그 각각의 원인도 규명할 수 있다.

셋째, 평가자의 공정한 평가를 이끌어 낼 수 있다. 평가자들은 자신이 평가에 참여했다는 사실을 공개한다는 것 그 자체에서 심리적인 부담을 느끼게 되고, 고의나 과실로 잘못된 평가를 내릴 때 받게 될 비판에 대해서도 부담을 느낄 것이다.

한편, 연구개발성과의 평가에 대한 이의신청(소청) 기회를 연구자와 제3자에게 준다면 평가의 공정성과 책임성을 더 높일 수 있다. 그러나 상대방을 비방하려는 목적의 이의신청은 철저하게 배제해야 한다.

사례

미국의 국립항공우주국(NASA)에서는 서면 피드백 양식을 사용하여 연구자들에게 평가결과를 전달한다(McKinsey & Company, 1998 : 68).

우리나라의 7개 정부출연연구소와 7개 기업부설연구소를 2000년 7월에 조사한 바에 따르면, 7개 정부출연연구소 가운데 3개 연구소가 이의신청제도를 운영하고 있었으며, 7개 기업부설연구소 가운데 1개 연구소만이 허용하고 있었다(최석식, 2000 : 189).

제9장 연구개발 성공과 실패관리

연구개발비전과 전략계획을 설정하여 프로젝트를 선정하고, 인적·물적자원을 동원하여 연구개발활동을 수행하고, 그 결과로 연구개발성과를 창출하여 활용하고, 그에 대한 평가가 이루어진 다음에는, 성공한 연구자에게 당초에 약속한 적정한 보상을 주고 실패한 연구자는 그 실패를 성공적으로 살리는 방법을 강구해야 한다.

이 마지막 단계의 성공과 실패관리는 당해 연구개발팀뿐만 아니라, 다른 연구개발 프로젝트의 성공적 착수와 수행에도 대단히 큰 영향을 미친다. 따라서 연구개발의 성공과 실패관리를 잘 하지 못하면, 더 많은 곳의 실패로 확산될 수 있다는 점을 유념해야 한다.

제1절 연구개발성공의 관리

1. 연구개발 성공관리의 본질

연구개발의 성공이란 각 프로젝트에서 설정한 목표를 달성한 경우를 말한다. 첫째, 기초연구는 새로운 원리나 개념이 실제의 기술이나 제품으로 성립할 가능성을 명백하게 제시하여, 응용연구단계로 진전할 수 있는 기틀을 마련하면 성공이다.

둘째, 응용연구는 기초연구의 성과를 승계하여 목표기술이나 제품의 규격을 대체적으로 설정하고, 우위성과 경쟁력의 강점을 명백히 보여주어 개발단계로 진전할 수 있으면 성공이다.

셋째, 개발연구는 경제적 효과의 전망을 밝게 하면서 기술이나 제품의 규격을 확정하고, 이것을 실현하기 위한 핵심기술을 확립하면 성공이다 (福井 忠興, 1995/2000 : 205〜206).

넷째, 기업화는 기술을 제품이나 서비스로 실용화하고 판매를 통하여 이익을 실현하면 성공이다. 더 실질적인 측면에서 볼 때에는 해당 연구개발계획서에서 설정한 목표를 달성하면 성공이다.

연구개발의 성공관리는 연구개발자금을 제공한 후원자와 연구개발을 직접 수행한 연구자의 양쪽에서 접근해야 한다. 우선 연구개발자금을 제공한 사람들은 다음과 같이 요구한다. "연구 성공시간이 너무 오래 걸린다", "3년 후가 아니라 지금 당장 기술이 필요하기 때문에 연구자가 그 문제를 연구하는 시간 동안 우리는 기다릴 수 없다", "연구자들은 100퍼센트 완벽하기 위해 죽을 힘을 다하지만, 우리는 꼭 100퍼센트는 아닐지라도 더 신속한 해결책을 원한다", "연구자들은 과거의 성공에 대하여 이야기하지만, 우리에게는 현재의 공헌이 더 중요하다"라고.

이러한 요구에 대한 적절한 처방이 연구개발 성공관리의 1차 과제이다. 따라서 이러한 요구에 부응하기 위해서는 비록 작더라도 빠른 성공을 보여주어야 한다. 큰 성공만을 추구하다가 시장진입의 시기와 후원자의 지속적인 자금지원을 놓칠 수 있기 때문에, 중간 중간의 작은 성공을 자주 발표하는 것이 현실적으로 유용하다. 다만 발표하는 중간결과에 내포된 한계와 불확실성을 정확하게 명시해야 한다.

또한, 연구자들에게도 성공의 기회를 자주 만들어 주어야 한다. 그렇게 되면 자신들이 경쟁자를 제압하고 있다는 쾌감을 느낄 것이며, 더 큰 성공을 위해서 헌신할 것이다. 과학기술의 연구개발활동에는 "성취가 성취를 낳는다"는 원리가 가장 깊숙이 적용되기 때문이다.

한편, '보이는 연구개발성과' 외에 '보이지 않는 성과'에 대해서도 격려해야 하며, 좋은 성과를 거두도록 도와준 연구자도 포상해야 한다. '보이지 않는 성과'에 대한 격려는 기초연구와 같이 장기간이 지난 뒤에 성과가 나타나는 분야의 연구자에게 기쁨을 줄 것이며, '지원자'에 대한 포상은 연구개발협동의 강화에 기여할 것이다.

2. 연구개발포상의 조건과 형태

1) 연구개발포상의 성공조건

일반적으로 칭찬이 위력을 발휘하려면, ① 기회를 놓치지 말고 적시에 칭찬해야 한다. ② 받을만한 가치가 있는 경우에 칭찬해야 하며 남발해선 안 된다. ③ 가능한 한 여러 사람 앞에서 칭찬해야 하며, 타인을 통해서 간접적으로 칭찬하는 것도 효과적이다. ④ 입으로만 형식적으로 칭찬할 것이 아니라 진심으로 칭찬해야 한다. ⑤ 근무성적이 좋지 못한 사람이나 신규직원에 대한 칭찬은 평소에 갖는 불안의 해소에 매우 효과적이다(박동서, 1997 : 535~536).

또 보상에 관한 결정을 할 때에는 ① 구성원들이 필요로 하는 보상을 주관적으로 인지하고 그것의 획득을 위하여 노력할 만한 가치가 있다고 생각할 때 비로소 동기부여가 되고, ② 모든 종류의 욕구가 누구에게나 동일한 근무의욕을 높이는 방향으로 작용하는 것은 아니며, ③ 같은 사람에게도 그때 그때의 여러 가지 상황에 따라 보상의 효과가 다르게 나타난다는 점을 인지해야 한다. 다시 말하면 현실적으로 연구자의 욕구가 무엇인지를 정확히 파악한 후, 그만한 희생을 지불하여 노력할 가치가 있다고 인지할 수 있을 정도의 보상을 내걸어야 한다(박동서, 1997 : 519~520).

브란햄(Branham)은 보상의 6가지 요령을 제시하였다. ① 보상은 개인의 취향에 맞도록 선택한다. ② 보상은 성취의 수준에 합당해야 하며, 작은 성취에 과도한 보상을 주어서는 안 된다. ③ 보상은 해당 성취를 이룬 뒤 신속하게 주어야 한다. ④ 보상을 주는 이유를 분명하게 밝혀야 한다. ⑤ 팀 구성원 전체의 공로를 인정하되, 그 가운데서 가장 공헌이 큰 사람에게는 개인적인 공로를 별도로 인정해야 한다. ⑥ 직원들이 보상으로 받아들이지 않고 당연하게 주는 것으로 생각한다면 동기부여의 효과를 갖지 못하기 때문에, 직원들이 보상이라고 느낄 수 있는 보상을 주어야 한다. 만약 어떤 보상이 효과적인지 알 수 없다면 일방적으로 결정하지 말고, 직원들에게 문의하는 것이 효과적이다(KTB n-Daily, 2001. 8. 15).

앞서 살펴본 보상의 성공조건을 연구개발분야의 포상에 적용하여 구체화하면 다음과 같다. 첫째, 연구개발포상은 가치 있는 연구개발업적에 주어야 한다. 이것은 포상의 가장 핵심적인 사항이기 때문에 설명의 여지가 없다.

둘째, 연구개발포상은 탁월한 연구자에게 주어야 한다. 개별 업적의 탁월성에도 역점을 두어야 하지만, 당연히 상을 받을 만한 자격이 있다고 널리 인정받는 과학자에게 상을 수여해야 한다. 그래야만 다른 사람들이 쉽게 승복한다.

셋째, 연구개발포상자를 선정할 때에는 그 사람의 발전 가능성까지 고려해야 한다. 아무리 우수한 업적을 올린 과학자라도 상을 받은 뒤에 주의가 산만해지거나, 연구자세가 흐트러질 때에는 상의 권위에 먹칠을 할 것이기 때문이다.

넷째, 연구개발포상자는 최고의 권위자가 심사해서 선정해야 한다. 이것은 객관화하기 어려운 과학기술업적에 대하여 제3자를 승복시키는 데 매우 중요하다. 노벨 물리학상 수상자 루이스 엘바레즈는 ‘물리학에는 민주주의가 없다. 어느 의견에 대하여 2류급 학자가 페르미와 같은 권한을 가질 수는 없을 것이다’ 라고 말한 바 있다.

다섯째, 연구개발포상의 수준은 상상을 초월할 정도로 파격적이어야 한다. 그 포상의 내용은 사회적 명예와 경제적 보상을 모두 포함한다. 그렇게 해서 수상자 본인과 가족에게는 평생동안 긍지와 보람을 느낄 수 있도록 하고, 다른 사람들이 최대한 부러움을 느낄 수 있도록 해야 한다.

여섯째, 젊은 연구자에게는 작은 연구개발성공일지라도 기대 이상의 포상을 실시하는 것이 좋다. 그렇게 하면 그들의 사기는 대단히 진작될 것이다.

사례

과학분야의 노벨상이 세계 최고의 상으로 권위를 인정받게 된 데에는 수상자의 단위 연구개발업적보다는 업적 전체의 탁월성과 개인의 위대성을 중시하는 관점에 적지 않은 영향을 받았다. 그 전형적인 사례가 앨버트 아인슈타인과 에드워드 캔들의 노벨상 수상이었다. 아인슈타인은 1921년에 광전효과를 발견한 공로로 노벨상을 수상했는데, 1905년에 발표한 특수상대성이론과 브라운운동론, 그리고 1916년에 발표한 일반상대성이론과 같은 기념비적인 업적은 수상공적으로 언급하지 않았다.

캔들은 갑상선 호르몬에 관한 연구결과가 더 우수하다고 평가받았지만, 코티존의 생화학적 연구와 만성 류머티스성 관절염의 치료에 대한 적용으로 1950년에 노벨상을 받았다. 그러나 아인슈타인과 캔들의 노벨상 수상 업적에 이의를 제기하는 사람은 아무도 없었다. 비록 덜 중요하게 느껴지는 공적으로 상을 받았지만, 당대를 풍미하는 위대한 과학자들이었기 때문이다(하리에트 주커먼, 1988 : 50~55).

이런 노력을 계속 기울여서 노벨상은 세계적으로 저명한 상의 반열에 올랐고, 그 뒤에는 수상자와 노벨상 사이에 상승효과가 나타났다. 비교적 알려지지 않은 과학자일지라도 노벨상을 받는 순간부터는 세계적인 학자로 인정받게 되는 효과가 있었다(하리에트 주커먼, 1988 : 27).

2) 연구개발포상의 형태

연구자에 대한 포상은 사회적 인정(recognition)과 경제적 보상(reward)으로 분류할 수 있다(Koning, 1993 : 19~29). 포상의 종류를 유형별로 묶어서 살펴보면 다음과 같다.

① 칭찬 : 개인적 칭찬, 회사 차원의 칭찬, 대중적 차원의 칭찬, 감사하는 마음의 표시, 최고경영자의 열광과 지원 등, ② 더 많은 책임과 권위의 부여 : 문제의 해답을 구하는 방식의 자유, 행동의 자유, 책임의 부과, 책임영역을 수행할 수 있는 권위의 부여, 예산통제권의 부여, 지출계정의 설치, 새로운 자리의 부여, 승진 등, ③ 전문가로서의 인정 : 자기 명의의 논문 출판 허용, 영예로운 저녁식사, 기념동판이나 트로피 증정, 타이틀 부여, 인정서 수여 등, ④ 근무여건의 개선 : 개인적 목표의 성취, 성취감의 고취, 도전적인 연구기회의 부여, 좋은 연구개발 수행기회의 부여, 공동목표의 설정, 프로젝트 수행에 쓰이는 자원의 제공, 연구개발시간의 탄력적 허용, 개인의 기호에 적합한 사무실 장식의 허용, 단체회원권의 부여, 이중승진 기회의 부여, 상급 관리자와 개인적 관계의 형성, 특별 주차권한의 부여 등, ⑤ 경제적 수입의 확대 : 봉급인상, 이익공유, 성과급, 보너스, 특허 로열티, 주식매입권, 스톡옵션, 부가급부(fringe benefits), 은퇴 이후의 지원, 컨트리클럽 회원권 부여 등, ⑥ 전문성 개발기회의 부여 : 학술회의 참가 허용, 전문가 단체에 대한 가입 허용, 유료교육의 실시 등이 있다.

이상의 포상 방법들은 그 위력이 모두 같지는 않다. 따라서 포상을 받는 사람의 선호도에 중점을 두고 선택해야 하며, 사회적 상대성을 고려해서 결정해야 한다(Manners, Jr., Steger & Zimmerer, 1997 : 32). 연구자들은 금전적 보상보다는 직무비용보상이나 경력보상, 전문성보상이 더 효과적이라는 견해도 있다(이무신 · 김영배 등, 1993 : 159).

 **사례**

미국의 3M사에서는 다양한 포상제도를 시행하고 있다. 첫째는 위대한 전진상(Golden Step Award)으로서, 3년 안에 5백만 달러의 매출을 올린 제품을 개발한 팀에게 수여한다. 둘째는 탁월한 기술자상(Technical Circle of Excellence)로서, 기술분야의 직원들이 추천한 기술자들에게 수여한다. 셋째는 칼튼회(Carlton Society)에 대한 가입허가이다. 칼튼회는 3M의 기술발전에 특출하게 기여한 사람에게만 가입을 허용하는 영예로운 조직이다. 그 명칭은 3M 역사상 대학 수준의 학위를 가진 첫 번째 엔지니어였던 리차드 칼튼(Richard P. Carlton)의 이름을 따서 지었다(Coyne, 1997 : 56~57).

미국의 화이저사에서는 중앙연구성취상(Pfizer Central Research Achievement Awards)을 매년 2회 수여한다. 이를 위하여 관리자와 연구자들은 자신들의 동료 가운데 1퍼센트를 추천한다. 이 포상프로그램은 두 가지의 특징이 있다. 하나는 그것이 개인에만 국한되지 않고 팀에게 수여한다는 점이다. 의약품의 연구개발은 혁신적인 개인을 분리해내기가 대단히 어렵기 때문이다. 다른 하나는 연구개발의 과정에서 커다란 전환점을 찾은 사람에게도 수여한다는 점이다(Steere & Niblack, 1997 : 137~138).

미국의 이튼사에서는 개인적 성취에 대하여 상패와 상장을 수여한다. 특별한 성과에 대해서는 회사 전체차원에서 축하해 주는 행사일을 따로 두고 있으며, 수상자는 전세계로 나가는 뉴스레터에 소개한다. 또 탁월한 업무와 초과 노력을 기울인 직원에게는 커피와 도우넛을 무료로 즐길 수 있는 식당증서를 구입해 주기도 한다(한국산업기술진흥협회, 1997. 3 : 61).

일본 캐논사의 중앙연구소에서는 연간 5, 6건의 우수 연구개발결과에 대하여 AESOP상을 시상한다. 이 상은 A(Analytical) : 비약을 위한 분석, E(Experimental) : 재현성 있는 실험이나 효과적인 시뮬레이션, S(Speedy &

Skillful) : 신속하고 기교스러운 일, O(Originality) : 발상이 풍부하고 우위성 있는 특허, P(Personality) : 개성 있는 행동에 해당하는 연구자에게 시상한다(福井 忠興, 1995/2000 : 284~285).

일본의 오므론사는 회사 발전에 공헌한 특허를 취득한 직원에게 최고 1억 엔의 장려금을 지급하는 제도를 1999년 1월에 발표했다. 1억 엔을 받을 수 있는 조건은 특허 취득 후 회사가 연간 10억 엔 이상의 매출액을 올리고, 사업의 독점권이나 국제 표준을 인정받은 경우이다. 다만 장려금은 연도별로 3천만 엔까지 분할하여 지급하는데, 이것은 회사의 부담을 가볍게 하면서 그 직원의 퇴직을 억제하려는 데 그 목적이 있었다(《동아일보》, 1999. 1. 14).

삼성종합화학연구소에서는 금전적 보상과 비금전적 보상을 병행하고 있다. 금전적 보상에는 삼성기술상, MVP, 발명왕상, 연구개발상, LIFT 혁신상, 기반기술상, 고객만족상, Best Practice, 우수 연구원상 등이 있으며, 비금전적 보상에는 연구실적을 길게 기리는 명예의 전당 등재제도가 있다. 또한 최근에는 회장상과 사장상의 비율을 높여 연구자의 사기를 높이고 있다. 그 가운데서 중요한 보상제도를 더 구체적으로 살펴보면 다음과 같다.

첫째, 삼성기술상은 기술개발 활동을 통해 삼성의 장기발전에 크게 기여한 연구자에게 수여하며, 핵심·기반기술부문으로 나누어 시상한다. 대상을 수상한 팀에게는 5천만 원에서 1억 원의 상금과 1직급 승격의 혜택을 부여한다.

둘째, MVP는 경영에 대한 기여도, 특허와 보고서 등의 연구실적, 대내외 시상과 자기계발 향상 능력 등을 마일리지 점수로 환산한 뒤 가장 높은 득점자에게 수여하며, 명예의 전당에 등재된다.

셋째, 발명왕상은 당해 연도의 특허 출원과 등록실적을 평가하여 최고 득점자에게 수여하며, 사장이 시상하고 명예의 전당에 등재한다.

넷째, 연구개발상은 개발을 완료한 뒤 효과가 검증된 프로젝트를 대상으로 발표회를 실시하며, 핵심·기반·응용기술부문 등 3개 부문으로 구분하여 대상을 받는 프로젝트에는 5백만 원에서 1천만 원을 시상한다.

다섯째, LIFT21 혁신상은 연간 개선목표를 달성한 팀에게 시상하며, 포상금은 개선금액에 따라 프로젝트별로 최고 3백만 원이다(강신태, 2000 : 24~25).

제2절 연구개발실패의 관리

연구실은 無의 세계를 有의 세계로 바꾸는 '창조의 바다'며, 그 안에서 이루어지는 연구개발활동은 불확실성의 세계에서 확실성을 찾는 '모험의 활동'이다. 따라서 실패를 두려워하지 않고 실패를 통해 미래지향적 학습을 충실하게 수행할 수 있는 분위기를 만드는 것이 경영의 요체이다. 또한 실패한 연구자와 실패한 연구개발 프로젝트를 다음의 성공으로 인도하는 것이 실패관리의 핵심이다.

1. 연구개발실패에 대한 인식의 재정립

연구개발의 불확실성을 대변해 주는 표현으로는 '10분의 1 법칙'이 있다. 1만 개의 아이디어 가운데 1천 개가 특허출원 등으로 가시화되며, 그 가운데 1백 개가 사업계획으로 구체화되고, 그 가운데서 시장에 나가는 것이 10개, 최종적으로 이익을 남기는 것이 1개라는 뜻이다. 이와 별도로 스티븐스과 벌리(Stevens & Burley, 1997 : 16)는 3,000분의 1이라는 숫자를 제시한 바 있으며, 존슨 & 존슨의 CEO였던 존슨2세는 "실패가 우리의 가장 중요한 상품이다"라고 강조했다(Collins & Porras, 1994/1996 : 187). 특히, '실패는 가장 중요한 상품이다' 라든가 '연구개발은 빨리 실패해 보아야 한다' 라는 말이 혁신적인 연구개발 현장에서는 보편적인 용어로 통한다.

따라서 연구개발의 실패를 실패로 생각하지 않고 연구개발의 성공으로 가는 길목이라는 인식을 갖는 것이 중요하다. 실패에 대한 두려움을 없애면서, 고통스러운 모험에 적극적으로 도전하는 분위기를 조성해야 한다. 그런 모험은 연구개발단계에서뿐만 아니라, 개발된 기술의 기업화와 마케팅단계에서도 장려해야 한다. 성공을 전제로 착수한 정상적인 실패는 감내해야 하며, 최선을 다했으나 실패한 연구자의 노고를 크게 격려해야 한다. 위험한 연구개발의 실패에서 생기는 손실이 도전조차 하지 않고 포기하여 입는 손실보다는 훨씬 적기 때문이다.

 사례

미국의 듀퐁사에서는 기술혁신의 성공확률을 0.1퍼센트로 보고 있다. 곧 열 개 남짓의 중요 프로젝트를 얻기 위해서 약 천 개의 아이디어(raw idea)를 검토하고, 그 가운데서 성공적인 새로운 제품 하나가 나올 것을 기대한다(Miller, 1997 : 71).

미국의 화이저사에서는 연구개발의 성공확률을 1퍼센트로 보고 있다. 새로운 의약품에 대한 접근방법의 절반 정도만이 후보물질로 올라가고, 그 후보물질의 20퍼센트만이 개발 단계로 진입하며, 개발한 것 가운데서 단지 10퍼센트만이 시장에 진출한다는 것이다. 그런 과정을 거치는 데 드는 시간은 대체로 10~15년이다(Steere & Niblack, 1997 : 130).

미국의 마이크로소프트사에서는 납득할 만한 실패를 처벌하지 않는다. 이런 제도 덕분에 연구자들은 실패를 두려워하지 않고 성공을 향해 끊임없는 도전을 거듭한다(Thielen, 1999/1999 : 68).

미국 3M사의 리비오 데지모니회장은 실패에서 배우는 것이 무엇보다 중요하기 때문에, 실패는 곧 죽음이라는 분위기를 만들지 않는 것이 CEO가 해야 할 임무라고 강조한 바 있다.

일본의 혼다 소이치로는 '99퍼센트 실패론'을 주장했다. 성공은 99퍼센트의 실패로 지탱된 1퍼센트라는 뜻이다(Toshiaki, 1992/1992 : 149).

1995년 4월에 일본 소니사의 사장에 취임한 이데이 노부유키는 '소니에 세계적인 명성을 얻게 한 과거 50년 동안의 화려한 성공에 속박되어 실패를 두려워하는 자세'가 바로 소니맨들을 묶어 놓고 있는 규제라고 질책하였다(《매일경제신문》, 1996. 6. 17).

2. 연구개발실패의 공개

연구개발실패를 효과적으로 활용하려면 그 결과를 반드시 공개해야 한다. 한 번 실수는 개인적으로나 회사 차원으로나 이익이 되며, 실수를 숨기면 기술축적이 되지 않는다는 것이 실패의 공개를 뒷받침하는 기본 논리이다. 이것은 '실수의 기업자산론'에 입각한 것으로서, 실패의 잠재가치를 최대한 이용하려는 것이다.

연구개발실패의 공개를 촉진하려면 다음과 같은 조치가 필요하다. 첫째, 연구개발이 실패했을 때에는 그 실패를 책망하는 분위기보다는 신속하게 분석하여 시정하는 분위기를 만들어야 한다.

둘째, 이유 있는 실패에 대해서는 당연한 시행착오의 한 단면으로 인정해야 한다. 'Free to Fail'의 정신을 실천하는 것이다.

셋째, 연구개발실패를 공개할 때에는 그 실패의 책임을 묻지 않겠다는 추가적인 방침이 필요하다.

넷째, 우수 실수상 제도를 도입하여 실패공개자에게 적극적으로 용기를 주어야 한다.

다섯째, 연구개발실패의 경위와 지식화 가능성 등을 실패보고서로 작성하여 제출하도록 요구해야 한다.

한편, 공개한 실패는 체계적으로 정리해야 하며, 실패정보를 알고 싶은 사람에게 원하는 내용을 원하는 형태로 제공할 수 있도록 체계적으로 관리해야 한다.

 **사례** ─────────────────────

동방전자산업은 1992년부터 실수한 사람에게 문책 대신 상금 1백만 원을 시상했다. 그 포상을 실시한 뒤 동방전자산업에서는 실수로 생기는 회사의 손실이 그 이전보다 현저하게 줄어들었다.

삼성전자에서도 1994년 10월에 우수 실패상 제도를 도입했다. 실패의 원인을 분석하고 실패의 경험을 공유하여 전임자의 전철을 밟지 말도록 하자는 뜻이었다. 가장 큰 실책을 저지른 사람에게는 대상을 주고 부상으로 상금 5백만 원까지 주었다.

3. 실패한 연구개발 프로젝트에 대한 재도전

실패한 연구개발 프로젝트 가운데서 가능성이 보이는 것은 재도전의 기회를 주는 것이 효과적이다. 기술의 유용성만 남아 있다면, 다른 기술의 연구개발을 새로 시작하는 것보다 훨씬 유리하기 때문이다.

실패한 연구개발에 재도전의 기회를 주어야 하는 추가적인 이유는 다음과 같다. 첫째, 실패한 연구자의 대부분은 왜 실패했고, 어떻게 하면 성공할 수 있는지를 그렇지 않은 사람보다 더 잘 아는 처지에 있을 것이기 때문이다. 이미 여러 가지의 방법으로 성공의 길을 타진한 상태이기 때문에, 남아 있는 다른 방법으로 시도한다면 성공에 이르는 길을 단축할 수 있을 것이다.

둘째, 실패한 프로젝트를 성공으로 바꿀 때에는 기존에 투자한 인적·물적자원을 회수할 수 있기 때문이다.

셋째, 경영자에게서 신뢰받는다는 사실 그 하나로도 연구자의 사기가 크게 진작되고 책임감이 배가될 것이기 때문이다.

그러나 재도전의 기회를 부여할 대상 프로젝트는 엄격하게 선정해야 한다. 모든 실패에 대해서 관용을 베풀고 재도전의 기회를 무작정 준다면 제

2, 제3의 실패를 조장하고, 성공에 대한 연구자의 집념을 약화시킬 수 있기 때문이다.

 사례

일본 소니사의 컬러 TV는 실패의 연속이었다. 소니가 1962년 기존 RCA 방식의 컬러 TV와 다른 로렌스 방식을 들여다가 제1호 시작품 브라운관을 만들었을 때에는 화면이 별로 밝지 못했다. 이부카 사장은 연구현장을 찾아와 팔짱을 끼고 이마를 찌푸렸다. 그러나 의외로 그의 입에서는 격려의 말이 흘러 나왔다. "제1호는 이 정도까지 되었으면 대단한 거야. 과연 오코시 군이 잘해, 이것을 개량하면 더 선명한 화면이 될 것 아닌가. 잘 부탁해요"라고 말하면서 자리를 떴다.

다음 단계의 작품은 1964년에 개발하여 발표한 '크로마트론'이었다. 100개의 브라운관을 만들면 그 가운데서 7, 8개만을 상품으로 사용하고 나머지는 불량품으로 버려지는 출혈생산이었다. 생산비가 높아지는 것은 당연했고, 한 대당 10만 엔 정도의 적자를 내면서 팔 수밖에 없었다. 그런데 그 당시 전무였던 이와미 씨는 연구개발팀을 안심시켰다. "컬러 TV 개발에는 많은 돈이 들었지만 자네들이 그런 일로 걱정할 것 까진 없어. 컬러 TV에 든 비용은 장래에 반드시 뽑아 낼 수 있으니까. 돈은 아깝지 않아. 막 써도 돼. 그 대신 '과연 소니로구나' 하고 말할 수 있는 멋진 것을 만들어 주게"라고 격려했다.

이 말은 연구팀이 새로운 실험에 몰두할 수 있도록 용기를 주었고, 화면이 기존 제품보다 30퍼센트 정도 밝은 제품을 개발하는 데 성공했다. 그것은 1968년 4월에 나온 '트리니트론'이었다. 마침 1969년 7월에 아폴로 11호 우주선이 달에 착륙하는 중계방송을 선명하게 보려고 컬러 TV를 구입하는 추세에 힘입어 엄청나게 팔려 나갔다(강명한, 1993 : 30~46).

4. 실패한 연구개발결과의 다른 용도 활용

연구개발활동에서 발생하는 99퍼센트의 실패를 다른 용도로 전환해서 활용하는 것은 대단히 중요하다. 이것은 당초에 목표로 내걸었던 결과는 창출하지 못했지만, 다른 의미 있는 성과를 얻은 경우이다. 실제로 연구개발현장에서는 실패에서 캐낸 성공 사례가 대단히 많다.

1958년에 노벨 생리의학상을 수상한 조슈아 레더버그(Joshua Lederberg)가 "의도적인 추구를 통해 중요한 것을 발견하는 경우는 드물다"(과학기술부·과학기술정책관리연구소, 1998 : 17)라고 지적한 것은 연구개발성과의 가변성을 단적으로 대변하는 표현이다.

실패한 연구개발결과를 다른 용도에 활용하는 행동을 촉진하려면 다음과 같은 조치를 취해야 한다. 첫째, 실패한 연구개발결과 가운데서 무엇을 다른 용도에 재활용할 것인지는 일정한 절차를 거쳐서 결정해야 한다. 연구자 본인의 의사가 가장 중요하지만, 다른 전문가들의 검토를 받아야 한다. 그렇지 않으면 실패의 중첩을 조장할 우려가 있다.

둘째, 필요한 인적·물적 자원을 추가적으로 지원해야 한다.

셋째, 실패한 연구개발결과를 다른 용도로 이용하는 데 성공하면 그것을 원래의 성공으로 인정해주어야 한다. 이른바 '의도하지 않은 성공'이다.

넷째, '의도하지 않은 성공'에 대해서는 '의도한 성공'과 똑같은 차원에서 포상을 실시해야 한다.

사례

미국의 3M사에서 개발한 포스트잇은 실패에서 캐낸 성공의 대표적인 사례이다. 스펜서 실버는 15퍼센트 자유시간 동안에 몇 가지 화합물을 섞으면 어떤 결과가 나오는 지를 여러 가지 형태로 살펴보고 있었다. 그러던 가운데 잘 붙지 않는 이상한 성질의 접착물질이 합성되어 나왔다. 사실,

접착제의 생명은 빠르고 견고한 접착이기 때문에 스펜서 실버가 만든 접착제는 웃음거리에 지나지 않았다. 그것을 제품으로 만들어서 활용한다는 것은 아예 생각조차 할 수 없었다. 그래서 그는 특허를 신청한 후에 한 쪽에 제쳐두었다. 그런데 이 우스꽝스런 발명품은 스펜서 실버의 동료인 아트 프라이에 의해서 빛을 보게 되었다.

아트 프라이는 일요일 예배를 볼 때마다 필요한 쪽을 쉽게 찾을 수 있도록 찬송가책에 조그만 쪽지를 끼워 놓곤 했는데, 그 쪽지가 자꾸 빠져 버려서 불편을 겪었다. 그래서 그는 찬송가 책에 표시를 하기 위한 접착용 쪽지가 있으면 좋겠다고 생각하고, 스펜서 실버가 발명한 접착 물질을 확인해 보기에 이르렀다. 그랬더니 자신이 원하던 기능을 그대로 가지고 있음을 발견했다. 그리하여 그것은 '붙이는 메모지'의 형태로 쓰임새를 찾았다.

1980년에 붙이는 메모지가 처음 시판되었을 때 경쟁사들은 마구 웃었다. 세상에 누가 메모지를 돈 주고 사서 쓰겠느냐는 것이었다. 그래서 3M의 여비서들이 나섰다.《포춘》지가 선정한 500대 기업의 비서들에게 견본을 보내서 좋은 반응을 이끌어냈다. 그런 과정을 거쳐 1981년부터 '포스트 잇'이라는 상품명으로 판매하기 시작했다. 얼른 메모해서 책상 옆에 붙여 두었다가 일이 끝나면 떼어버리는 것은 대단한 편리함 그 자체였기 때문이다(Collins & Porras, 1994/1996 : 274 및 차철용, 1998 : 22~25).

미국의 화이저사에서 개발한 부정맥치료제는 실패한 사례 가운데 하나이다. 당초 화이저의 연구진들은 고혈압 치료제를 개발하고 있었다. 개발 작업을 끝낸 뒤에 시험을 실시하였더니 고혈압에는 효과가 없는 것으로 나타났으나, 부정맥의 치료에 유용한 효과가 발견되어 연구진의 실망은 곧 가라앉았다(Steere & Niblack, 1997 : 141~142).

스위스 바젤 대학교의 쇤바인 교수가 개발한 플라스틱도 실패를 이용해서 성공한 사례의 하나이다. 1846년에 쉰바인 교수는 염산과 질산이 3대 1의 비율로 섞인 왕수가 담긴 병을 바닥에 떨어뜨려 깨뜨리는 실수를 저질렀다. 주변에 있던 면 치마로 엎질러진 왕수를 닦아내고 있는데, 그 면 치마의 성질이 변하는 현상을 목격했다. 따라서 면의 성분인 셀룰로오스와 질산을 합성하여 투명하고 끈적끈적한 질산 셀룰로오스라는 물질을 개발했다.

이 물질은 곧바로 큰 반향을 불러 일으켰다. 프랑스에서는 이것을 원료로 사용해서 샤르도비 실크라는 인조 비단을 만들었고, 미국에서는 셀룰로이드 당구공을 개발했다. 더 나아가 나일론과 합성고무 제조의 기초를 제공해 주었다(《중앙일보》, 1994. 10. 13).

참고문헌

1. 국내 문헌

가. 저 서

강명한, 《기술대국 일본의 비밀》, 21세기 북스, 1993.

강진구, 《삼성전자 신화와 비밀》, 고려원, 1996.

김경옥 · 이병목, 《기술개발과 특허정보》, 인터내셔널특허정보, 1997.

김영춘, 《플래밍》, 세계위인전기전집 30, 중앙문화사, 1982.

김영진, 《위기와 도전의 정보 거인 IBM》, 길벗, 1994.

김용덕, 《이태규박사 전기 — 어느 과학자의 이야기》, 도서출판 동아, 1990.

김원수, 《경영학원론》, 경문사, 1978.

김진의 외 11인, 《그래서 나는 실험실 불을 끌 수 없었다》, 동아일보사, 1992.

노화준, 《정책평가론》, 第二全訂版, 법문사, 1997.

류재헌, 《파낙》, 길벗, 1994.

매일경제 산업부, 《21세기 승자의 길》, 매일경제신문사, 2000.

매일경제신문사, 《우먼코리아 보고서》, 매일경제신문사, 2001.

매일경제신문사 · 한국산업기술진흥협회, 《자주기술의 승리》 제1집~제
　　　10집, 매일경제신문사, 1992~2001.

문원택 · 이준호 · 김원석, 《헨리 포드에서 정주영까지》, 한 · 언, 1997.

박내회, 《인사관리》, 박영사, 1997.

박동서, 《한국행정론》, 법문사, 1997.

박영규, 《한권으로 읽는 조선왕조실록》, 도서출판 들녘, 1996.

송희영, 《일본 경제 초일류의 현장》, 조선일보사, 1993.

오길록 외 19인, 《노벨상을 가슴에 품고》, 동아일보사, 1994.

오석홍, 《인사행정론》, 박영사, 2000.

이건희, 《생각 좀 하면서 세상을 보자》, 동아일보사, 1997.

이경훈, 《프로 비즈니스 맨 삼성 맨》, 일터와 사람, 1993.

이공래 외 다수, 《한국의 국가혁신체제》, 과학기술정책관리연구소, 1998.

이상용, 《한 권으로 정리한 이야기 조선왕조사》, 청아출판사, 1997.

이순철, 《신제품 개발과 연구개발의 경영전략》, 삼성경제연구소, 1998.

이승우 · 이인숙 · 정영훈 · 이주형, 《연봉제》, 미래와 경영, 1999.

이장재 · 장동훈, 《산 · 학 · 연 협동연구의 지원제도 및 성공요인 분석》,
　　　과학기술정책관리연구소, 1994.

정순태, 《신격호의 비밀》, 도서출판 지구촌, 1998.

정진하 · 박래정 · 서장원 · 박판현, 《A+ 기업 초일류의 현장을 간다 ②》,
　　　럭키금성경제연구소, 1993.

조동성 편저, 《국가경쟁력》, 매일경제신문사, 1992.

조석준, 《조직학 강의》, 서울대학교 출판부, 1999.

채희준 외 15인, 《놀며 공부하기》, 동아일보사, 1995.

최석식, 《우리의 과학기술, 어떻게 높일 것인가》, 지식산업사, 1995.

최석식, 《산다는 것은 — 언론홍보 현장 편》, 고원, 1998.

최형섭, 《불이 꺼지지 않는 연구소》, 조선일보사, 1995.

황명수 · 서문석 옮김, 《MBA 경영전략 125가지》, 시사영어사, 1999.

나카가와 야스조 지음, 3V 산업교육센터 옮김, 《기술의 벽을 돌파하라》, 신세대, 1993.

Ghoshal. S. & Bartlett. C., 백기복 옮김, 〈최고경영층의 역할 : 조직보다는 과정을 주시하라〉, 《미래 경영자의 조건》, 삼성경제연구소, 1995.

McKinsey Inc., 《맥킨지 보고서》, 매일경제신문사, 1998. 4.

Porter. M., 〈진퇴양난의 한국경제〉, 조동성 편저, 《국가경쟁력》, 매일경제신문사, 1992, 276~291면.

(주) Urban Produce 출판부 편, 한국공업표준협회 옮김, 《연구·개발 메니지먼트 대계》, 한국공업표준협회, 1988.

하리에트 주커먼 지음, 송인명 옮김, 《과학 엘리트(Scientific Elite)》, 교학사, 1988.

나. 논문과 연구보고서

강신태, 〈연구개발성과를 바탕으로 한 평가 및 인센티브〉, 《기술관리》(2000년 3월호), 한국산업기술진흥협회, 2000, 19~26면.

김계수, 《정부연구개발제도의 대안 검토》, STEPI 논문발표회, 2000. 8.

김계수·이민형, 《성과주의에 의한 연구개발출연금 예산관리시스템》, 과학기술정책연구원, 2000.

김계수·최형림, 《정부출연연구기관 연구개발사업관리시스템》, 과학기술정책연구원, 1999.

김기국·홍성범·김병선, 《외국인투자기업의 연구개발 현지화》, 과학기술정책연구원, 1999.

김돈일, 〈Global 연구개발 Network 구축을 위한 Project 통합 관리시스템 도입 방안〉, 《기술관리》(2001년 4월호), 한국산업기술진흥협회, 2001, 48~55면.

김상길, 〈기술로드맵의 개념과 활용〉, 《기술관리》(2001년 6월호), 한국산업기술진흥협회, 2001, 52~61면.

김용범, 〈일본기업의 연구인력 유동화 대응사례 — 소니의 엔지니어링 스페셜리스트와 연구개발 프로페셔널제도〉, 《기술관리》(2000년 3월호), 2000, 27~33면.

김현구, 〈기술이전의 경로와 측정〉, 《한국행정학보》 23(1), 한국행정학회, 1989.

김 홍, 〈벤처 창업자의 고비〉, 《*KTB n-Daily*》(2001. 6. 13).

류희숙 · 배종태, 〈이공계 대학교수의 연구 생산성 영향요인 분석〉, 《기술혁신연구》(1997년 4월호), 기술경영경제학회, 1997, 44~66면.

맹일영, 〈연구원 관리의 새로운 패러다임〉, 《기술경영》(2001년 4월호), 한국산업기술진흥협회, 2001, 18~23면.

박대식, 〈정부출연연구기관의 연구과제중심운영제도에 관한 비교연구〉, 《한국정책학회보》 8(2), 한국정책학회, 1999, 293~312면.

박동현, 《국가연구개발사업의 지적재산권 관리》, 과학기술정책관리연구소, 1997.

박재광 · 신현암 · 정권택, 《기업을 바꾸려면 사람을 바꿔라》, www.seri.org., 2000.

박재림 · 신현암, 《디지털 시대, 새로운 CEO의 조건》, www.seri.org., 2000.

박종오, 〈민간연구개발조직의 생산성〉, 《과학기술정책동향》(1996년 8월호), 과학기술정책관리연구소, 1996, 50~57면.

박호진, 〈연구원이여, 이제부터가 시작이다〉, 《기술관리》(2000년 11월호), 한국산업기술진흥협회, 2000, 28~30면.

배병용, 〈연구개발 프로세스와 종합관리시스템 도입사례〉, 《기술관리》(2000년 2월호), 한국산업기술진흥협회, 2000, 50~55면.

백필규 · 이정일, 《디지털시대의 인사혁명》, www.seri.org., 2000.

서승모, 〈기업은 이러한 연구인력을 원하고 있다〉, 《기술관리》(2000년 11월호), 한국산업기술진흥협회, 2000, 31~33면.

서유헌, 〈여성 과학기술인력의 특성〉, 《과학과 기술》(제34권 제6호), 한국 과학기술단체총연합회, 2001, 58~62면.

송봉식, 〈신지식재산권의 의의와 보호동향〉, 《과학재단소식》(2001년 5월 호), 한국과학재단, 2001, 22~29면.

송현섭, 〈선진기업 연구개발 글로벌화 과정의 시사점〉, 《기술관리》(2001 년 6월호), 2001, 14~21면.

심봉섭, 〈우리나라 생명공학을 세계적 수준으로 올릴 뿐 아니라 노벨상도 바라볼 수 있는 길〉, 《과학재단소식》(1997년 5월호), 한국과학재 단, 1997, 41면.

안종찬, 〈연구개발생산성의 영향요인과 측정모형〉, 충남대학교 대학원 박사학위논문, 1991.

유석진, 《GE는 왜 강한가?》, www.seri.org., 1999.

윤성희 · 오재건, 《이공계 출연연구기관의 연봉제 도입 타당성 조사연 구》, 과학기술정책관리연구소, 1998.

이공래 · 심상완, 《기업의 기술협력과 네트워크》, 과학기술정책연구원, 1999.

이금룡, 〈디지털 시대의 스피드 경영〉, 《KTB n-Daily》(2001. 7. 31).

이민형, 《공공연구성과의 이전 현황 및 지원제도에 관한 연구》, 과학기술 정책연구원, 2000.

이무신 · 김영배, 《정부출연연구소와 민간연구소간의 연구환경, 연구관리 체계 및 연구개발생산성 비교 분석 연구》, 과학기술처, 1993. 2.

이장재, 《공공연구개발조직의 생산성측정 접근방안》, 과학기술정책관리 연구소, 1996.

이정원, 〈연구개발 프로젝트 평가〉, 《과학기술정책》(2001년 5/6월호), 과 학기술정책연구원, 2001, 2~13면.

이정일 · 태원우, 《기업 핵심인력의 유출과 대책》, www.seri.org., 2001.

이진주, 《출연기관의 연구개발 혁신전략》, 과학기술처 출연기관장 경영세미나 자료, 1995.

장성근, 〈프로젝트 성과평가시스템, 이렇게 구축하라〉, 《기술관리》(1999년 8월호), 한국산업기술진흥협회, 1999, 50~54면.

전상길, 〈정부출연연구기관의 다면평가제도 도입방안〉, 《과학기술정책》(2001년 5/6월호), 2001, 29~40면.

정광화, 〈잠재적 능력의 존재, 여성연구원의 힘과 위치〉, 《기술관리》(2001년 4월호), 한국산업기술진흥협회, 2001, 24~30면.

정원일, 〈연구개발의 성공과 Project Manager(PM)의 역할〉, 《기술관리》(2001년 5월호), 한국산업기술진흥협회, 2001, 54~58면.

정현권, 〈벤처 CEO들이여, 넥타이를 풀어 제쳐라〉, 《KTB n-Daily》(2001. 7. 17).

차종석, 〈연구개발에 있어서 프로젝트 팀 리더의 역할〉, 《기술관리》(1999년 11월호), 한국산업기술진흥협회, 1999, 38~43면.

차철용, 〈3M 기업의 혁신문화 건설〉, 《기술관리》(1998년 9월호), 한국산업기술진흥협회, 1998, 22~25면.

최석식, 〈공·사부문 연구개발 관리전략의 비교연구 — 산업기술분야 연구기관을 중심으로〉, 성균관대학교 대학원 박사학위논문, 2000.

최호남, 《EI를 중심으로 한 과학기술분야 연구실적 분석》, 과학기술부, 1999.

한국산업기술진흥협회, 《기술관리》 1996~2001.

한선화·김태희·김선호, 《SCI DB 분석을 통한 기초과학수준 평가체제 수립에 관한 연구》, 과학기술정책연구원, 1999.

허현회·김용범·이창률, 《연구인력 파견사업 도입 및 활성화 방안연구》, 과학기술정책연구원, 1999.

현원복, 〈기행의 공학자 : 시모어 크레이〉, 《과학과 기술》 30(3), 1997, 32~33면.

다. 기타 보고서 등

과학기술부 · 과학기술정책관리연구소,《미래를 여는 미국의 새로운 과학
　　정책》, '98년 미국 하원 과학위원회 보고서, 1998. 11.
과학기술부 · 한국과학기술평가원,《1999 과학기술연구개발활동조사보
　　고》, 1999.
국가과학기술자문회의,《김대중 대통령의 과학기술 인식과 의지》, 2001.
한국간행물윤리위원회,《해외문화산업》, 2001. 5.
한국과학기술연구원,《KIST 25년사》, 1994.

2. 외국 문헌

가. 저 서

Adelman, I., *Theories of Economic Growth and Development*, Stanford :
　　Stanford University Press, 1961.
Akio, M., et al. 고명식 옮김,《SONY 스토리》, (주) 시사영어사 ; Made in
　　Japan : Akio Morita and SONY, 1986.
Alic, J. A., "Science, technology, and economic competitiveness", In
　　Sedaitis, J. B.(ed.), *Commercializing High Technology : East and West*,
　　Rowman & Littlefield Publishers Inc., 1997.
Amendola, M. and Gaffard, J. L., *The Innovative Choice*, Basil Blackwell,
　　1988.
Andrews, F. M., *Motivation*, Diversity and Performance of Research Unit,
　　1979.
Betz, F., *Managing Technology*, Prentice-Hall Inc., 1987.

Boer, F. P., *The Valuation of Technology : business and financial issues in R&D*, John Wiley & Sons Inc., 1999.

Brooks, H., *National Science Policy and Technology Transfer, Procedings of a Conference on Technology Transfer and Innovation*, Washington, D. C. ; NSF., 1966.

Boutellier, R., Gassmann, O. & Zedtwitz, M. V., *Managing Global Innovation*, Second Revised Edition, Berlin ; Springer, 2000.

Carnegie, D., 손풍삼 편역, 《카네기 기업경영론》, 고려원 ; *Managing Through People*, 1992.

Cater, C.(ed.), *Industrial Policy and innovation*, London : Heinemann, 1981.

Chelimsky, E., "The Coming Transformations in Evaluation", In E. Chelimsky & W. K. Shdish(eds.), *Evaluation for the 21st Century : A Handbook*, Thousand Oaks, CA : Sage, 1997, pp. 1~26.

Clark, N., *The Political Economy of Science and Technology*, Basil Blackwell, 1985.

Collins, J. & Porras, J., 워튼 포럼 옮김, 《성공하는 기업들의 8가지 습관》, 김영사, 1996 ; Built to Last. Harper Collins Publishers Inc., 1994.

Coombs, R., Saviotti, P. & Walsh, V., 권원기 옮김, 《기술혁신의 경제학》, 겸지사, 1990 ; *Economics and Technological Change*, 1985.

Coyne, W. E. "3M". In Kanter, R. N., Kao, J. and Wiersema, F.(eds.), *Innovation*, Harper Business, 1997, pp. 43~63,

Cusumano, M. A. & Selby, R. W., 최정민 감역, 《마이크로소프트의 비밀》, 삼성경제연구소, 1997 ; *Microsoft Secrets*, The Free Press, 1995.

Davis, W., "The innovators", In Henry, J. and Walker, D.(eds.), *Managing Innovation*, SAGE Publications, 1991, pp. 142~149,

————, "Soichiro Honda : 'supply creates its own demand' ", In Henry, J. and Walker, D.(eds.), *Managing Innovation*, SAGE Publications, 1991, pp. 150~153.

Deutsch, K. W., *The Nerves of Government*, London : Collier-Macmillan, 1966.

Dodgson, M. and Bessant, J., *Effective Innovation Policy*, International Thomson Business Press, 1996.

Drucker, P., 현영하 옮김, 《비영리단체의 경영》, 한국경제신문사, 1995 ; *Managing the Non-Profit Organization : Practices and Principles*, New York : Harper Collins, 1990.

Easton, D., *A Systems Analysis of Political Life*, John Wiley & Sons Inc., 1965.

Edelheit, L. S., "general Electric Company", In Kanter, R. M., Kao, J. and Wiersema, F.(eds.), *Innovation*, Harper Business, 1997, pp. 97~121.

Edosomwan, A. J., *Integrating Innovation and Technology Management*, John Wiley & Sons, 1989.

Ellis, L. W., *Evaluation of R&D Processes : Effectiveness Through Measurements*, Boston ; Artech House, 1997.

Elster, J., *Explaining Technical Change*, London : Cambridge University Press, 1983.

Englefield, D. and Drewry, G., *Information Sources in Politics and Political Science*, Butterworths, 1984.

Floyd, C., *Managing Technology for Corporate Success*, Gower Publishing Limited, 1997.

Forrester, J. W., "Innovation and economic change", In Freeman, C.(ed.), *Long Waves in World Economy*, London : Frances Pinter, 1984, pp. 126~134.

Foster, R., 이태호 옮김, 《이노베이션》, 백산출판사, 1990 ; *Innovation : The Attacker's Advantage*, New York : Summit Books, 1986.

Frankel, E. G., *Management of Technological Change*, Kluwer Academic Publications, 1990.

Frechtling, J. A., *User-Friendly Handbook for Project Evaluation in Science, Mathematics, Engineering and Technology Education*, National Science Foundation, 1993.

Freeman, C., *The Economics of Industrial Innovation*, 2nd Edition, London : Frances Pinter, 1982.

Freeman, C. and Soete, L., *The Economic of Industrial Innovation*, The MIT Press, 1997.

Freeman, C., et al., *Unemployment and Technical Innovation : A Study of Long Waves and Economic Development*, London : Frances Pinter, 1982.

Hall, P., *Innovation, Economics and Evolution*, Harvester Wheatsheaf, 1994.

Iansiti, M., *Technology Integration*, Boston ; Harvard Business School Press, 1998.

Ichbiah, D., 강자모 옮김, 《마이크로소프트와 빌 게이츠》, 세종서적, 1993 ; *The Making of Microsoft*, 1991.

IMD, *The World Competitiveness Yearbook 2000*, 2000.

IMD International, 손현덕 · 박봉권 옮김, 《핵심경영전략 40가지》, 매일경제신문사, 1998 ; *Mastering Management*, 1997.

Jain, R. K. & Triandis, H. C., *Management of Research and Development Organizations*, New York ; John Wiley & Sons Inc., 1997.

James, G., 이지선 옮김, 《첨단 산업 엘리트들의 34가지 경영 지혜》, 세종서적, 1997 ; *Business Wisdom of the Electronic Elite*, Times Books, 1996.

Kanter, R. M., 박상철 · 윤동진 옮김, 《월드 클래스 : 세계일류만이 살아 남는다》, 한 · 언, 1998 ; *World Class*, New York : Simon & Schuster, 1995.

Kanter, R. M., Kao, J. and Wiersma, F.(eds.), *Innovation*, Harper Business, 1997.

Kaye, B. & Jordan-Evans, S., 박종안 옮김, 《인재들이 떠나는 회사, 인재들이 모이는 회사》, 푸른 솔, 2000 ; *Love' em or Lose' em*, 1999.

Kearns, D & Nadler, D., 장병길 옮김, 《제록스사의 미래 경영》, 세종연구원, 1996 ; *The Prophets in the Dark : How Xerox Reinvented Itself and Beat Back the Japanese*, New York : Harper Collins Publishers Inc., 1992.

Kikuchi, M., 강명한 옮김, 《젊은 엔지니어에게 보내는 편지》, 21세기북스, 1992 ; *Wakaki Enjinia He No Tegami*, Diamond Inc., 1991.

Kolestar, P. J., "Vision, values, milestones : Paul O' Neil starts total quality at Alcoa", In Tushman, M. L. and Anderson, P.(eds.), *Managing Strategic Innovation and Change*, Oxford University Press, 1997, pp. 607~630.

Kuhn, T. S., *The Structure of Scientific Revolutions*, Chicago : The Chicago University Press, 1970.

Langrish, J., et al., *Wealth from Knowledge*, Macmillan, 1972.

Lawler, E. E., *Motivation in Work Organization*, Monterey, CA : Brooks/Cole, 1973.

Maynard, Jr. H. B. & Mehrtens, S. E., 한영환 옮김, 《제4의 물결》, 한국경제신문사, 1993 ; *The Fourth Wave*, Berrett-Koehler Publishers Inc. : San Francisco, 1993.

McKinsey & Company, *Diagnosis of the R&D Management Processes and the Key Change Initiatives for Government Research Institutes - Group A*, 1998. 9.

McLeod, T. S., *The Management of Research, Development and Design in Industry*, Second edition, Gower Technical Press, 1988.

Medawar, P. B., 박준우 옮김, 《젊은 과학도에게 드리는 조언》, 이화여자대학교 출판부, 1992 ; *Advice to Young Scientist*, Harper & Row Publishers, 1980.

Mensch, G., *Stalemate in Technology*, Cambridge, Mass. : Ballinger, 1979.

Miller, J., "E. I. du Pont de Nemours and Company, Inc.", In Kanter, R. M., Kao, J. and Wiersema, F.(eds.), *Innovation*, Harper Business, 1997, pp.

65~95.

Moore, G., *Living on the Fault Line*, Harper Business, 2000.

Mowery, D. and Rosenberg, N, "The influence of market demand upon innovation : a critical review of some recent empirical studies", In Rosenberg, N. (ed.), *Inside the Black Box : Technology and Economic*, London : Cambridge University Press, 1982, pp. 193~241.

Naobumi, K., 신충우 옮김, 《실리콘밸리의 벤처기업》, 대청정보시스템 (주), 1997 ; *Silicon Valley Power*, Nihon Keizai Shinbun Sha, 1995.

Nelson, R. R. and Winter, S., *An Evolutionary Theory of Economic Change*, Cambridge, MA : Belknap, Harvard, 1982.

Nihon Keizai Simbun Inc., 한국생산성본부 옮김, 《2000년 대예측》, 한국생산성본부 출판부, 1999 ; *Daiyosoku 2000 Nenban*, Nihon Keizai Simbun Inc., 1999.

OECD., *The Measurement of Scientific and Technical Activities : Proposed Standard Practice for Surveys of Research and Experimental Development('Frascati Manual')*, Paris, 1981.

Owen, J. M & Rogers, P. J., *Program Evaluation*, London : SAGE Publications, 1999.

Packard, D., 유영수 옮김, 《휴렛 팩커드 이야기》, 중앙일보사, 1995 ; *The HP Way*, New York : Harper Collins Publishers Inc.

Pendergrast, M., 고병국 · 세종연구원 옮김, 《코카 · 콜라의 경영기법》, 세종대학교 출판부, 1995 ; *For God, Country, and Coca-Cola*, Macmillan Publishing Company, 1993.

Ponton, G. and Gill, P., *Introduction to Politics*, Oxford : Martin Robertson, 1982.

Posavac, E & Carey, R., *Program Evaluation : Methods and Studies*, Prentice Hall, 1992.

President's Commission on Industrial Competitiveness, *Global Competition : The New Reality*, Volume Ⅰ, 1985a, January ; Volume Ⅱ, 1985b, January.

Rastogi, P. N., *Management of Technology and Innovation*, Sage Publications, 1995.

Rickards, T., *Stimulating Innovation*, London, Frances Pinter(Publishers), 1985.

Riggs, H. E., 지대섭 옮김, 《하이테크 경영》, 컴퓨터월드, 1987 ; *Managing High Technology Companies*.

Roadstrum, W. H., 한귀영 옮김, 《새로운 사고의 엔지니어 성공학》, 도서출판 글사랑, 1994 ; *Being Successful As An Engineer*.

Robinson, A. G. & Stern, S., *Corporate Creativity*, San Francisco : Berrett-Koehler Publishers Inc., 1998.

Rossi, P. H. & Freeman, H. E., *Evaluation*, 5th edition, SAGE Publications, 1993.

Rothwell, R., *Information and Successful Innovation*, British Library Report, No. 5782, 1983.

Rothwell, R. and Zegveld, W., *Industrial Innovation and Public Policy : Preparing for the 1980s and 1990s*, Connecticutt : Greenwood Press, 1981.

————, *Reindustrialisation and Technology*, Longman, 1985.

Russel, P., Sard, K. & Erikson, T., 권행민 · 이정훈 옮김, 《제3세대 기업, 제3세대 R&D》, CM비지니스, 1994 ; *Third Generation R&D : Managing the Link to Corporate Strategy*, Arther D. Little Inc., 1991.

Schmitt, W., "Rubbermaid Inc.", In Kanter, R. M., Kao, J. and Wiersema, F.(eds.), *Innovation*, Harper Business, 1997, pp. 147~173.

Schumpeter, J., *The Theory of Economic Development*, Cambridge : Harvard

University Press, 1949.

————, *Invention and Economic Growth*, Cambridge University Press, 1966.

Slater, R., 강석진 옮김, 《GE 신화의 비밀》, 21세기 북스, 1995 ; *The New GE - How Jack Welch Revived an American Institution*, Richard D. Irwin Inc., 1993.

————, 유한수 옮김, 《루 거스너의 IBM 살리기》, 물푸레, 1999 ; *Saving Big Blue*, McGraw-Hill, 1999.

Smith, M. F., *Evaluability Assessment : A Practical Approach*, KAP., 1989.

Sony Koho Center, 이혁재 옮김, 《SONY 자서전》, 상상북스, 1998 ; *SONY Jijoden*, WAC Co., LTD., 1998.

Steere, W. C and Niblack, J., "Pfizer Inc." In Kanter, R. M., Kao, J. and Wiersema, F.(eds.), *Innovation*, Harper Business, 1997, pp. 123~146.

Thielen, D., 이기문 옮김, 《빌 게이츠 따라잡기》, FKI미디어, 1999 ; *The 12 Simple Secrets of Microsoft Management*, McGraw-Hill, 1999.

Thurow, L., 이근창 옮김, 《세계경제전쟁》, 고려원, 1992 ; *Head to Head*, William Morrow and Company Inc., 1991.

Toshiaki, K., 오문환 옮김, 《발상과 창조의 거인 혼다》, 21세기북스 새날, 1992 ; *Honda Soichiro No Keieikaku*, Sanno Daigaku Shuppanbu, 1992.

Twiss, B., *Managing Technological Innovation*, Fourth Edition, Pitman Publishing, 1992.

Ulrich, D., Zenger, J & Smallwood, N., *Results-Based Leadership*, Harvard Business School Press, 1999.

U.S. Department of Energy, *A Critical Technology Roadmap*, 1998.

Walsh, V., Towsend, T., Achilladelis, and Freeman, C., Trends in Invention and Innovation in the Chemical Industry, Report to SERC(Mimeo), Science Policy Research Unit, 1979.

Van Duijn, J. J., *The Long Waves in Economic Life*, London : George Allan &

Unwin, 1983.

Weintraub, S., *The Hidden Intelligence : Innovation through Intuition*, Butterworth-Heinemann, 1998.

福井 忠興, 박영일·정경택·홍종화 옮김,《실천 R&D 메니지먼트》, 한국산업기술진흥협회, 2000 ; 實踐R&D マネシメント, 1995.

丹羽 淸·山田 肇, 한국산업기술진흥협회 옮김,《기업생존과 기술경영전략》, 한국산업기술진흥협회, 2001 ; *Technology Management*, 1999.

前田良行,《實力主義 よいう 幻想》, 時事通信社, 2000.

나. 논 문

Cetron, M. J., "Technology Transfer : Where we stand today", Joint Engineering Management Congress 21st, 1973, pp. 11~28.

Clark, J., et al., "Long waves, inventions, and innovations, Futures", 1981, 8, pp. 308~322.

Dosi, G., "Sources, procedures, and microeconomic effects of innovation", Journal of Economic Literature, Vol. ⅩⅩⅥ : 1120-1171, 1988.

Drongelen, I. C. K. and Cook, A., "Design principles for the development of measurement systems for research and development processes", R&D Management. 27(4), 1997, pp. 345~357.

Easton, D., "Reflections on criticisms", Social Sciences Information 12(3), 1973, pp. 29~51.

Fleming, S. C., "Using technology for competitive advantage", Research · Technology Management 34(5), 1991, pp. 38~41.

Francis, P. H., "Putting quality into the R&D process", Research · Technology Management 35(4), 1992, pp. 16~23.

Gabolde, J., "New challenges for indicators in science and technology policy-making : a European view", Research Evaluation 7(2), 1998, pp. 99 ~104.

Glaser, M., "Measuring intuition", Research · Technology Management 38(2), 1995, pp. 43~46.

Griffin, A. and Page, A. L., " An interim report on measuring product development success and failure", *Journal of Product Innovation Management* 10, 1993, pp. 291~ 308.

Grunder, C., "On Distinguishing Science and Technology", *Technology and Culture*, 1971. 7. 12, pp. 456~463 ; 김현구, 〈기술이전의 경로와 측정〉, 《한국행정학보》 23(1), 1989, pp. 407~422에서 재인용.

Gupta, A. K. and Singhal, A., "Managing human resources for innovation and creativity", Research · Technology Management 36(3), 1993, pp. 41~ 48.

Hyunku Kim, "The Impact of Indigenous R&D and Technology Transfer on Productivity Growth in a Newly Industrializing Economy : the Case of Korea", Unpublished doctoral dissertation, University of Pittsburgh, 1986.

Kaplan, R. S. and Norton, D. P., "Using the balanced scorecard as a strategic management system", Harvard Business Review, 1996, January~ February.

Koning, Jr. J. W., "Three other R's : recognition, reward and resentment", Research · Technology Management 36(4), 1993, pp. 19~29.

Leet, R. H., "How to management sees R&D", Research · Technology Management 34(1), 1991, pp. 5~17.

Maidique, M. A. & Zirger, B. J., "The new product learning cycle", Research Policy 14, 1985, pp. 299~313.

Manners, Jr. G. E., Steger, J. A. & Zimmerer, T. M., "Motivating your R&D staff", Research · Technology Management 40(6), 1997, pp. 29~34.

Martin, B. & Irvine, J., "Assessing basic research : some partial indicators of scientific progress in radio astronomy", Research Policy 12, 1983, pp. 61~90.

McConnell, J., "Productivity improvement in research and development and engineering in the United States", SRA Journal, 1980, Fall, pp. 5~14.

Nelson, R., Winter, S. and Schuette, H., "Technical change in an evolutionary model", Quarterly Journal of Economics 90, 1976, pp. 90~116.

Nicholson, G., "How 3M manages its global laboratory network", Research · Technology Management 37(4), 1994, pp. 21~24.

Onida, F & Malerba, F., "R&D cooperation between industry and research organizations in Europe", Technovation 9, 1989, pp. 132~195.

Pearson, A. G., "Management development for scientists and engineers", Research · Technology Management 36(1), 1993, pp. 45~48.

Rothwell, R. et al., "SAPPHO updated : project SAPPHO phase Ⅱ", Research Policy 3, 1974, pp. 258~291.

Sahal, D., "Technological guideposts and innovation avenues", Research Policy 14, 1985, pp. 61~82.

Stevens, G. A. and Burley, J., "3,000 raw ideas = 1 commercial success!", Research · Technology Management 40(3), 1997, pp. 16~27.

Szakonyi, R., "101 tips managing R&D more effectively - Ⅰ", Research · Technology Management 33(4), 1990a, pp. 31~36.

Szakonyi, R., "101 tips managing R&D more effectively - Ⅱ", Research · Technology Management 33(6), 1990b, pp. 41~46.

Thamhain, H. J., "Developing the skills you need", Research · Technology Management 35(2), 1992, pp. 42~47.

Utterback, J. M. and Abernathy, W. J., "A dynamic model of process and product innovation", OMEGA 3(6), 1975, pp. 424~441.

Werner, B. M. and Souder, W. E., "Measuring R&D performance - state of the art", Research · Technology Management 40(2), 1997, pp. 34~42.